世界星河
国际出版概述

INTERNATIONAL PUBLISHING PANORAMA

何明星 编著

中国出版集团有限公司
研究出版社

图书在版编目(CIP)数据

书界星河:国际出版概述/何明星编著.--北京：研究出版社，2025.7.--ISBN 978-7-5199-1925-2

Ⅰ.G239.1

中国国家版本馆CIP数据核字第2025X388S4号

出 品 人：陈建军
出版统筹：丁 波
策划编辑：张 琨
责任编辑：张 琨

书界星河：国际出版概述

SHUJIE XINGHE: GUOJI CHUBAN GAISHU

何明星 编著

研究出版社 出版发行

（100006 北京市东城区灯市口大街100号华腾商务楼）

北京中科印刷有限公司印刷　新华书店经销

2025年7月第1版　2025年7月第1次印刷

开本：880毫米×1230毫米　1/32　印张：13

字数：260千字

ISBN 978-7-5199-1925-2　定价：88.00元

电话（010）64217619　64217652（发行部）

版权所有•侵权必究

凡购买本社图书，如有印制质量问题，我社负责调换。

★本书由北京外国语大学教材建设项目资助出版

编委会

主　编　何明星

编　委　（按姓氏笔画排序）

王志伟　北京外国语大学2023级博士生，新疆维吾尔自治区党委宣传部干部

刘晓宇　北京外国语大学2023级博士生，北京印刷学院讲师

孙　玮　北京外国语大学2022级博士生

江　燕　北京外国语大学2021级博士生，北京师范大学出版（集团）有限公司

后宗瑶　北京外国语大学2020级博士生，安庆师范大学讲师

杜佳慧　北京外国语大学2022级博士生

李　佳　北京外国语大学博士后，苏州大学外国语学院讲师

李皖京　北京外国语大学2024级博士生

张　萌　北京外国语大学2022级博士生

周美芝　北京外国语大学2024级博士生

周静怡　北京外国语大学2020级博士生，北京外国语大学图书馆副研究馆员

赵　霞　北京外国语大学2023级博士生

宫泽西　北京外国语大学2021级博士生，中国教育科学研究院助理研究员

曹轩梓　北京外国语大学博士后，中央财经大学外国语学院助理教授

目 录
CONTENTS

第一章　世界出版的基本格局与发展特点

第一节　出版的概念解读与内涵阐释 / 002
第二节　国际出版的基本格局及特征 / 013

第二章　美国出版业发展历史、现状与主要出版机构

第一节　美国出版业发展史 / 024
第二节　美国出版业的发展特点 / 037
第三节　美国图书销售网络与主要出版机构 / 047

第三章　英国出版业发展历史、现状与主要出版机构

第一节　英国出版业发展史 / 061
第二节　英国出版业的发展特点 / 078
第三节　英国出版行业现状及主要出版机构 / 085

第四章　德国出版业发展历史、现状与主要出版机构

第一节　德国出版业发展史 / 090

第二节　德国出版业的发展特点 / 109
第三节　德国出版行业现状与主要出版机构 / 113

第五章　荷兰出版业发展历史、现状与主要出版机构

第一节　荷兰出版业发展史 / 126
第二节　荷兰出版业的发展特点 / 132
第三节　荷兰出版行业现状与主要出版机构 / 137

第六章　法国出版业发展历史、现状与主要出版机构

第一节　法国出版业发展史 / 150
第二节　法国出版业的发展特点 / 189
第三节　法国出版行业现状与主要出版机构 / 193

第七章　西班牙出版业发展历史、现状与主要出版机构

第一节　西班牙出版业发展史 / 203
第二节　西班牙出版业的特点 / 215
第三节　西班牙出版行业组织与主要出版机构 / 219

第八章　拉美出版业发展历史、现状与主要出版机构

第一节　拉美出版业发展史 / 228
第二节　拉美出版业的发展特点 / 232
第三节　拉美主要出版行业组织与出版机构 / 235

第九章　俄罗斯出版业发展历史、现状与主要出版机构

第一节　俄罗斯出版业发展史 / 243
第二节　俄罗斯出版业的发展特点 / 256
第三节　俄罗斯图书销售网络与主要出版机构 / 262

第十章　印度出版业发展历史、现状与主要出版机构

第一节　印度出版业发展史 / 272
第二节　印度出版的特点 / 277
第三节　印度出版的行业组织和重要出版机构 / 287

第十一章　日本出版业发展历史、现状与主要出版机构

第一节　日本出版业发展史 / 296
第二节　日本出版业的发展特点 / 302
第三节　日本出版行业现状及主要出版机构 / 309

第十二章　韩国出版业发展历史、现状与主要出版机构

第一节　韩国出版业发展史 / 318
第二节　韩国出版业的发展特点 / 323
第三节　韩国出版行业现状及主要出版机构 / 329

第十三章　东南亚地区出版业发展历史、现状与主要出版机构

第一节　东南亚地区出版业发展史 / 340
第二节　东南亚地区出版业的发展特点 / 356

第三节　东南亚地区出版行业现状及主要出版机构 / 368

第十四章　非洲出版业发展历史、现状与主要出版机构

第一节　非洲出版业发展史 / 386
第二节　非洲出版业的发展特点 / 389
第三节　非洲出版行业现状及主要出版机构 / 393

后　记 / 399
参考文献 / 403

第一章
世界出版的基本格局与发展特点

书籍是横渡时间大海的航船。

第一节　出版的概念解读与内涵阐释

一、出版的概念及分类

"出版"一词在中国出现于近代。出版与印刷术的发明密切相关,一般来说,先有印刷术后有出版。所谓"版",在中国古代,是指上面刻有文字或图形以供印刷的木片。用雕版印刷的书籍,被称为雕版书。中国在五代时就有刻印版、镂板,宋代有"开板""刻板""雕版"等词,但未曾出现"出版"一词。我国学者研究发现,"出版"一词起源于日本,最先在日本使用,后传入中国。《德川幕府时代书籍考》(1912年版)所载资料表明,"出版"一词于1756年见于日本文献。日本《世界大百科事典》(平凡社1957年版)"出版"条解释,在木板印刷时代使用的是板木,所以当时写作"出板",而不用"版"字。后随着西方活字印刷术在日本推广,"出板"的写法逐渐为"出版"所取代[①]。1899年,梁启超在其著作《自由书》中写道:"人群之进化,莫要于思想自由、言论自由、出版自由。"1906年,清朝政府颁布的《大清印刷物专律》中记载:"所谓记载物件者,或定期出版或不定

[①] 林穗芳:《明确"出版"概念,加强出版学研究》,《出版发行研究》1990年第6期,第13页。

期出版，即新闻丛录等，依本律名目谓之记载物件。"这是"出版"一词第一次在我国法律文件中出现。2001年，我国建立出版专业技术人员职业资格制度，全国出版专业职业资格考试办公室组织专家编写全国出版职业资格考试辅导教材。2011年出版的全国职业考试辅导教材中将"出版"明确定义为：出版是指编辑、复制作品并向公众发行的活动。

出版活动涵盖报纸、杂志、图书、文学作品、音乐作品、软件与包括电子媒体在内的其他涉及信息处理作品的各个阶段，如选题、组稿、文字编辑、平面设计、制作与印刷（包含相对应的电子版）、营销和发行等。报纸是连续定期发行以报道最新事件的出版物，通常印刷在一种叫作新闻纸的廉价纸张上。大部分报纸主要通过书报亭卖给订户，或以广告利润支持的免费形式发行。随着数字技术的发展，近20年来，报纸转变为以网络订阅形式发行。期刊出版是指定期刊印新版本的出版物，是一种连续出版发行的出版物。与报纸相比，期刊所报道的内容多、容量大、专业性强。期刊包含各种杂志、学术刊物。图书指的是以纸媒为载体发行的出版物，与报纸、期刊相比，图书不是连续出版物。从用途上分，有学术图书、教科书、工具书；从学科上分，有政治图书、经济图书、文学图书等；还可以从读者对象、装帧形式等方面进行区分。通常将报纸、杂志、广播、电视等门类的出版活动放在新闻领域去研究，而将图书出版作为单独一个领域去研究。前者突出了出版活动的新闻性质，后者突出了出版活动的产业性质。

二、出版的基本属性

（一）政治属性

出版的政治属性即出版活动受到国家意识形态的影响和制约，反映国家政治意志的属性。从出版活动的历史发展来看，中国唐宋时期的"邸报"，古罗马的每日公报都是政府官方用于政治沟通的工具，17—18世纪西方政党报纸发展期间，报纸作为当时最重要的传播媒介，是各党派宣扬自己的政治主张和从事党派斗争的工具。无论是国家主办的报刊、图书出版机构，还是政党、宗教团体主办的大众传媒，出版的意识形态属性都非常明显。我国出版业是中国特色社会主义事业的重要组成部分，必须坚持为人民服务、为社会主义服务的方向，出版有益于提高民族素质、有益于经济发展和社会进步的科学技术和文化知识，弘扬民族优秀文化，促进国际文化交流，丰富和提高人民的精神生活的出版物。

（二）经济属性

出版的经济属性，是指在出版活动过程中获得经济利益的特性。出版业是一个兼具经济使命和文化使命的特殊行业。中国古代有"佣书"的职业，是指受人雇佣以抄书为业。魏晋南北朝时称经生，唐代称钞书人。在雕版印刷术发明之前，书籍全靠人工抄写，随着社会对书籍需求量的增加，逐渐催生了专职的抄书职业，即佣书。佣书人有的受雇于官府或豪富人家，有的则自抄自卖。他们在长期的缮写过程中，积累了丰富的知识，其中不乏因传抄图书而成名者，如东汉名将班超、名士王溥，南北朝文学家王僧孺和官至中书令的朱异等，都曾从事过佣书[①]职业。在古罗马时期，有人发现替人抄写报纸或者图书的内容可以获利，也出现了一批以抄写来谋生的抄写人。在西方资本主义主导下的欧美出版传媒业，以资本力量为主导而获得巨额利润是其经营、投资包含图书出版在内的大众传媒的基本目标。出版活动将精神内容复制在某种载体上，转化为出版产品。对于出版者来说，出版产品是出版者的劳动成果，凝聚着出版者的价值。对于受众来说，受众必须直接或间接支付相应的费用才能获得出版产品，即出版具有商业属性。

（三）文化属性

自古以来，出版物就是人类进行知识生产、文明传承的主要载体，出版活动具有生产文化、传播文化的属性，即文化属性。出版内容由思想信息、文化知识构成，这些信息、知识是人类精神生活的凝聚，不仅要满足人们精神生活需要，还要通过出版物反映人类共同的文化价值。出版产品的生产传播过程充满了文化特质。

---

① 参见"佣书"百科词条：https://baike.baidu.com/item/佣书/4575678。

出版产品的内容生产是文化选择和文化优化的过程。出版产品的内容质量取决于生产者的文化素养和相关知识能力。就图书编辑而言，从选题策划到编辑加工再到校对发稿，图书内容生产过程就是一个编辑对出版内容的知识价值和文化质量进行选择把关和逐渐提升的过程。出版产品的传播过程也是一个思想、知识的文化传播过程。与一般商品相比，作为文化产品的出版物在传播过程中更加具有文化意义。以图书宣传为例，传播者通过邀请作者开展巡回演讲和签名售书、进行图书书评宣传，以及举办新书发布会或读书报告会等活动，就是将出版产品的思想、文化、内容进行多维度宣传，起到多维度营造文化氛围、广泛传递思想与知识的作用。出版产品的消费过程是一个文化消费过程，读者受众根据自己的精神文化需求选择出版产品进行购买、阅读和欣赏。与一般商品相比，受众对文化产品的消费不是物质消耗过程，而是对出版产品内含的思想、文化、价值进行解读、吸收和欣赏的过程。这种精神消费可以反复、多次进行，从而满足读者自我文化提升的目标和要求。

（四）科技属性

出版具有科技属性，出版活动依赖科技并深受科技发展水平的影响。出版活动的产生和发展与科技发展水平密不可分，科技既是出版活动产生的前提之一，也是出版活动得以持续发展的重要支撑。造纸术、印刷术、电子技术和互联网技术都对出版活动产生了重大影响。纸张的出现解决了出版内容载体制作费时、费力且成本高昂的问题，为信息、知识的便捷传播奠定了基础。印刷术的发明将人类用于抄写的双手解放出来，初步确立并加速了出版的产业化进程。大规模工业化印刷使出版产品数量倍增，使图书出版成为一个专业化的文化知识生产与传播的现代化行业。电子技术发展使出版活动告别"铅与火"进入"光与电"时代，改变了信息、知识的生产传输方式，丰富了出版产品的呈现方式，提升了思想、文化、知识的生产效率并加快了其传播速度。互联网技术极大提升了信息、知识的生产与传播速度，一些基于互联网的出版活动如网络出版、多媒体出版、手机出版、数据库出版、自媒体出版等的出现，缩短了出版产品从生产到传播的时空距离，加速了信息、知识的传递过程。互联网技术改变了出版产业的相关结构，降低了出版活动的参与门槛，突破了信息、知识的生产者、传播者和接受者的界限，使人人皆可成为出版人变为现实；打破了大工业印刷时代所形成的以出版机构为主体的产业结构，以个体为主导的出版产业形态日渐活跃、逐渐成形。互联网技术，尤其是依托互联网技术进一步衍生的数字化AI、大模型时代，强化了出版活动的本质目的——思想、文化、知识的交流与共享，出版业属于知识服务业的特性比之工业化印刷时代得到进一步凸显。因此，出版具有科技属性，特别是在科技高速发展的今天，科技发展水平对出版活动的影响愈发显著。

三、出版的功能

（一）政治教化与舆论引导

出版政治属性的体现就是其政治教化和舆论引导功能，该功能存在于所有的社会形态之中。从出版活动的整个环节来看，由于出版内容资源、出版生产资料、出版生产手段、出版物传播路径更多地被国家统治者掌握与控制，统治者可以通过颁布法律、法规或者相关制度对出版活动进行管理与引导，以使得出版活动符合国家政治意识形态要求，为国家政治服务。中国数千年历史上一直倡导的"文以载道"，其实就是强调书籍的撰写、刻印、收藏等出版的各个环节，以儒家经典为主，并通过科举考试等入仕教育体系，保证了儒家经典的主流意识形态地位。苏联1917—1990年出版传媒业以"列宁新闻出版思想"为指导方针，坚持新闻出版事业服务于党的革命事业与苏联的社会主义建设事业，积极创办政治机关报，指出报纸应当成为各个党组织的机关报，主张报纸应该成为集体的宣传员、鼓动员与组织者，提出出版物应该坚持党性原则[①]。从中外历史发展来看，出版的政治教化与舆论引导功能是阶级社会的产物，受到国家政治形态、经济、文化等因素的制约。

---

① 郑保卫：《论列宁报刊活动经历及其历史贡献》，中国社会科学网，访问日期：2024年1月22日。https://www.cssn.cn/xwcbx/xwx/202401/t20240122_5730193.shtml。

（二）思想、知识的把关与选择

从出版过程来看，出版活动是选择加工思想、知识并使之传播开来，因此，对思想、知识的把关与选择是出版活动的重要环节。出版人是思想、知识生产与传播的"把关人"。"把关人"概念最早由美国社会心理学家、传播学"四大奠基人"之一库尔特·卢因（1947年）在《群体生活的渠道》一文中提出。卢因认为，在研究群体传播时，信息的流动是在一些含有"门区"的渠道中进行的，在这些渠道中，存在一些把关人，只有符合群体规范或把关人[①]价值标准的信息才能进入传播渠道。后来，这一概念被广泛运用到信息的选择、加工、制作和传达过程的研究当中，"把关人"概念成为揭示信息生产与传播过程层层把关、内在控制的重要理论。作为思想、知识把关人的编辑，其把关标准受到国家政治意识形态、个人专业知识积累、文化素养等诸多因素影响。从出版活动对社会文化影响的发展角度来看，编辑的把关标准直接决定了思想、知识的文化生产与传播情况，对社会进步和文明发展具有重要影响。由于读者受众对思想、知识丰富多样的需求，出版活动中编辑的把关标准呈现出多样化的特点。

（三）获取经济利益与推动经济发展

出版的经济属性决定了出版具有获利功能。获利功能虽不

---

① 参见"把关人"百科词条：https://baike.baidu.com/item/把关人/2500440#。

是出版活动的本质功能，但出版活动的历史表明，出版的获利功能和传播功能是相伴相随、不可分割的。在古埃及，由于抄写人是为数不多的掌握信息的人，他们不仅可以获得经济利益，社会地位也高于其他人。在中国历史上，印刷业之前的抄写时代，书籍的抄写和传播成本极高，不仅耗费时日，而且需要投入大量的人工劳动，没有经济实力很难进行出版活动。比如明代的《永乐大典》[①]，是中国古代最大的类书，全书共22877卷，凡例和目录60卷，装成11095册，约3亿7千万字。由明成祖在全国征集缮写人，进行人工誊抄，从1407—1409年，历时两年才完成。在印刷工业化时代，出版的获利属性使出版商大批量出版图书成为可能。出版业作为文化产业的重要组成部分，获取经济利润，推动经济发展是其主要的功能。对出版单位而言，追求经济利益和扩大出版的政治属性、文化属性是相辅相成的。出版单位只有获取经济利润才能更好地调配各种生产资源，比如把经济效益好的图书盈利投入社会效益好而经济效益较弱的图书出版中，从而保证图书出版的文化属性发挥，使整个出版行业均衡、健康、可持续发展。

（四）传播知识、传承文明、促进文化交流

传播性是出版活动的本质属性，传承文明、传播知识是出版活动与生俱来的功能。通过出版产品来记录人类创造的科学

---

① 参见"永乐大典"维基百科：https://zh.wikipedia.org/wiki/永乐大典。

技术知识、思想文化成果并使之广泛传播，推动科学技术的进步和社会发展。出版活动使得科学技术、文学、艺术、哲学、宗教、思想等一切人类创造的精神成果，得以跨越时间和空间被广泛传播开来。出版还是促进世界各国文化交流的重要载体。例如，佛教经典经西域传入中国，汉代、魏晋南北朝以及隋唐时期都曾大规模翻译、刻印佛经，这些佛教经典又通过不同时期来中国的朝贡使臣和遣唐使等带到朝鲜半岛、日本及东亚、东南亚等地区。借助于出版贸易等相关活动，出版产品的跨语言和跨文化传播成为国际文化交流的重要组成部分。它促成了世界各种文化形态的交流与对话，使得世界文化发展形态的丰富性和多样性得到体现。不同题材、不同类型的出版活动，促进了不同国家与不同民族文化的相互交流。

（五）培养受众的价值观念

随着社会的发展，人们自身精神文化需求日益增长，出版活动通过思想、知识的生产与传播满足了受众精神文化生活需求，与此同时，出版内容也潜移默化地塑造了受众的价值观念。出版物凝结着人类的思想和智慧，集聚了科学技术的发明创造和社会实践活动的经验与成果，受众通过阅读出版物的内容接受思想，掌握知识。从古至今，阅读作为人类精神生活的一部分，有机融入家庭教育、学校教育之中，构建了人类的精神家园。出版在引导人的价值形成，培养人的世界观、人生观和价值观方面发挥着核心与关键作用。不仅对于个人的阅读是如此，对于社会群体也是如此。因此，某种程度上，出版在培养受众的价值观念和行为规范、引导社会化进程与方向上有着举足轻重的作用。

（六）陶冶情操、提供休憩与娱乐的手段

除了文化传承、传播知识，图书作为一种人类精神生活的产品，还具有陶冶性情、提供娱乐、寓教于乐的功能。这一点，图书与大众传媒中的报刊、影视和互联网短视频一样。为了满足人们的精神生活需求，如文学的、艺术的、消遣性的、游戏性的内容等，都是图书出版的功能之一。陶冶情操、提供娱乐是大众传播的一项重要功能。广播、电视、电影等大众传媒为受众提供了娱乐化内容，为受众带来了精神上的愉悦。受众通过阅读图书、报纸、期刊等出版物接收思想、知识，既满足了个人学习、生活需要等现实需求，又发挥了其陶冶情操、提供休憩、娱乐放松的作用。其中，文学图书阅读就是典型的寓教于乐。

● 思考题

1. 什么是出版？出版活动的构成要素有哪些？

2. 出版的性质有哪些？谈谈你对于出版的经济属性和文化属性的理解？

3. 出版的功能有哪些？你对于出版的各种功能有哪些认识？

4. 你如何评价出版作为陶冶情操、提供休憩与娱乐的手段？

第二节 国际出版的基本格局及特征

一、国际出版的概念与内涵

国际出版（International Publishing）是一个涉及跨国界、跨文化、跨语言的出版活动和产业领域，其概念和内涵可以从多个维度进行理解。其核心概念与内涵体现在如下几个方面。

（一）国际出版的概念

国际出版是指在全球范围内，通过跨国合作、传播和销售出版物（包括图书、期刊、电子出版物等）的活动。它不仅涵盖了传统出版的内容创作、编辑、印刷和发行，还涉及国际化的内容传播、版权交易、数字出版以及跨文化交流等多个方面。

国际出版的参与者包括跨国出版集团、独立出版社、学术机构、作者、翻译者、版权代理、数字平台等，其目标是将出版内容推向全球市场，促进知识传播、文化交流和商业利益的实现。

（二）国际出版的内涵

国际出版的内涵可以从以下几个核心要素进行分析。

1. 跨国合作与资源整合

（1）跨国出版集团：大型跨国出版集团（如企鹅兰登书屋、培生集团、施普林格·自然集团等）通过在全球范围内整合资源，实现内容的跨国创作、编辑和发行。例如，施普林格·自然集团旗下的《自然》杂志在全球范围内组织科学家撰写和发表论文。

（2）国际合作出版：出版社之间通过合作出版项目，结合不同国家的资源和优势。例如，一些学术出版社与中国、印度等新兴国家的出版社合作，共同出版学术著作或教材，以满足不同市场的需求。

2. 内容的国际化传播

（1）多语言出版：国际出版强调内容的多语言化，以适应不同国家和地区的语言需求。例如，许多国际学术期刊提供英文、中文、法文等多种语言版本，以扩大读者群体。

（2）全球发行渠道：国际出版依赖全球化的发行网络，包括传统书店、在线书店（如亚马逊）、图书馆、数字平台等，确保出版物能够到达全球读者手中。

（3）跨国数字传播：随着互联网和数字技术的发展，国际出版越来越依赖数字平台进行跨国内容传播。例如，电子书、有声书、在线期刊等数字出版物通过全球互联网平台实现了快速传播。

3. 版权交易与知识产权保护

（1）版权输出与引进：国际出版的一个重要环节是版权交易，包括将本国出版物的版权输出到其他国家，以及引进其他国家的优秀作品。例如，中国近年来通过"经典中国国际出版工程"等项目，推动中国优秀图书走向国际市场。

（2）知识产权保护：在国际出版中，知识产权保护至关重要。国际出版商需要在不同国家和地区确保其版权的合法性，防止盗版和侵权行为。

4. 跨文化交流与文化多样性

（1）国际文化交流：国际出版是跨文化交流的重要途径。通过出版物的传播，不同国家和地区的文化、思想和知识得以相互交流和理解。例如，国际文学作品的翻译和出版促进了不同文化背景读者之间的共鸣。

（2）文化多样性：国际出版强调文化多样性，鼓励不同文化背景的作者创作具有本土特色的内容，并将其推向全球市场。这种多样性不仅丰富了全球读者的选择，也促进了文化的多元发展。

5. 国际市场与商业利益

（1）全球市场拓展：国际出版的商业目标是通过全球市场拓展，实现出版物的销售和盈利。出版商需要根据不同国家和地区的市场需求，调整出版策略和内容定位。

（2）全球南方市场开发：近年来，全球南方市场逐渐成为不同于欧美发达国家的一个新兴市场。如中国、印度、巴西等过去的第三世界和亚非拉等国家、地区，不仅在政治、经济发展格局方面有了自己的特点，在文化方面也日渐形成了各自截然不同的特色。特别是全球南方出版市场的快速增长，成为国际出版商关注的焦点。这些国家不仅提供了巨大的市场需求，也为国际出版内容的本地化和创新提供了机会。

（三）国际出版的类型

国际出版一般涵盖了出版的各个方面，根据不同的内容和目标可以分为以下几类。

1. 国际学术出版

（1）国际学术期刊：一些医学、机械、工程、电气、通信及自然科学领域的专业化期刊，如《自然》《科学》《柳叶刀》等。这些期刊在全球范围内组织和发表学术研究成果，是国际学术交流的重要平台。

（2）学术著作与教材：跨国出版集团和学术出版社出版的学术著作和教材，通常以多语言形式发行，以满足不同国家的学术需求。

2. 国际大众图书出版

（1）国际文学作品：国际出版商通过翻译和推广，将各国的文学作品推向全球市场。例如，日本作家村上春树的作品被翻译成多种语言，在全球范围内广受欢迎。

（2）非虚构类图书：包括历史、传记、科普等类型的图书，通过国际出版扩大其影响力。

3. 国际专业出版

（1）跨行业报告与专业期刊：涵盖金融、法律、医学、工程等专业领域的图书、电子文献、专业数据库和互联网在线出版物，为专业人士提供国际化的信息和知识。

（2）技术与标准出版：国际出版在技术标准、行业规范等方面也发挥着重要作用。例如，一些跨国学会、协会定期出版的国际规范性出版物，如国际标准化组织（ISO）的出版物。

国际出版是一个复杂而多元的领域，它不仅是跨越国界的出版活动，更为文化交流、知识传播和商业合作搭建了重要平台。其内涵涵盖了跨国合作、内容传播、版权交易、文化多样性以及市场拓展等多个方面。随着全球化进程的加速和数字技术的发展，国际出版在促进全球知识共享和文化交流方面发挥着越来越重要的作用，同时也面临着新的机遇和挑战。

二、国际出版基本格局

随着经济全球化、信息一体化进程的日益加快，受历史、地理、文化、政治、经济等多重因素的影响，国际出版已经超越了国家、民族的界限，语言成为一个重要的边界。

根据市场规模与语言使用人口，当今世界大体上可以分为若干个主要出版市场，其中影响较大的语言出版物分别是英语、法语、汉语、西班牙语、德语、俄语、阿拉伯语和其他语言出版物。在这些出版市场中，英语是世界上最主要的出版语言，因此英语出版市场是世界上最重要的出版市场。根据2023年世界联机计算机图书馆中心（OCLC）书目数据，用英语出版的图书、期刊、电子书、数据库、互联网在线出版等不同载体的出版文献记录为2.03亿种，德语为6300万种，法语为4700万种，西班牙语为2500万种，汉语为1600万种，阿拉伯语为330万种。显然，这些语言图书品种数量的排名，与人们熟知的联合国六种工作语言——英语、法语、汉语、俄语、西班牙语、阿拉伯语不同，更与语言使用人口多少的排名不同。汉语使用人数约为14亿，但与使用人数约为11亿的英语（含母语及第二语言使用者）相比，图书品种仍有很大差距。这就是国际出版格局的不平衡。从出版地域层面看，欧美地区是世界最大的图书出版市场，市场总值占全球的74%，亚洲地区市场总值占全球的23%。从出版生态层面看，欧美国家的出版业呈现出哑铃业态结构，一端是"巨头"大型出版集团，另一端是数量众多的小型出版社。近些年，因为市场竞争激烈，数量众多的出版社因为经营不善，纷纷被大型出版集团并购，整个世界出版市场出现了以若干个超越国家、民族属性的跨国出版集团为主导的世界出版格局。

三、世界出版的特征：英语化、集团化、数字化

（一）英语出版占据绝对优势，影响整个世界图书市场

从17世纪开始，英国逐渐取代荷兰、西班牙等列强成为

"日不落帝国"，也把英语带到了北美、非洲、南亚大陆以及东南亚等地区，使英语从地方语言逐渐发展成为世界通用语；19世纪，美国接替英国成为世界强国，进一步奠定了英语在世界政治、经济、文化体系中的超强地位。从出版规模、市场规模、出版技术的发达程度来看，以美国为首的西方发达国家占据着出版大国、强国的位置，世界出版格局以英语国家为主，其中又以美、英、德、法等国的出版业最为发达。2016年，国际出版商协会（IPA）按照出版零售和许可授权两项进行统计，公布了全世界35个国家的出版市场规模。数据显示，美国仍然是世界头号出版大国，交易额为159亿美元，中国排名位于西班牙之后，交易额为10.47亿美元。中国与美国相比，规模相差大约15倍。前文说过，根据2023年世界联机计算机图书馆中心（OCLC）书目数据，用英语出版的图书、期刊、电子书及数据库、互联网在线出版等不同载体文献记录为2.03亿种，是德语的3倍多，法语的5倍多，也显示了英语出版市场的一语独大。

（二）跨国集团是世界出版的主体

20世纪70年代以来，美国、英国、法国、联邦德国、荷兰等国一些大型出版社利用资本手段并购、兼并中小独立出版社和其他国别地区的出版社，逐步做大做强，成为世界出版业的领头羊。大型跨国集团以出版为主业，兼顾多种经营，不仅拥有图书、报纸、广播电视、多媒体等业务，还经营发行、印刷等。目前，发达国家的大约100家跨国出版集团控制了全世界的出版市场。德国的施普林格·自然集团（Springer Nature）和贝塔斯曼集团（Bertelsmann AG）、美国麦格劳·希尔公司（McGraw-Hill Companies）、圣智学习出版公司（CENGAGE Learning）、英国培生集团（Pearson）、泰勒·弗朗西斯出版集团（Taylor & Francis Group）、法国阿歇特出版公司（Hachette S.A.）、荷兰励德·爱思唯尔出版集团（Reed Elsevier Group PLC）都是著名的出版集团。2012年10月29日，德国贝塔斯曼与英国培生集团计划成立企鹅兰登书屋，其中贝塔斯曼拥有53%的股份，培生集团拥有47%的股份。企鹅兰登书屋2018年销售额为386.9亿美元，目前旗下拥有分布在五大洲的独立出版公司250家，拥有上万名员工，每年出版1.5万种图书，每年发行图书、音像和电子书8亿多册（份），是当今世界真正意义上的出版帝国。

（三）数字化出版占比逐年提高

从20世纪80年代开始，随着电子技术尤其是网络技术在出版中的广泛应用，出版业进入了一个新阶段。在出版领域，数字出版技术打破了传统的时空界限，出版进入了以全球化、网络化、数字化为标志的新阶段。一些大型跨国集团及出版社先后展开了数字化基础设施的建设，开始积极向数字化业务转型。荷兰是电子商务与数字出版的先行者，荷兰威科（Wolters Kluwer）集团、励德·爱思唯尔（Reed Elsevier Group PLC）、荷兰联合出版（VNU）集团，三家荷兰出版集团均为拥有信息加工、咨询、出版、营销、数据库提供、知识服务等多种业务的跨国集团，从20世纪90年代初就开始了数字化历程，垄断了全球科技与专业出版市场份额的50%。美国出版集团约翰·威利推出了威利线上图书馆（Wiley Online Library），作为全面的经同行评审的科学、技术、医学和学术研究的在线多学科资源平台之一，威利线上图书馆覆盖了生命科学、健康科学、自然科学、社会与人文科学等全面的学科领域。它收录了来自1500余种期刊、10000多本在线图书以及数百种多卷册的参考工具书、丛书系列、手册和辞典、实验室指南和数据库的400多万篇文章，并提供在线阅读。截至2023年，在约翰·威利的营业收入中，在线期刊所创收入在期刊总收入中占据70%~80%的份额。类似约翰·威利数字化收入占据期刊总收入超过50%的发展现状，在施普林格·自然出版集团、励德·爱思唯尔出版集团、培生集团等也普遍存在。

● 思考题

1. 简要分析世界出版的特征。
2. 列举美国出版集团的数字化发展历程。
3. 列举英国出版集团的数字化出版模式。
4. 列举德国出版集团的数字化出版模式。

第二章
美国出版业发展历史、现状与主要出版机构

出版是人类思想的桥梁,连接着过去、现在和未来。

美国的出版业很发达，拥有世界上最大的图书市场，年度出书种类、大众类图书销售量等都居全球前列，是世界出版业的中心之一。目前，美国出版业正在向集团化、多样化发展。大型出版集团以及中小出版社都在激烈的商业竞争中充分利用自身的优势和特点，发挥自身价值，求得生存和发展。美国出版市场并购频发，资本活跃。美国的图书市场也相当成熟，发行、渠道和营销都已经形成了畅通和高效的商业模式。同时，美国出版行业协会在规范和协调美国出版市场的有序竞争、规范出版交易等方面发挥了宏观调控作用。美国出版业对于知识产权的保护意识强烈，著作者、出版社、书店以及其他使用作品的单位都很重视知识产权。知识产权已成为推动、繁荣出版业，发展科学技术和开展国际合作的重要杠杆。

第一节　美国出版业发展史

美国出版业是在英国殖民北美时期的影响下形成的，至今已有300多年的历史。自15世纪中期金属字母活字印刷术在德国美因兹市发明起，西方世界就由原来的手抄出版时代进入到了印刷出版时代，这成为西方出版业的革命性事件。16世纪下半叶，印刷业作为一个正式的行业开始在欧洲出现，17世纪上半叶，出版印刷技术由英国传入北美大陆。纵观美国出版业发展史，它经历了殖民地状态的萌芽期、美国建国至第一次世界大战的初创期、"二战"期间的快速发展期、"二战"后的"黄金时代"、当前出版集团占据主导地位的五个发展阶段。

一、殖民地时期的北美出版

1620年后，随着英殖民者到达美洲，清教徒建立了殖民地，在波士顿、纽约、费城等地建立起了最初的出版社。殖民地时期的北美出版社实际上只是集印刷、出版和发行于一体的家庭式作坊，被称为"乡村印刷商"。印刷出版的主要内容是宗教类出版物，例如手册、历书和圣经，后来才逐步发展到出版文学作品等。当时不实行稿费制，更没有版税制，基本上是以图书实物代稿酬。同时，出版物必须经过严格的宗教和政治审查[①]。英国国王詹姆士二世在1685年登基后不久，就给纽约的总督下谕，训令该殖民地内任何出版物在付印前，都必须得到总督的亲自批准。

1639—1763年，美国的出版物有一半以上来自新英格兰，而其中绝大多数是在波士顿及其附近的地方印刷的。1662年，马萨诸塞议会由于对一些"共和政治的煽动者"的担心，通过了一项法令，以"防止印刷所对本殖民地当局的违法和非礼行

---

① 叶宪：《美国图书出版业一瞥：历史与现实》，《出版广角》2007年第1期，第45—46页。

为"。依据该法令建立了一个委员会，对交付印刷前的全部原稿进行审查。

由于此时美国还没有独立，从官方出版业角度看，此时的北美大陆实际上是英国出版文化活动的殖民地，此时的出版物受到英国政府的严格管控。但是，由于北美殖民地的独立性逐步增强，到独立战争爆发前，美国的出版业和新闻业已经成为独立思想传播的主阵地。伴随民族独立意识的觉醒和分离情绪的滋生，美国的出版业和新闻业发展速度惊人，并逐步脱离了英国殖民政府的有效控制。1755年，纽黑文创办了《新闻报》。此后10年间，北卡罗来纳、新罕布什尔、佐治亚等地都出现了很多专门提供国内外新闻、小品文和杂谈的印刷商。在1765年有关印花税法存废的争论如火如荼之际，各殖民地出版报纸多达23种，除特拉华和新泽西以外，每个殖民地都有一种或一种以上的报纸。到1775年，在大陆的各殖民地发行的报纸总计有38种之多，在这些报纸上辟有刊登以书信、政府文件、发言摘要，以及布道文等形式出现的观点与反驳的专栏，以及带有猛烈抨击性的言论。

这一时间段是美国出版业的萌芽阶段，印刷由家庭作坊式开始向专业化、大规模生产的印刷工厂转型，出版品种以宗教类图书、日记、札记、书信、游记、布道文稿等为主。同时，大众新闻业也开始进入萌芽时期，成为传播美国独立思想的舆论阵地。

二、美国建国至第一次世界大战时期的出版业初创阶段

1776年美国建国后,印刷出版业得到长足发展,到1860年时,全美国已有380个印刷出版社。19世纪30年代开始在大城市陆续成立的一些出版社,如约翰·威利父子公司和哈珀出版公司等,利用先进的印刷技术,以铁路运输的发行方式,使印刷出版业变得集中化和专业化,逐步改变了美国出版业发展的家庭作坊性质,基本上改变了昔日"乡村印刷书商"的印象。随着美国1891年《国际版权法》的出台,美国出版业的结构发生了重大变化。由于有了版权法的约束,那些专门出版盗版作品的公司纷纷倒闭。盗版书的锐减,导致美国本土作家的身价上涨。从那以后,美国本土作家的作品销量开始超过从欧洲引进图书的销量,但同时也开始了一个美国国内同行激烈竞争的时代,各个出版社都使出浑身解数争夺国内和国外的作家及其他出版资源。第一次世界大战前的一段历史时期,是美国出版史上第一个较快的发展时期,特别是1861—1865年美国南北战争以后,随着出版业进一步资本主义化而得到加速发展;到20世纪20年代进入出版繁荣期,出现了纽约、波士顿和费城等出版中心。

三、美国出版业第二次世界大战时期的快速发展

在这个时期,除了像哈珀、斯克里布纳、普特南、达顿这

样的老出版社再次焕发青春，新一代出版社的崛起是这个时代的显著特征。其中尤以20世纪20年代为最，比如兰登书屋、西蒙-舒斯特出版社、约翰·戴出版社（赛珍珠和林语堂作品的出版商）等都诞生于这个时期。当然，还有两大图书俱乐部——文学会和每月一书俱乐部的诞生。正是斯克里布纳出版社的大师级编辑马克斯维尔·珀金斯培育了斯科特·菲茨杰拉德、厄内斯特·海明威、托马斯·沃尔夫等一代作家，造就了"迷惘的一代"，成为那个时代老牌出版社焕发青春的一个缩影。正是作家和编辑的共同努力，使得美国文学的世界地位不断上升。

四、第二次世界大战后美国出版业的"黄金时代"

第二次世界大战以后，随着大量的科学技术专家、学者、文化人才流入美国，供需两旺的文化市场极大地刺激了出版业的发展。而同时期美国涌现了大量高素质读者群体。美国作为战争期间唯一和平国度所带来的红利，加速了文学创作繁荣，美国此时已经形成了自由、宽松的新闻出版制度环境，出版社的专业化经营水平得到大幅提高，诸多印刷技术加速了美国出版业的发展，使其进入了"黄金时代"[1]。

"珍珠港事件"爆发后，美国被卷入第二次世界大战。由于美国本土未被入侵，因此美国图书出版业并未遭到任

---

[1] 叶新：《美国书业观潮》，中央编译出版社2019年版。

何破坏。在第二次世界大战中，有将近1650万美国人应征入伍，他们在服役期间有大量空余时间，阅读成为他们最主要的娱乐休闲、打发时间的方式之一，因此阅读人口激增。出版作为文化传承与知识生产行业，因为战争而大量增加了图书销量和读者。1940年，美国联合劳军组织和美国红十字协会各捐赠50000美元作担保金，美国图书馆协会的国防图书活动（NDBC）计划在1942年前收集1000万册图书交给美军。1941年12月7日"珍珠港事件"爆发，1942年1月12日国防图书活动（NDBC）更名为"胜利图书运动（The Victory Book Campaign）"，得到了美国总统罗斯福及其夫人的支持，号召美国人民为美军捐赠图书，由此拉开了美国军队采购大量文学图书和新闻杂志，鼓舞美军士气、丰富士兵的业余生活的运动。如社会类杂志《生活》《时代》《新闻周刊》《时尚芭莎》《文摘》《纽约客》，美军官方报纸《星条旗报》的欧洲版和太平洋版等，通过军队的大量集中采购订阅分发给士兵，使这些报纸的印刷数量动辄以百万计。1942年组建战时图书协会，出现了专门鼓舞美军战争士气的口袋书，如《进入山谷》（Into the Valley）、《人民站在我们这一边》（The People Are on Our Side）等图书获得美军大量采购资助。此后，军供版图书书目进一步放宽，"除技术图书、少年读物以及女性生活图书外的所有文本"，例如《大卫·科波菲尔》《布鲁克林有棵树》《了不起的盖茨比》等1200多种，都被列入了军供书目。军队集中采购图书，使便于携带的平装书、口袋书在此时得以大量出版。1939年美国仅销售了20万册平装书，到了1943年销售数量达到了4000万册，1947年增加到了9500万册，1952年达到了2.7亿册[①]。战争末期的1944年，美国政府未雨绸缪，颁布了《退伍军人权利法案》，为1000余万名退伍老兵提供免费的高等教育机会。到1956年该法案结束时，220多万人因此受益，许多人进入哈佛、耶鲁这样的常春藤名校，接受了良好的高等教育和职业教育。加之从1946—1964年，这18年间的"婴儿潮"使美国人口增加到7590万，因此培育了一代优质的大学生和稳定的中产阶级。[②]这为"二战"后美国出版业的繁荣提供了稳固的读者群。

曾经占据世界出版中心地位的英国、德国和法国等西欧各国，在"二战"后遭到毁灭性的打击，许多城市被夷为平地，出版业遭到了极大的破坏。一方面，作家变得"无家可归"，出版社没有能力发掘新的作家作品；另一方面，欧洲各国的出版业受战火影响萎缩严重，大部分印刷厂、装订厂遭到破坏，印刷装订能力基本丧失。战后，欧洲各国的图书需求以及大量订单都转移到了美国，刺激了美国的图书出版业发展。美国出版人在援助战后欧洲"马歇尔计划"的背景下也大举进入欧洲，不仅填补了欧洲萎缩的出版业缺口，而且还获得了大批优质作者群和一大批作品资源。处于黄金发展期的美

[①] ［美］莫里·古皮提尔·曼宁，犹家仲译：《当图书进入战争：美国利用图书赢得战争的故事》，广西师范大学出版社2017年版，第28, 33, 62, 80, 187页。
[②] 郭白晋：《"婴儿潮"一代对美国社会的影响》，《安庆师范大学学报（社会科学版）》，2017年第3期，第63—65页。

国老牌出版社和新兴的美国出版社都从法国、德国、意大利、拉美以及世界其他国家和地区网罗最优秀的文学作品和作者资源。

"二战"后，反思战争文学蓬勃发展。经历了世界大战洗礼后，大量具有战争经历的作者和以战争为题材的文学作品纷纷涌现，为美国出版业输送了丰富的出版资源。得益于战争期间从欧洲流亡到美国的高水平图书编辑、出版人的帮助，这一时期的美国文学作家创作了有史以来最优秀的文学作品，造就了美国文学在世界上的领先地位，成就了美国图书出版业的繁荣发展。这一时期的美国出版机构也表现出惊人的活力，商业经营水平和编辑加工能力都得到了巨大的提升。一方面，家族式和合伙人式的出版企业大量出现，而美国宽松的出版机构登记制度也进一步促进了出版业的蓬勃发展。另一方面，这一时期专业的编辑和出版人开始真正主导出版内容的深化和专业化，倡导"编辑至上"，对于图书内容的追求远超管理部门和利润指标，这极大地推动了这一时期美国一系列永载史册的高质量图书的出版。

1945年之后，由于英语成为国际性语言和美国成为世界科学技术的研究中心，美国的科学、医药、教育等专业类出版也得到进一步发展。20世纪50年代，随着高等教育的迅速发展，美国教科书出版业也得到稳步发展，出现了一些以出版教科书为主的大型出版公司。20世纪60年代，一部分美国出版公司开始在国外设立子公司，逐渐形成跨国出版集团。1977年，美国图书、期刊的年度营业额之和超过100亿美元。美国逐步成为世界上出版业最发达的国家①。

"二战"后,美国在战争期间建立的图书审查制度进一步被废除。早在1934年,兰登书屋的贝内特·瑟夫就设法推动美国政府解禁一些出版限制,在美国出版了原本被视为"淫秽"之书的《尤利西斯》,光精装本就卖了6万册,平装本更是卖出了几十万册,成了兰登书屋的一棵摇钱树,也为其战后发展奠定了坚实的基础。

第二次世界大战以后,巴尼·罗塞特领导的格罗夫出版社为"寻求因出版好书而带来的刺激和挑战,还有可能营利的机会",在1959年连续向美国政府的图书审查制度发起冲击,迫使其为《查泰莱夫人的情人》、亨利·米勒的《北回归线》解禁,并接连出版了威廉·S.伯勒斯的《裸体午餐》、弗兰克·哈里斯的《我的生活与情爱》、约翰·瑞奇的《夜之城》、让·热内的《鲜花圣母》和《窃贼日记》等,暴风骤雨般摧毁了美国文学审查的壁垒。虽然也有人指责罗塞特"弄脏了出版业的脸面",但他由此打造了属于格罗夫出版社自己的"黄金时代",也为其他美国出版社开辟了道路,并造就了美国文学的繁荣。

上述多个层面共同发力,造就了美国"二战"后出版业的"黄金时代",并从这一阶段开始,美国出版业走上了高速商业化和专业化的道路,塑造了美国领先世界的出版业态,虽然

---

① 许力以:《中国出版百科全书》,书海出版社,1997。

历经1947—1990年的文化冷战，但至今依旧持续保持活力。

五、当代美国出版业

当代美国的出版业商业化和资本化程度极高，这主要体现在中大型出版企业兼并中小出版企业以及大型出版企业互相并购的发展特征上。高度商业化意味着一种以资本利润为目标的高效管理理念和运行机制，主导了美国出版业的发展。随之出现的出版集团化日益明显，大量中小出版机构纷纷被重组、并购进入资本雄厚的出版集团。从经济学角度讲，通过资产流动、重组，对企业进行结构性调整，对出版资源进行优化配置，不仅可使合并后的新公司具有某种集团优势，而且具有更强的抗风险能力，从而产生更大规模的经济效益。

美国出版业并购浪潮始于20世纪初，持续到20世纪30年代。这带动了美国出版业媒介生态的整体优化和重组，各个市场层次竞争相对稳定、利润平均化，使各大出版集团处于均势竞争地位。与此同时，又出现了一批小规模、专业化的出版机构，并历经多次并购，形成了新的专业化出版集团。随着出版企业不断被收购、兼并，出版资本越来越集中，出版集团的规模日益扩大，跨行业、跨地区、跨国家的巨型出版企业大幅增加，其所占有的市场份额越来越多，结果是产生了为数更少、地位更重要且规模更为庞大的出版集团。因此，当代美国出版业出现了集团化、跨国化和垄断化的趋势。这种趋势一方面是被高利润的市场需求所驱动，另一方面则是因为专业化精细加工的出现而使出版领域的进一步细化成为可能[1]。

当代美国的出版业中，传统出版物和电子出版物分庭抗礼，但就总体趋势来看，电子出版物、纸质书、有声读物等都占有一定市场份额。根据美国出版商协会发布的2021年行业年度报告（StatShot Annual），美国出版行业的销售总额在2021年增长了12.3%，达到293.3亿美元，高于2020年的261亿美元。2021年的数字显著高于2017—2020年，美国出版行业的总销售额徘徊在250亿美元到260亿美元之间。2021年，出版商对实体零售商的销售额（即批发金额）不仅扭转了过去两年的大幅下滑，而且达到了多年来的最高水平。

在数字产品方面，成人非小说类数字音频销量超过了电子书销量，这是数字音频首次在一个主要类别中超过电子书。美国电子书的销售下滑与读者接受度下降有关，而美国精装书、平装书等纸质书销量回暖，美国有声读物等多种阅读媒介日渐活跃的趋势明显。

美国传统出版商的电子书收入自2014年以来一直在下降，但是在2020年出现增长，电子书同比上升了11.7%，金额达到21.2亿美元。根据皮尤研究中心、美国出版商协会等机构的近期报告对"电子书衰落"现象的关注，指出书的媒介形式与读者阅读体验的冲突是电子书衰落的重要原因。目前，美国图书销售中纸质书回归、有声读物飞速增长，在电子文化快

---

[1] 王蕾：《美国出版业特点及发展趋向》，《编辑之友》2002年第1期，第53—55页。

速传播的现代社会，读者的阅读体验仍是决定阅读媒介选择的根本因素[①]。

进入21世纪30年代，与世界其他国家一样，新冠疫情不仅对美国经济造成较大影响，同时也深刻改变了美国民众的既有生活方式。大量美国人承受着失业、搬迁、居家隔离、出行限制等带来的负面情绪，美国国内阶层矛盾和种族矛盾也日益激化。在此背景下，美国出版业市场却表现得异常坚挺，销售额和销售量稳步提升。民众居家阅读热情不减反增、有声书大放异彩、电商物流体系完备等因素，使美国出版业在其他行业因疫情而举步维艰时成了大赢家。美国图书销售市场整体表现平稳，大众类图书销售表现十分强劲。许多读者在疫情的影响下，可以有更多的时间用来阅读与思考，无论是纸质类、电子类还是有声读物类的大众图书，在消费市场上都迎来了不同程度的发展。

多元化经营与专业化分工是美国当今出版业的另一大特点。美国不少出版集团在发展过程中，不断进行业务结构的多元化，同时实施专业化出版战略，注重更精细的专业化运作，形成了自己的核心业务和拳头产品。当今的美国出版业，尤其是知名出版集团，都拥有全世界顶级的产品线和完善的专业编辑加工团队。美国各大出版商虽然对出版的理解各有

---

① 赵蕾:《电子书衰落与纸质书回归：近年来美国图书市场销售趋势与读者媒介选择分析》,《编辑之友》2019年第1期，第96—101页。DOI:10.13786/j.cnki.cn14-1066/g2.2019.1.016。

侧重，但是都探索出了属于自己的成功盈利模式。

美国出版业有标准化的管理体制和运行机制。美国全国信息标准化组织、美国书业研究会、美国出版商协会都是对出版业的标准化起组织和协调作用的机构。美国出版企业多是股份制，总裁有很大的决策权，员工权责清晰，员工的能力与绩效挂钩。在销售方式上，美国出版业有专门的市场营销机构，编辑与营销既紧密结合又有专门的特长分工。这一点在世界各国出版业中较为突出。

● 思考题

1. 美国出版的发展历史与欧洲国家的出版发展历史有何相似和不同？

2. 第二次世界大战在美国出版发展的历史上起到了何种作用？

3. 新冠疫情将如何影响当代美国出版的未来发展？

第二节 美国出版业的发展特点

一、美国出版体制，法律与版权登记

美国图书出版发行销售体制与中国有很大的差别[1]。具体来讲：一是从管理体制上看，美国没有全国统一的政府出版管理机构，也没有地方管理机构。二是在美国登记成立出版社手续十分简单。在美国成立一家出版社，与成立其他私人公司一样，一般在所在州、郡或市登记后，交数十美元的注册费用即可。三是美国的图书出版行业自律程度很高。行业自身有自己的行业组织，并且运作良好。出版行业协会担负很多出版宏观管理的任务，其中最著名的有两个，一个是出版者的联合组织，被称为美国出版商协会；另一个是书店的联合组织，被称为美国书商协会。

美国政府内不设专门的出版管理机构，但出版活动绝非处于无政府状态。政府对出版的管理主要是通过财政拨款、税收政策及立法程序来实现；行业协会在体现大出版集团意志、规范和协调出版活动，进行实际上的宏观调控方面，起到的作用是十分明显和重要的。作为全美出版业最有影响的行业组

---

[1] 乔卫兵、崔清北、黄静：《数字时代美国出版业的观察与思考》，《出版参考》2012年第19期，第45—47页。

织，美国出版商协会在规范和协调出版活动，实际进行宏观调控的作用，主要表现为：代表和维护会员利益，及时向会员提供信息，协调与沟通会员间、会员与政府间的关系，进行行业自律，组织业务交流，以及保障"出版自由""阅读自由"等。但美国出版商协会最重要也是最困难的任务是保证向会员提供最新消息，包括预测3~5年的发展趋向，以便在宏观上引导会员超前进行更大投入。据不完全统计，美国出版行业至少有40个不同性质的行业协会，其中专业协会有23个，地区性协会15个，全国性协会2个。这些行业协会一般具有协调、规范、自律、培训等功能，大都以服务会员、维护会员合法权益为宗旨，在企业与政府之间发挥桥梁与纽带作用。

相对于宽松的出版管理，美国政府设置了庞大的版权登记和管理机构以及详细庞杂的著作权法。其中，版权局是版权登记和管理机构，它是美国国会图书馆的一个下属机构，也是美国政府立法机关的一个组成部分。这保证了美国出版的商业化运作得以规范有序运行。

1790年，美国颁布了第一部联邦《版权法》，此后《版权法》被多次修改以适应不断出现的新情况，特别是数字出版技术的出现，不断扩展版权保护的范围。从那时起，《版权法》在1831年、1870年、1909年和1976年进行了四次全面修订。美国法律规定，作品首先在美国境内出版的，在美国享有著作权；在美国境外出版的作品，根据其所属国同美国签订的协议或者共同参加的国际条约享有著作权，亦受美国法律保护。美国版权登记，是提出侵权诉讼的前提条件，作品只有进行版权登记之后，方可对某些侵权行为进行诉讼并获得法定赔偿。

美国《版权法》不仅是英美法系的典型代表，其许多规定和采用的原则在国际版权领域也颇有影响。

二、美国图书出版的分类

美国是世界上最大的图书市场，有一般图书、平装书、教科书和专业图书四大类型，占美国图书市场的80%左右。

学术界另一种分类方式则是把图书分为大众图书（consumer books）、专业图书（professional books）和教育图书（educational books）三大类。大众图书也被称为消费类图书，包括：一般图书（trade book）、宗教图书（religious）、俱乐部版图书（book clubs）、邮购图书（mail order）、大众市场平装书、大学出版社出版的图书（university presses）、标准测试类图书（standardized tests）、预订工具书（subscription reference）和其他类图书。而根据国际通行的分类标准，美国图书出版可分为大众出版、教育出版和包含医学、科技等领域的专业出版。

（一）大众图书

对非业内人士来说，最熟悉的图书类型大概是一般图书，这是图书业用来描述通过书店销售给大众消费者的图书的专业术语。以前，我国有些专业书刊上把它称为"贸易版图书"，这是错误的译法。一般图书的显著特征就是精装本，读者对象分为成人和儿童。近年来，一般图书的平装版本也已经在图书市场上占据了很大的份额。具体可分为成人精装书（adult hardcover）、成人平装书（adult paperback）、儿童精装书（children's hardcover）、儿童平装书（children's paperback）四类。从图书内容上，一般图书也可分为许多小的类别：小说、流行非小说、传记、古典文学、烹饪、业余爱好、科普、计算机、旅行、美术、自我修养、体育、音乐、诗歌和戏剧等。

一般图书的读者相对不固定，市场的不确定因素较多。而对出版商来说，只有很小部分图书的出版是赚钱的生意；而这一小部分创造的利润必须能够补偿绝大多数根本不能赚钱的投机性图书。这也造成了一般图书的价格比较高。

（二）平装书

平装书（paperback）多在书店和报刊亭销售，是美国图书的另一类型。平装书虽不是美国人的发明，但美国在"二战"期间得到了极大的发展。1939年6月，美国人R.F.德格夫创办了袖珍图书公司。不久，"二战"爆发，军队版平装书的大量出版推动了该公司平装书业务的发展。随后，出现了一大批平装书出版社，平装书出版也蒸蒸日上。

平装书也是印刷技术发展的产物。高速印刷机和胶印技术的投入使用，使得印刷过程更加快捷和经济。无线装订代替锁线装订，节约了生产成本，产生了额外利润。平装书又可分为大众市场平装书（mass-market paperback）和高级平装书（quality paperback）。前者是为书店和报刊亭的书架设计的简单开本，也称为袖珍版平装书。后者比前者有着更大的尺寸和更高的价格。高级平装书不同于一般图书的地方，就在于它的封面为软精装。在美国，许多出版商倾向于专业化图书出版，而有些出版商则主要在娱乐方面发力，有些则侧重于重印古典图书方面。这些都属于大众平装书范围。大众平装书的读者是所有图书类型中最多的，他们没有统一的购买行为，也没有共同的购买兴趣。

当提到平装书，很多人会想到比精装本畅销书更便宜的同样内容的大众市场版本，但这并不是平装图书的全部，其实还有许多公版书以平装本出版，不需要支付版税。因此，即使其销售额较小，因为其更低廉的出版费用，也可以产生出版利润。

此前美国图书出版的惯例是先出精装书，然后平装书出版商从精装书出版商那里购买平装书重印权，再出版其平装书版本。从20世纪80年代以后，逐渐出现用平装书出版初版书的情况，而且越来越普遍。作者和出版商看重的是平装书巨大的销售数量和销售额。一般来说，这些平装初版书主要集中在娱乐图书领域。平装书出版商的规模和地位在美国图书业中得到快速的发展，以至于一些作家开始把他们的作品首先卖给平装书出版商，而后者再把重印权卖给精装书出版商，甚至把影视改编权转卖给影视业。因此，原来从属于附属权利的平装书出版成为主要权利，而原来作为主权利的精装书出版则成了附属权。

（三）教育图书

教育图书也就是教科书。教科书（textbook）是图书的第三种类型，是专为小学、中学和大学水平的学生出版的。它可分为中小学教科书和大学教科书。

在出版业内，教科书已经成为美国最大的图书市场。一本成功的教科书可以一直为它的作者和出版商赚钱，因为每年都有新一代学生进入小学、中学和大学。一本成功的教科书出版后可以用3~5年，作者必须根据新的知识来不断更新教科书的内容，出版商也需要在原来的基础上出版一个新的版本。对一本成功的教科书来说，多次修订是再平常不过的事情。

与一般图书不同的是，教科书的潜在作者数量更少，比如大学教科书一般由教授编写；而且每本书的市场也相对比较小，因为它限定在那些进入学校和正在上相关课程的学生。然而，一个长期受众的相对永久性和销售的强制性状态足以弥补这些缺点。

很显然的是，教授不仅是教科书内容的主要来源，而且也是它的主要发行渠道。为教授讲课的班级订购教科书是他们的职责，书店很少备有现货。来自出版公司的推销员熟悉学术界和各个协会、学科的教授，在销售教科书之外，他们还是出版公司的"书探"，为其寻找潜在的作者和发行人。

中小学教科书的经营和销售在程序上与大学教科书略有区别。它往往代表着许多大出版公司最赚钱的部分。教科书一般由出版公司的一组内部编辑所写，对应的是那些中小学课程计划中的基础系列课程，比如阅读、数学、科学以及社会学科课程（如地理、历史、政治和社会学等）。由内部编辑来撰写教科书，可以使整个编辑出版过程变得易于管理，而且出版商可以对最终产品有更多的控制。美国没有全国性统一使用的中小学教科书，其采用完全取决于州一级政府。如果某本教科书在得克萨斯州高中被采用，就意味着成千上万美元的销售额。而整个加州的教科书市场的价值超过1亿美元。因此，出版商非常注重来自美国各州教育当局和学生家长的意见。从出版商的观点来看，"温和"和"无害"在中小学教科书中是安全的和积极的。这样的教科书经常被由家长和地方教育董事会组成的教科书委员会购买。

美国教科书市场的变化反映了美国在校学生人数的变动。在1945年"二战"末期，教科书占了美国图书销售总额的五分之一。截至1960年，美国人口已经达到了1.9亿，其中战后"婴儿潮"中出生的美国青少年纷纷达到入学年龄，美国教科书销售额在战后大幅度上升。20世纪60年代后人口增长放缓，但是美国采取了面向全世界各地的移民政策，大量增加的移民人口使美国总人口在2020年达到3.3亿。进入美国中小学教育体系的移民青少年一直保持一个稳定的数量，因此入学人口没有减少，加上教科书价格逐年提高，美国教科书市场一直保持平稳的发展态势。

（四）专业图书

专业图书（professional），也被称为学术图书（scholarly publishing），目标群体为大学毕业后的专业人员。一般是指由专业人员所写，供其他专业人员阅读的专业化图书。主要包括科技、医学、法律、财经等相关专业领域。这类图书的起印数很少，可能只有几百册，有的能够达到1000册左右，因为单位成本很高，所以定价比一般图书、平装书的定价要高，有的甚至达到数倍之差。一本薄薄的学术书经常能够超过100美元，有的甚至价格更高。

美国专业图书的销售最初是由流动推销员进行上门推广的。美国一些专业出版社聘请流动推销员进行全美各地推广图书，延续了上百年时间，只不过最初推广的图书多以《圣经》等宗教图书为主，之后逐步发展成为各种专业图书。比如，上门推销法律和医学方面的专业图书，经常通过按照各地设立分区签约的推销员进行定向销售。因为每本书的价格相对较高，且专业人士一次可能需要购买多本书。随着通信、电话和互联网等信息沟通方式、技术的发展，美国专业图书的销售也历经了电话推广、书目直邮和今天的网上书店等方式的革命性变化，但是读者群体依旧是门诊医生、工程师、大学教授、专业研究图书馆等。

三、美国的政府出版机构

除商业出版社之外，美国政府出版机构也是一支绝对不可忽视的重要出版力量，但未被列入全国出版统计数据之中。美国官方出版机构共有3家，它们是：美国政府出版局（Government Printing Office，GPO）、美国国家技术信息局（National Technical Information Service，NTIS）和美国国家音像中心（National Audio Visual Center，NAVC）。

自1860年6月美国政府出版局成立以来，美国政府出版物的管理体制、规范化程度、出版的数量，以及其在全世界的影响，都是世界其他国家所无法比拟的。寻根溯源，美国政府出版物可以追溯到大陆会议时期①，早期的政府出版物是历届国会上院和下院选定，通过订立合同关系，由私人出版商承印，不但质量差，而且常介入党派之争，出版的文献往往保存不善。鉴于上述情况，1846年，美国参众两院组成"印刷联合委员会"（Joint Committee on Printing），并于1852年任命公共出版总监（Su-perintendent of Public Printing），监督政府出版物的出版、印制工作。1860年6月，美国通过了一项法令，于1861年3月成立了美国联邦政府印刷局，专门负责美国政府出

---

① 大陆会议（Continental Congress），或称大陆议会，指的是美国创始十三州在1774—1789年间组成的临时性联合议会，为美国国会的前身。在第二届大陆会议时签署了美国独立宣言。

版物的印刷发行工作，自行印刷政府出版物。美国政府出版物在政府与公众之间的信息交流中起到了非常重要的作用。自由获取政府信息，今天已成为美国普通民众生活方式的最基本的组成部分。

美国政府出版物的生产、管理、发布系统有五个环节：联邦机构、政府印刷局、政府出版物收藏图书馆、商业部门、美国公众用户。联邦机构负责生产并收集文献；政府印刷局进行印刷、装订、发行；政府出版物收藏图书馆负责收藏和向公众提供政府文献；商业机构通过编制书目索引等提供增值服务，使得政府出版物中的信息更容易查询和获取；大量普通公众是使用政府信息的最终用户。其中，政府印刷局和政府出版物收藏图书馆是最关键的环节。美国政府出版物的这一体系，在全世界是最具美国特色的。

● 思考题

1. 美国出版行业协会在政府与企业间的中介作用对美国出版业有何重要意义？
2. 美国图书分类中的一般图书特点是什么？
3. 美国的政府出版物与美国的政治体制有何关系？

第三节 美国图书销售网络与主要出版机构

美国图书市场主要包括批发和零售市场两类，销售渠道主要包括线下与线上两种。其中，图书批发市场主体由图书批发公司与出版机构组成，零售市场主体主要由普通书店、连锁书店、网上书店、非专业图书零售机构构成。

今天的美国出版业市场处于竞争激烈、信息通畅、专业化分工较高的发展阶段。在20世纪80年代中期开始出现了前所未有的兼并、收购之后，出版垄断进一步加剧，形成了由若干个大型出版集团主导的出版市场。迫于市场竞争的压力，除了法律规定的行业协会、非营利出版机构，其余所有出版社的性质基本上是市场营销型的，基本上是私营企业或股份制企业，其出版活动完全不受政府干预，政府只能通过法律和经济手段规范出版业行为，进行宏观调控。

一、美国图书销售体系

美国图书销售体系历经多年的历史演化和变迁，但主要销售体系包括出版社自办发行销售和大型专业销售代理两个体系。

在大型出版集团自办销售体系方面，各大出版集团通常有自己的销售队伍、线上与线下书店、控股连锁书店等。销售方式一般按照图书读者对象有如下几种方式。

（1）直销：即通过邮寄直接送书至专业化读者的方式。这种方式一般用于一些专业性较强的图书、二手书甚至一些专业收藏品、宗教产品的销售。

也有学者将这类通过直邮渠道进行销售的市场称为特殊市场，比如各种兼卖百货和图书的连锁药店、各类电视购物平台、宗教商店、邮寄目录渠道等[1]。

（2）馆配：即面向图书馆等机构用户销售，出版社与图书馆保持固定联系，熟悉图书馆的需求和预算，及时向它们提供信息，并以优惠折扣向其供货。

（3）批发：面向连锁书店、独立书店批发销售。这些书店直接向出版社购书，进货量虽不大，但因其遍布全美各地，累计总量可观。

（4）图书俱乐部销售：这种销售方式历史上曾经非常成功，但目前面临网上书店的挑战，美国俱乐部销售处于逐渐萎缩阶段。向其成员寄送大量宣传材料和推荐书目，目前大部分改为邮箱推荐[2]。

历经多年的发展和渠道激烈变迁，今天美国图书销售网络大体上有线上和线下两种渠道。其中，线上渠道销售图书占据了相当的市场份额。

---

[1] 江鸣：《美国大众图书发行渠道、发行模式和趋势研究》，《出版发行研究》2017年第1期，第88—90页。DOI:10.19393/j.cnki.cn11-1537/g2.2017.01.025.
[2] 陈明瑶：《美国图书出版业的发展轨迹》，《中国出版》2011年第6期，第74—76页。

（一）线上渠道

（1）亚马逊（Amazon）：作为全球知名的电子商务平台，诞生于美国，现已经是全世界最为重要的网上销售平台。根据全世界读者的注册地，旗下设有美国版、德国版、法国版等覆盖世界主要国家，是当今世界最大的图书线上销售平台。当然，其在美国图书销售领域同样占据重要地位，提供海量的图书资源，包括各种类型的新书、电子书和有声读物等。旗下的Kindle Direct Publishing（KDP）为作者提供了自出版平台，方便作者将作品推向全球市场。AbeBooks是亚马逊的子公司，是著名的在线图书交易网站，有来自世界各地的书商在此售书，提供大量新、旧、珍稀、绝版书籍。

（2）比布里奥图书平台（Biblio）：美国的图书电商平台，为书商和读者提供交易平台，平台上有各种类型和年代的图书。

（3）巴诺书店（Barnes & Noble）在线平台：美国大型连锁书店巴诺书店的线上销售渠道，除了销售实体书，也提供电子书等数字内容的销售。

（4）社交媒体平台：如TikTok等，一些出版公司和作者会在上面进行图书营销推广，通过短视频、直播等形式吸引读者，然后导流至亚马逊等销售平台。

（二）线下渠道

（1）美国巴诺书店（Barnes & Noble）：迄今为止仍是美国最大的实体连锁书店之一，在全国各大城市和购物中心设有门店，提供丰富的图书种类，还会举办各种读书活动、作者签售会等。

（2）独立书店：美国有许多特色独立书店，它们通常专注于特定的图书领域或服务特定的社区，如专门的儿童书店、学术书店、二手书店等，为读者提供个性化的服务和独特的阅读体验。

（3）大型超市和百货商店：如沃尔玛（Walmart）、塔吉特（Target）等，这些地方会设有图书销售区域，主要销售一些畅销书、大众读物和儿童书籍等。

（4）学校书店：主要面向学校师生，销售教材、学术书籍以及与学校课程相关的辅导资料等。

与欧洲等西方发达国家一样，美国图书市场还设有海外市场。美国的海外市场包括北美市场、欧洲市场、澳洲市场等几个板块。其中加拿大、墨西哥等国家由于和美国接壤，语言、生活习惯非常相似，报关手续也非常简便，美国生产的图书可以直接运到加拿大销售，因此往往被纳入"北美市场"一并统计。仅次于加拿大的是英国市场，由于语言相同，北美生产的图书也可直接销售。欧洲市场、南美市场和亚太市场由于运输成本、经济状况、语言差异、回款等方面的问题，在美国图书发行的国际市场中所占份额不大。一本美国出版的畅销书，一般分为北美版（包含美国本土、加拿大）、英国版（适用于欧洲各地）、澳洲版（适用于澳大利亚、新西兰）、印度版（适用于东南亚、南亚大陆）。通过这种版本的地域划分，可以发现美国出版市场的格局。

近些年，为了缓解美国国内图书市场的激烈竞争，同时也为了应对数字化图书的挑战，越来越多的美国图书出版社将图书线上销售网络和技术开发、线上服务转至印度、东南亚等国家和地区，形成了选题、策划、营销在美国，网上售后服务在亚太，面向全世界推广美国图书的出版格局。

二、美国主要出版机构及图书展会

（一）主要大型出版集团

长期以来，美国若干个大出版商一直主导着美国图书出版市场，企鹅兰登书屋（Penguin Random House）、西蒙与舒斯特（Simon & Schuster）、哈珀·柯林斯（Harper Collins）、阿歇特（Hachette Book Group）、麦克米伦（Macmillan Publishing Company）等共同组成了"寡头垄断"的市场格局。

1. 企鹅兰登书屋（Penguin Random House）

2013年，由贝塔斯曼集团将旗下图书子集团兰登书屋与培生集团旗下企鹅出版集团合并而来，是全球图书出版品种最全、在世界各地分支机构最多、销量最大的出版集团。具有英国与美国、德国三个出版大国的文化血统，是当今世界上跨越多个国家、地区的超级出版集团之一。企鹅兰登书屋拥有近250个独立出版品牌，并与众多备受欢迎、在文学上备受推崇的顶尖作家签约，其中包括数十位诺贝尔奖得主、普利策奖得主、国家政要和商界精英。

企鹅兰登书屋美国公司在全球总收入中所占的比例超过一半，企鹅兰登书屋和西蒙与舒斯特达成了高达21.75亿美元的合并案，2022年10月被美司法部驳回。企鹅兰登书屋是美国目前最大的图书出版商，如果与第四大图书出版商西蒙与舒斯特合并，将进一步扩大美国出版业"寡头垄断"的市场格局。

2. 西蒙与舒斯特出版公司（Simon & Schuster）

西蒙与舒斯特出版公司由哥伦比亚大学新闻学院的两位毕业生理查德·西蒙（Richard L. Simon）和林肯·舒斯特（M. Lincoln Schuster）于1924年在美国纽约创办。最初只是一家专门制作填字游戏书的出版社。两位创始人包揽了包括策划、撰稿、编辑在内的所有出版工作，还亲自上阵做起了营销，也奠定了这家出版公司重视营销的传统。

1939年，西蒙与舒斯特出版社联合发起了平装书革命，成立口袋书出版社，专门出版定价25美分的袖珍口袋书。"口袋书"的理念是向最广大的民众提供价格最低廉的好书。为此，西蒙与舒斯特改变了分销渠道，进入了报摊和杂货店，迅速扩大市场、降低成本。图书出版业也由此从精英文化走向大众文化。

20世纪六七十年代，两位创始人相继离世，西蒙与舒斯特出版公司上市。1975年，传媒巨头派拉蒙的前身海湾·西部工业（Gulf & Western）以1.5亿美元的价格收购了西蒙与舒斯特。这家出版公司从此进入了高速扩张阶段。1994年，维亚康姆集团收购了派拉蒙集团，西蒙与舒斯特成为维亚康姆的子公司。主打娱乐消费的维亚康姆进一步塑造了西蒙与舒斯特。1998年，西蒙与舒斯特收缩产品线，以46亿美元的价格将教育出版、专业出版等业务卖给了培生集团，彻底放弃了教育图书市场，主攻一般大众图书市场。在大众图书市场，西蒙与舒斯特敢于创新和重视营销的优势被发挥得淋漓尽致。相比其他大众出版商，西蒙与舒斯特对数字出版的态度更开放，甚至引领了潮流，一直在寻求数字出版领域的突破。

2006年，由于广播业务滑坡，维亚康姆为了免受牵连，分拆为维亚康姆和哥伦比亚广播公司（CBS）两家独立的上市公司，西蒙与舒斯特被并入CBS。2019年12月，维亚康姆与CBS再次合并为ViacomCBS，其投资重点放在电影和电视领域，从事出版行业的西蒙与舒斯特沦为非核心资产。目前，企鹅兰登书屋有意收购西蒙与舒斯特，但该并购案受到了美国司法部的阻力。

3. 哈珀·柯林斯出版集团（Harper Collins）

哈珀·柯林斯出版集团，由James Harper和John Harper兄弟俩1817年创建于纽约，通过不断地并购世界著名的出版社，又不断向电子图书领域进军，哈珀·柯林斯出版集团已成为世界上第一家将图书内容数字化并创办全球数字书库的出版商，同时也是全球最大的英文书籍出版商之一。

哈珀·柯林斯是全球第二大大众图书出版公司。总部在纽约，在18个国家拥有分公司，至今已有200年历史，旗下拥有120多个子品牌。哈珀·柯林斯每年出版包含17种语言的上万本新书，并且有20万个电子书品种，出版书籍涵盖大众图书的传记、商业、艺术设计、小说、历史、文学、儿童图书、社会学、旅游、运动等各个类型和题材，获得过国家图书奖、诺贝尔奖、普利策奖、布克奖，以及纽伯瑞和凯迪克等各种国际知名奖项。哈珀·柯林斯出版公司在1817年由詹姆斯和约翰·哈珀兄弟创立，前身为Harper&Brothers，曾经为世界文豪、名人明星如马克·吐温、勃朗特姐妹、狄更斯、马丁·路德·金、约翰·肯尼迪、莫里斯·桑达克、谢尔·希尔福斯坦等出版图书。1987年成为新闻集团全资子公司，后与英国的老牌出版公司 William Collins & Sons 合并。William Collins & Sons 成立于1819年，曾为传奇作家J.R.R.托尔金、阿加莎·克里斯蒂、C.S.刘易斯等出版作品。现如今，哈珀·柯林斯出版公司凭借其强大的编辑团队、全面而有效的市场营销和信息渠道、与书商紧密的联系和对读者、消费者的深入研究，以及精准预测，为作者和他们的作品服务。同时，也依靠不断创新和技术进步，为读者带来最卓越的阅读体验。

4. 阿歇特出版集团（Hachette Book Group）

阿歇特出版集团由法国著名出版家路易·阿歇特于1826年

创立，借助法国小学教材改革的契机，推出迎合市场需求的系列新版教科书，掘得第一桶金。后经营范围扩大到文学图书出版领域，并策划出版了《蓝皮导游书》等畅销书。阿歇特注重图书的发行、推广，如在法国首创"车站售书亭"，买断车站售书的专营权，以此增加销量。经过二三十年的积累，阿歇特出版社跻身欧洲出版名社之列。

阿歇特在大众文学、教育教辅、绘本漫画、有声读物、百科字典等多领域形成了完整的产业链，在欧洲、北美、拉美多国设有分支机构。如今阿歇特出版集团隶属于法国传媒巨头拉加代尔集团。阿歇特出版集团的主要业务分为大众图书出版、大众期刊出版、发行三大板块。

阿歇特出版集团美国公司是阿歇特出版集团于2006年收购时代华纳图书集团而成立的，其专注于消费类图书市场，最大的优势在于出版虚构和非虚构类文学作品，是美国最重要的出版公司之一。旗下的36家出版社几乎涵盖了当代虚构和非虚构的全部内容，从最受欢迎的虚构和非虚构文学作品到小众文学作品都有涉猎。阿歇特出版集团美国公司每年出版约1800种图书，2019年有211种图书登上《纽约时报》畅销书榜。自2013年以来，阿歇特出版集团进行了六笔并购交易，2021年8月上旬，阿歇特出版集团宣布以2.4亿美元（约合15.5亿元人民币）收购独立出版社Workman。2020年底，阿歇特图书集团已成为美国第四大大众图书出版商。

5. 麦克米伦出版公司（Macmillan Publishing Company）

美国综合性出版公司，1869年由A.麦克米伦创办，公司总部设在纽约。百余年来一直是美国大型商业出版公司之一。美国麦克米伦出版公司由英国麦克米伦集团于1869年在美国设立的销售机构独立而来。麦克米伦出版有限公司（英国）和麦克米伦出版公司（美国）都由霍尔茨布林克集团控股。

麦克米伦出版公司于1986年发展成为跨国出版集团，其出版物从儿童读物到音像制品和计算机软件，范围广泛。下设中小学部、高等院校部、一般图书部、专业图书部、大众市场部、软件部及国际部。美国国内有麦克米伦图书俱乐部、斯克里布纳图书公司、科利尔出版公司、因特泰克出版公司、伯利兹出版公司等18家子公司。

美国的麦克米伦出版公司不仅历史悠久，而且出版的教科书和社科书的质量都较高，在知识界和文化界都是比较有名的。

（二）美国图书展会

美国书展（Book Exposition of America，BEA）是北美最具影响力、规模最大的图书业展览会，自1900年由美国书商协会创办，距今已有一个多世纪的历史。每年5月或6月会在美国不同的城市举行，为期4天。它是美国图书界最为盛大的一项活动，同时也是全球最重要的版权贸易盛会之一。美国书展原仅为出版社对全美书商的一项采购性书展，前身是1947年创办的美国书商协会会议与贸易展销会，即ABA书展，后发展为具有版权洽购及图书订购双重功能的书展，1996年更名为美国书展。后发展为所有英语国家共同参与，进而演变成具有版权洽购及图书订购双重功能的书展，其功能主要为版权贸易国零售[①]。

除书刊展示外，美国书展还安排有专题会议、同业聚会、文艺沙龙、颁奖典礼等活动。每天一个主题，如书商日、独立出版日、作家日等。书展期间颁发的奖项众多，如编辑最高奖——美国出版商协会的克蒂斯·本杰明奖、最佳书商奖、年度最佳业内新人奖等。年度图书奖则包括23项最佳出版社奖和额度为1000美元的小说与非小说编辑奖。

自2008年金融危机以来，随着数字化技术发展的日益加快，美国出版业受到美国政治党派竞争加剧的影响，出版作为文化传承与知识生产的骨干行业，受到美国保守主义思潮重新抬头的影响，美国出版的活跃程度日趋降低，仅从参展商数量来统计，目前美国书展的影响不如法兰克福书展、英国书展，甚至当今世界影响力还不如北京国际图书博览会（BIBF）。美国出版日益显现出沦落为地区市场的态势。

---

① 《美国书展》，《现代出版》2015年第3期，第85页。

● **思考题**

1. 如何理解美国图书销售市场结构与销售渠道？

2. 在美国的主要出版机构兼并频繁背景下，小型专业出版机构如何应对？

3. 除了本书中提到的美国出版社，你还了解哪些美国出版社？

第三章
英国出版业发展历史、现状与主要出版机构

书籍是任何一种知识的基础,是任何一门学科基础的基础。

英国出版业之所以能够超越"英伦三岛"的有限地理面积、人口等多方面限制条件[1]，而成为世界出版大国，主要得益于英国曾经有过一段殖民全球的发展历史，并充分抓住了"日不落帝国"的政治、经济优势，将英国文化体系带到了全世界，这一点通过英国出版业拓展至全世界的发展历史可以得到充分体现。

英国出版业从14世纪的手抄本到15世纪的印刷本开端，再到21世纪的数字化发展，700多年来不断优化其文化商业形态，在出版各领域都展现出经久不衰的独特魅力。就市场价值而言，英国与美国、德国、法国长期位列世界出版强国。成立于1584年的剑桥大学出版社和成立于1586年的牛津大学出版社，使英国成为出版历史最为悠久的国家之一。印刷术传入后的英国出版业，历经16世纪的宗教图书出版、17世纪的英国报业出版和18世纪的期刊杂志业出版、19世纪的通俗读本出版，英国出版业形成了一个高度市场化和专业化分工明确的古老行业。作为无须厂房设备的轻资产行业，出版公司的创立在英国十分便利，目前常年缴纳增值税的出版企业有2000多家，依靠市场化经营、专业化服务和殖民地时期形成的庞大的海外英语图书市场，构建了英国出版业独特的发展面貌。

---

[1] 保罗·理查森著，袁方译：《英国出版业》，世界图书出版公司2008年版，第118页。

第一节　英国出版业发展史

1440年，德国古腾堡活字印刷的发明在欧洲逐渐传播，威廉·卡克斯顿（William Caxton）将这项技术从荷兰带到了伦敦，并于1476年在威斯敏斯特大教堂区建立了印刷所，成为英国的"印刷之父"。印刷术进入"英伦三岛"，使得印刷品和印刷图书进入英国社会，区别于之前的手抄本时代，由此成为英国社会文化发展的分水岭。尽管印刷术带来了革命性变化，但手抄本时代诸如装订设计等工艺在印刷制品中依然得到了沿袭。以卡克斯顿为代表的印刷书籍经营者或许并未执着于文字印刷对英国出版发展的意义，他们把图书印刷当作有利可图的商机；早期的印刷书籍经营者也并非只是单一经营图书，而是在其他行业获得稳定收益后所开辟的既可满足情怀又不可错过的一个新商机。以印刷为媒的英国出版业从创立、发展到成熟，商业基因贯穿整个知识与文化传播历程。

一、15—16世纪（从文具商到印刷商，图书出版业初步形成）

在印刷术传入前的14世纪，英格兰就已经形成了商品化的书籍交易。书籍抄写员既为富人抄书，也为文具商工作，并且逐渐在伦敦形成了行会。文具商是抄写员和书籍购买者的中间商，他们协调手抄书籍的生产环节，从抄写、注解到装订，再到书写原材料的购买，实际已经成为中世纪晚期的"出版商"。此外，文具商还为牛津、剑桥等大学提供商业服务。这些以拉丁文为主的手抄图书，不仅面向本国，还出口到英格兰之外的欧洲大陆。

大约150年后，受宫廷庇护的卡克斯顿于1476年在威斯敏斯特大教堂区成立了印刷所，除了印刷出版文学作品，还印刷出版了许多祈祷文书等宗教书籍，以此为基础拓展他在英国的出版商业利益。同期的竞争同行约翰·雷托（John Lettou）于1480年在伦敦建立了印刷所，并与合伙人威廉·德·麦克林那（William de Machlinia）在1482年共同出版了第一部英语法律图书，标志着早期印刷出版业最大盈利领域的发端。在印刷初期，英国出版的作品除了以英语语言的使用为特色，还集中在文学、法律和大众流行的领域。英国本土的学术书籍发展得较为缓慢，而且几乎被1476年前来自欧洲大陆的进口学术图书所占据。早期的英国印刷商，除了卡克斯顿，几乎都是外国人，不仅仅印刷工艺和印刷商来自英国本土之外，原料和劳动力也来自国外，这种局面被1484年颁布的法案以"限制英格兰境内外国商人从事抄写、装订、印刷……"所打破，直至1520年后英国本土人才掌控了该行业。

16世纪早期，英国基本形成了以印刷生产为核心的图书出版发行结构体系，英语语言图书主要面向本国读者，发行销售体系从伦敦逐步向其他城市扩展，早期在伦敦经营的印刷商加入14世纪以来成立的以抄写员为主组建的传统行会，印刷彻底取代了抄写。16世纪的英国作家还是主要依靠资助人维持生计，但出版商也会逐渐支付一些稿费。除了剧本创作，作家几乎不可能靠写作谋生，只是作为增加收入的一个来源。直至16世纪末期，作家才渐渐成为被社会认可的一个独立职业。从抄写间到印刷所，不仅是书籍生产形式的变化，更是对西方知识文化、政治和宗教思想产生重要影响的革命性变化。

1534年法案的出台，废止了1484年法案的有关内容，规定"除批销商以外，外国书商和印刷商禁止在英格兰从事经营"，标志着英国皇室图书审查制度的开始。印刷的传入并非多么轰轰烈烈，但却让英国政府逐渐注意到印刷业并将其运用到政治统治中。1538年，皇家特许出版印刷制度正式建立。玛丽女王于1557年将出版行业工会改造为皇家特许出版公司。伊丽莎白一世在1570年建立皇家出版法庭"星法院"，并于1586年颁发出版法庭命令，严格限制出版活动。对图书的审批和特许经营使伦敦成为印刷出版商的聚集地，出版商们日渐形成了一个群体，渴望获得更多出版特权并保护既得出版特权，从前以书籍抄写员为主要成员所组建的行会，在1557年后重组为"文具公司"，书籍印刷商主导了此后英国近百年的图书贸易历史。英国的印刷图书贸易由最初的自发竞争、无序管理转变为商业管控和兼顾服务政治。在整个历史发展阶段，英国皇家统治者意识到了图书行业的重要性，书商和印刷商也意识到需要得到英国统治者的政治保护才能获得更大利益。

二、17—18世纪（走向大众的英国出版业）

1641—1642年，英国王权的衰落以及内战的爆发，对英国图书贸易产生了深远影响。以麦克·斯帕克（Michael Sparke）为首的群体，在1641年再次公开表达对印刷特许经营的不满。斯帕克在政治和宗教立场上都对英国清教运动十分同情，同时因为经济收益的关系，极力反对图书贸易的特许分级。他以进口版本比特许印刷的版本便宜为理由，公然从荷兰进口《圣经》来挑战国王特许的印刷商。斯帕克抓住王室权力被削弱的机会，发起更猛烈的进攻，他印发小册子抨击"文具公司"和特许制度，再一次强调垄断的存在使图书价格虚高。虽然在英国王室的调解下他放弃了初衷，但斯帕克对英国宫廷的挑战只是17世纪40年代初期书籍经营者反对图书特许制度的一个时代缩影。从一定意义上来说，这一时期的"英伦三岛"军事冲突和政治动荡，对出版商发展倒是有益的，因为社会公众对新闻的需求催生了大量小册子和定期发行的"报刊书"，相当一部分收益被非特许授权印刷商所获得。内战期间，英国图书内容被各种政治宣传所占据，伦敦的印刷所不断涌现，大量印刷品充满大街小巷，这个时期印刷品的数量和内容都是史无前例的。1621年，英国人自办的第一张印有"准许出版"字样的"科兰特"报纸发行。1641年，英国出现了现代意义的报纸，这是激烈的军事政治斗争的需要。曾经的报刊以中性立场和特许报道外国消息为主，但这个时期的报纸开始带有鲜明的政治立场，并且以国内事件报道为主。内战期间，虽然在战场上王室惨败，但报纸上报道的战争却以约翰·伯肯黑德爵士为代表的王室战胜了以托马斯·奥德利所代表的议会派。自此，印刷社作为宣传工具再也不会被忽视了。事实上，17世纪40年代的混乱，说明印刷行业的既得利益需要国家权力的支持，同时国家也需要控制印刷媒介。虽然旧的控制机制被内战摧毁了，但维护他们利益的团体、阶级并没有被摧毁，当1660年5月查理二世重新回归政治统治中心时，文具商和斯图亚特王朝一起又都恢复了往日的秩序。1640—1660年的英国内战期间，英国书业发展也历尽艰难，其后的反思也是很清楚的：没有管控的代价是无序的混乱，也没有人再质疑文字的力量，自此以后的书业翻开了新的一页。

与1640年之前的英国图书贸易有着根本的不同，报刊书和小册子可以绕过书店在街头直接出售，一个更广泛的印刷品市场——大众传媒业由此诞生。继16世纪印刷商在行会中居于支配地位后，17世纪的英国以经营图书生意为主的书商逐渐成为出版业的中心，印刷商在出版行业的地位降低，成为拥有书籍复制权的服务商。书商通过版权的经营来完成出版活动，成为17世纪下半叶出版业的主流。1660年后，这个封闭的英国书业才迎来了真正意义上的出版产业。

查理二世在1662年颁布了《印刷法案》，一方面，重申了行会原来的权利和一些出版禁令，诸如禁止出版诽谤、叛国和未经许可的图书和小册子；另一方面，设立出版总监来执行该法令。虽然行会再度得势,但在新的新闻与出版自由观念之下已经无法恢复往昔的权威。1694年,皇家特许出版制度最终废除,标志着内容审查制在英国的彻底结束。1695年开始,书商们开始不断向议会提交版权保护的提案,希冀得到法律对版权的保护,避免图书被盗印而使得其投资毁于一旦。最终,1709—1710年的英国议会会议,终于认定了版权是一项财产权并规定了版权保护的登记制度。1710年通过的法案是世界上第一部现代意义的版权法,被称为《知识鼓励法》或《安妮女王法》。该法案明确了作者和出版商的关系,作品的最初所有者是作者,出版商可以购买作者所创作的财产,这为出版业的进一步发展提供了法律保障,也促进了18世纪依靠版权授权而生存的作家群体的形成。18世纪初期英国图书版权股份制经营的形成,使得资金匮乏的小书商能够以股份的形式共同占有一本新书的版权,共担风险和共享收益。

  法律对作家、书商、印刷商利益的保护,使得社会财富增加,休闲时间增多,社会识字率进一步提高。18世纪的英国图书市场迅速扩大,读者从最初的宗教仪式、新闻消息获取逐渐转变为以阅读获取知识和欣赏、消遣;阅读人群逐渐扩大到普通民众,在18世纪形成了英国大众图书市场。虽然伦敦占据全英大众图书市场的大部分份额,但范围逐渐扩大,形成了一个超越伦敦的全国统一市场。这些变化来源于两方面,一是18世纪中期后在伦敦之外的许多城镇,出现了流通性图书馆,意味着图书发行开始走出伦敦面向全国;二是在18世纪出现了杂志连载，这种略显廉价的出版方式让更多读者能够消费阅读，杂志的出现让出版成为更为灵活的产业。18世纪的英国逐渐出现了专门从事图书流通渠道生意的中间商，即图书批销商，他们简化了出版商和书商之间的关系，因为一位批销商就可以面对很多出版商，无论是图书进购还是销售结算，批销商都可以成为出版商和书商之间重要的信息传播者。批发商和书商、出版商完善了英国图书出版产业体系，使得18世纪的英国成为图书、报纸、杂志同时繁荣发展的重要时期，报纸的廉价性和杂志的大众性让出版产业在全英国蔓延，大量书商、出版商、批发商集中在伦敦，逐步形成了以伦敦为中心的全国出版发行网络。

三、19世纪（迈进现代的英国出版业）

在19世纪三四十年代，英国完成工业革命，成为欧洲最早进入工业化的国家。工业革命带来印刷技术革新，蒸汽动力印刷机等新设备提高了印刷效率，降低了成本，使得书籍、报刊等出版物的产量大幅增加，出版周期缩短。

这一时期，面向大众的通俗文学、科普读物、报纸杂志等出版物大量涌现，如狄更斯等作家的小说在当时广受欢迎，知识得以更广泛传播。就英国本国来说，工业革命对推动教育事业以及提高群众文化水平都起到了直接作用，拓展了图书的潜在市场需求。城市里的图书馆可以提供的图书、报纸和杂志的种类逐渐增多，市民的知识素质和生活方式得到极大改变，为现代大规模图书出版业的发展奠定了基础。一方面，伴随大众教育的普及，教科书成为学校教育的必需品；另一方面，中产阶级家庭构成了英国工业革命后的社会主体，形成了一个稳定的、拥有一定购买力的阅读群体，这些都是19世纪英国现代出版业得以发展的客观条件。英国工业革命带动了英国政治、经济、军事实力的发展，使得海外殖民地范围逐渐扩大，英国出版业抓住这一历史机遇，通过出口发行教科书、文学作品并逐步建立海外分支机构来拓展国际市场，特别是依托海外殖民地所建立的海外市场，由此奠定了英国图书出版业的国际地位。

19世纪，英国的图书出版业从简单的图书生产和商品交换转变为专业分工和市场运行的现代产业体系，形成了国际化的现代出版产业链。19世纪初，从印刷商、书商分离出来的出版商，占据了出版产业的主导地位，他们从事专业编辑出版业务，包括图书的选题策划、编辑加工，他们一手托起版权市场，一手托起图书市场，成为真正意义上的出版活动核心。印刷和发行活动也各自独立，图书市场交易由印刷商和书商来完成；作者作为图书内容的创作者成为出版产业的起点和重要环节，正式成为一种可以维系生存的职业，成为独立的市场主体。

与18世纪作者与出版商边界模糊的情况相比，19世纪的作者基本放弃了创作后联系印刷商和书商的自行出版模式，而是将书稿的版权卖给出版商，不再承担任何费用和风险，这种专业分工意识也是现代出版产业形成的重要标志。作者和出版商以独立的市场身份相互依赖，以各自的专业角色在市场机制中获得生存和发展空间，通过版权交易来实现利益分配。作者和出版商的互动方式也在市场推动下悄然发生变化，18世纪及以前，作者书稿被书商和印刷商争抢，19世纪后，出版商选择书稿的趋势日趋明显，并且随着专业创作者与市场需求之间的差距加大，出版商也不再只是接收和挑选稿件，而是将编辑身份前移到创作过程，对作者的创作进行引导和干预使之具备获得更多未来市场的潜力，甚至是出版商带着创意去寻找合适的作者来创作内容，这种互动形式的变迁是出版产业现代化进程的动态表征，而且一直沿袭至今。

虽然出版商一般依据自己的判断来决定书稿的出版价值，但面对越来越多的内容和学科分类，出版商只好将无法顾及或无法作出合理判断的稿件交给专业人士，于是审稿人作为新职业进入19世纪末的英国现代出版业。他们是出版商的顾问，往往在书稿内容上提出专业意见使之更符合受众品位，成为具有市场意义的内容"审查者"。如果说审稿人是出版商的顾问，那么代理人便是作者在现代出版市场的顾问。19世纪开始，不少作者依靠朋友以非正式法律关系与出版商议价，直至亚历山大·沃特以明确的收费标准成为职业代理人后，英国出版业的代理人成为作者正式委托其与出版商洽谈版权交易条件的专业人士。代理人因为深谙版权交易条件、授权形式和期限，可以将作者利益最大化；同时，代理人还会根据市场变化建议作者及时调整写作方向、更换出版商等，及时获得市场机遇，并赋予作者价值的增值。

英国出版业的市场化进程是伴随着出版市场机制的健全而发展的，英国在19世纪签署的《净价书协议》（Net Book Agreement）至今仍在发挥着作用。出版商从书商、印刷商分化出来后，在英国出版产业链一直占据主导地位，书商的位置变得相对被动和不利。图书一旦滞销，书商的资金流就会遭遇风险甚至直接损失。在激烈的市场竞争之下，书商不得不采取价格战来降低库存，因此直接导致的利润锐减让他们联合起来，与出版商达成一定的市场交易规范。由此诞生了以"书的零售价格由出版商规定，书商以折扣价格进货但以不低于零售定价的价格向大众销售"为核心内容的净价原则，经历了两次失败后，最终麦克米伦出版公司第三次发起了整顿价格的运动，受到了图书批销商的热烈拥护。1890年，全行业支持麦克米伦的净价运动，在伦敦书商协会基础上成立了"大不列颠及爱尔兰书商联合会"，明确提出以劝服其他出版商接受净价原则引导市场良性竞争。同时，出版商成立了全国统一的"英国出版商协会"来应对新的变化。不仅是书商协会，还有作家协会，也都倾向于净价原则，于是，这三个行业协会于1899年正式签署了《净价书协议》，该协议于1900年1月1日生效实施。《净价书协议》的实施，是作者、出版商、书商为规范图书贸易模式和市场秩序所达成的相对公平的制度，限制了书商随意改变图书零售价格的权利，引导出版行业的长期有序发展，是出版产业链条各环节利益攸关方共同努力而营造市场规则的重要历史节点，也展现了在英国出版业日渐成熟过程中出版商协会和书商协会所发挥的重要作用。

19世纪以前的印制书籍价格昂贵，主要是因为精装的皮革封面导致的，到了19世纪皮革被布面、纸皮代替，成本的下降使得图书价格降低，"纸皮书革命"进一步推动了英国大众文学市场的普及。在以较低价格扩大图书市场规模的同时，还能保持总利润增长，这需要英国出版商采取新策略来应对。19世纪下半叶，英国出版商们开始深挖版权作品的市场回报潜能，将目标读者细分成不同的购买群体，将不同价位的版本匹配不同的出版时间和发行周期。一般是先出价格较高的精装版本来满足收入较高的读者群体，然后再根据市场反馈在不同时间推出价格低廉的平装版本以满足更多读者需求，这种灵活且物尽其用的出版策略使得版权和资金投入都得到了有效配置，顺应并引导图书市场有条不紊地持续增长。以查托与温都斯出版公司（Chatto & Windus）为例，他们通常的做法是从传统三卷本开始出版一部小说，然后出版精装本，随后出版平装本，最后如果市场需求强烈还会出版廉价本，这种分期出版模式虽然提高了图书的发行活跃度并延长了其生命周期，但要求出版商对市场预期有精准判断，这也是一项同时存在资金风险和库存风险的挑战。

基于历史的经验，出版商深知出版产业得以维系和发展的核心问题是版权保护，版权保护的概念在19世纪从英国本土扩展延伸至欧美。1886年,英国、法国、德国、意大利等欧洲主要国家缔结了《保护文学艺术作品伯尔尼公约》。版权保护激励了图书市场的进一步发展,也从图书销售向版权交易扩展。曾经的作者和出版商的版权交易基本以一次性稿酬支付为主要形式,这种单一的付酬制度在19世纪也逐渐多样化,为现代出版业的版权交易提供了沿袭至今的多种模式,例如版税、基本稿酬加重印稿酬等。版税是19世纪后期在净价制度和代理人制度确立后产生的,图书的定价制度使作者和代理人的酬劳有了基本依据,版税制度让作者和代理人的收益与图书销量呈正相关,可以更好地激发作者的写作热情和提高代理人的工作质量,成为时至今日最主要的版权交易方式。不仅如此,出版商之间的版权交易也在19世纪更加灵活和自由。18世纪的图书股权制度其实是以结盟的方式来应对资金短缺和市场风险,基本都是固定的合作伙伴,但19世纪以后,出版商之间的版权交易突破了"熟人"圈子,各成员之间的书股交易更加灵活,还会不断有新旧成员的更替,这也是英国资本市场运作的基本形态,书股及股份的自由转让,使得版权交易完全市场化。

19世纪的伦敦拥有600多家书店,其中包括不少批销商,伦敦不仅是英国还是当时欧洲最大的图书销售集散地之一。这种大规模的发行体系,由两家著名的图书批销商来支撑,一家是威廉·史密斯父子公司,另一家是辛普森·马歇尔公司,前者以报纸批销为主,后者是图书批发领域的最大书商。马歇尔公司在19世纪20年代,从急于将积压库存销售出去的出版商手里购买了大量低折扣图书，成为现代出版业最成功的早期批销商，公司延续至20世纪初，因缺乏经营人才最终破产。除了批销活动，19世纪的英国还出现了专门从事流通行业的发行公司，它们担任了英国图书的海外代理商，以收取费用的方式将英国图书销售至欧洲以及海外殖民地市场，使英国出版业成为具有世界意义的现代产业。

四、20世纪（繁荣发展的英国出版业）

在历经两次世界大战和第三次科技革命的20世纪，广播、电视、网络等媒介相继崛起，迎来了大众传播时代。英国出版业在不断变化的媒介环境中调整适应，在机遇和挑战中蜕变发展，成为现代文化产业的重要组成部分，也成为引领知识和信息服务的升级型产业。经济全球化和资本并购同时影响着以商业获利为主要目的的英国出版业，借助海外殖民地市场所形成的海外市场，到了1980年依旧占据英国出版市场份额的40%。一些中小出版商不断被收购或被兼并，英国出现了若干个跨国出版集团，集团化成为了现代英国出版业的基本特征。

两次世界大战之间的二三十年，是英国最严重的经济衰退期，出版业因为市场匮乏而不景气，然而这个时期由企鹅创始人艾伦·莱恩（Allen Lane）领导的"纸皮书革命"影响至今。艾伦·莱恩在1935年从表舅手中继承了波德勒出版社（The Bodley Head），为了走出经营困境，他开始思考经济衰退下图书如何变化才能挽救波德勒。莱恩把目标转向了那些钱不够却又渴望阅读的新读者群身上。他虽然不是平装书的发明者，但却成为平装书所在地——大众阅读市场的发现者。莱恩把平装书出版打造成了大众出版迄今最为亮眼的品牌"企鹅"，从设计、装帧到宣传推广，以清新、独特的纸皮书区别于华贵奢侈的精装书，以低廉的价格满足大众的阅读需求，从人物传记到侦探小说再到经典小说，莱恩以自己的选书品位塑造了企鹅出版社的最初公众形象。1935年，这些带着"企鹅"标识的平装书走进伦敦的书店和百货商店，以6便士的价格打开了普通大众的知识大门，打破了原本被贵族、中产阶级垄断阅读世界的格局，为普通人提供可以消费得起的小说、经典、历史、诗歌等体裁的图书。1936年，莱恩在伦敦正式成立了"企鹅出版社"，并创造了年销售额75000英镑的奇迹，成为英国出版业进入大众文化空间的重要标志。

20世纪的英国出版业，经历了大众传播时代的激烈竞争，在出版内容上抓住了新机遇。20世纪二三十年代，许多有着极高文学价值的书籍很难被完整出版，甚至完全不能出版，譬如只能以删节版面市的《尤利西斯》和《查泰莱夫人的情人》等文学作品，这种情况一直持续到1959年，英国对淫秽出版物的重新界定才得以改变。《淫秽出版物法》规定"基于公益，认定出版物具有科学、文学、艺术、学术或其他大众关切课题利益时，不属于淫秽"，还规定"法院审判可以征询相关学科专家意见"。1960年，企鹅出版社在著名作家劳伦斯逝世30周年之际出版劳伦斯全集，其中包括《查泰莱夫人的情人》完整本，虽然被控告为"赞扬通奸……腐蚀读者……"等罪名，但企鹅出版社通过著名作家、心理学家、社会学家等专家学者为该作品作证，经过6天的激烈辩论，法院判决出版社无罪，自此该书获得了合法完整出版的权利。对企鹅出版社的无罪判决代表了英国社会的一个重大转变，即不能因为道德问题查禁出版物，英国出版业内容迎来了一次新突破。

19世纪的英国出版业几乎都是家族模式的小公司，即使它们随着全球化发展进入世界产业链，但实质上还是相对封闭的家族企业或作坊结构。20世纪，高度发达的现代金融投资和企业管理制度进入出版行业，除了图书出版本身，还出现了财务管理、职业经理、股票操控等新岗位，瓦解了以单一的家族企业为主导的英国出版业，使之走向现代企业制度。"二战"后，朗文出版公司、麦克米伦出版公司、企鹅出版社先后终结了家族企业历史。17世纪末创建的朗文公司，由于第七代传人马克·朗在掌舵的第八年突然离世，朗文公司陷入了由继承引发的复杂和混乱的情况，随着合并和后续接管的变化，朗文的品牌虽然得到了延续，但朗文家族在20世纪末期失去了公司的所有权。企鹅出版社也经历了相似的境遇，在1970年艾伦·莱恩去世后，"企鹅"经历了资产和业务的重组，虽然名字沿用至今，莱恩家族与"企鹅"的继承管理关系自此不复存在。朗文出版公司与企鹅出版社被同一家公司收购，这家公司就是迄今英国乃至全世界最大的出版集团之一的培生出版集团。培生集团的发展历程是20世纪资本主导下的英国出版业集团化发展的缩影。培生集团以建筑工程起家，在收购了金融时报集团和英国两大著名出版公司"朗文"和"企鹅"后，由一家非传统媒体公司向新闻出版业进军。资本流向说明了英国文化产业发展的资本化趋势，出版也从专业领域进入了金融投资的视野。资本的力量让20世纪的英国出版业通过并购重组，迅速扩大规模并实现产业升级，在经济全球化的世界出版版图上站稳脚跟。培生在1998年又收购了西蒙·舒斯特公司的教育出版部门，截至20世纪末，培生成为具有世界规模、门类齐全的教育出版集团。同一时期，英国的麦克米伦公司也以股份并购方式被德国霍尔茨布林克出版集团（Verlagsgruppe Georg von Holtzbrinck）逐步收购，这种资本联合的方式成为英国出版业在20世纪发展阶段的重要特征，也是中小出版社以主动或被动的状态融入大型出版集团来应对世界跨国集团竞争的策略。从商业基因到资本主导，英国出版业从最初的本土知识传播和信息服务提供商，逐步模糊了地理的边界，被资本裹挟进国际出版产业的大市场中。

  16世纪以来，英国出版业在语言、文学、历史等人文社会科学领域稳步发展，较之德国、法国等欧洲国家，科学技术出版相对滞后。直至"二战"后的1948年，以科学出版占据领先地位的德国施普林格出版集团与英国的合伙人在英国成立了新合资公司，捷克人麦克斯韦尔（Robert Maxwell）任总经理。1951年，麦克斯韦尔以2.5万英镑的价格收购了另一位创始人保罗·罗斯鲍德（Paul Rosbaud）的股份，改名为培格曼出版公司（Pergamon）。第三次科技革命后，科学、技术与医学出版成为20世纪后半叶的强势增长点，培格曼公司也在市场需求中快速发展，出版科学教材、学术专著及科技期刊，成为英国最大的科学出版商，并且通过刊发大量苏联和东欧国家最新研究成果得到广泛关注。1991年，培格曼出版公司以4.4亿英镑的价格被荷兰的爱思唯尔出版集团收购。麦克斯韦尔的出版视野和远见为20世纪培格曼科学出版的发展奠定了良好基础，也使英国出版商进入了科技图书和科技期刊领域。

20世纪的英国出版业在内容生产上可谓百花齐放，虽然因为批销商辛普森·马歇尔公司的破产所引发的数十年发行中盘商在英国出版市场的缺位，但英国全国的发行体系在《净价协议书》保护下保持了稳定的发展态势。除了集团化、资本化的显著特征，英国出版业在20世纪70年代后出现了更多非主流出版社，女性也在出版业中逐渐扮演重要角色，她们不仅成为浪漫小说读者的主力军，还有越来越多的女性在出版社工作。1973年，英国第一家女性主义出版社维拉戈（Virago）诞生，标志着英国出版业在资本化、集团化的同时，作为满足人类精神生活的一个思想传承与知识生产的行业，其多样性、多样化的本质一直存在。

● 思考题

1. 简析企鹅出版社的创立对大众传播的作用。
2. 18世纪英国出版业呈现出哪些特点？

3.《安妮女王法》的颁布所产生的重要意义有哪些？

4. 思考19世纪的资本并购对英国出版业的影响。

第二节 英国出版业的发展特点

自15世纪印刷术传入英国后，英国出版业历经600多年政治制度的变迁、经济环境的兴衰、科学技术革命的影响，从萌芽到发展壮大，从繁荣发展到专业细分，从纸本到数字化，在市场规模、法规保障、行业影响等方面都呈现出了较为突出的特点。

一、英国出版市场规模及特点

根据英国出版商协会（PA）发布的《2020年英国出版业报告》（Publishing in 2020），英国出版商在图书、期刊和版权销售方面的销售额达到64亿英镑，同比增长2%，保持了相对的稳定性。其中，英国本土销售额达到25亿英镑；对外出口销售额达到37亿英镑。英国出版商协会首席执行官斯蒂芬·洛廷加（Stephen Lotinga）在声明中表示："2020年，英国出版业经历重大考验，但是从全年的情况来看，出版业表现出来的弹性令人惊讶。"斯蒂芬在接受采访时谈及英国出版业增长的核心因素时表示，大众出版物拉动了英国整体出版业的上涨。从报告中可以看出，英国读者的阅读氛围很浓，越来越多的人出于休闲和娱乐的目的阅读图书。此外，无论是大众消费类出版物，还是教育出版物、学术出版物，它们在数字领域的销售额均有所增长。21世纪的英国出版业依然保持零售及出口优势，其核心竞争力依然是优质的图书内容和成熟的商业化市场运作。

市场化是英国出版业发展的灵魂。英国的出版机构以经济效益为目的，以市场导向和读者需求为选题策划依据，在600多年的商业竞争中成为国际出版行业的佼佼者。他们将能否适应时代变化、是否符合读者品位、是否具有盈利空间作为生存和发展的重要因素。商业基因和商业逻辑从始至终伴随着英国出版业的发展脉络，图书成为本土及出口贸易的重要商品，版权以及公司本身都是商业行为的一部分，由资本带动的出版公司间并购重组成为20—21世纪以来英国出版业的重要市场行为。庞大的市场化规模和行业细分，使得英国出版业自19世纪以来从以家族企业为主逐渐蜕变，形成了时至今日行业分工明确的出版市场体系。20世纪六七十年代，英国出版业迅速拥抱新兴的以计算机和互联网为主导的信息技术，一改传统出版业的内容生产、经营方式和发行传播方式；20世纪80年代开始，以资本运作为主导的并购、兼并进一步推动英国出版业的细分领域和专业建构。

专业化发展是英国出版商在激烈市场竞争中沿袭的重要传统。在英国2000多家出版公司中，少数大型出版集团占据了大约80%的市场份额，其他的小公司依靠准确定位图书内容，在微观领域专业化做优做强，以此赢得行业地位来获利生存。在近20年的数字化过程中，即使是大型出版集团，也在大众出版、教育出版、学术专业出版领域聚焦优势专业定位、舍弃非主流业务，不断增强某一领域的国际竞争力。依托英语这一世界通用语的强势，英国出版机构将市场拓展至全球以英语为母语及第一外语的国家，广阔的海外市场成为英国出版业的重要经济来源，其版权收入和出口销售额长期占据全行业销售业绩的一半以上，面向全球推广英语语言学习（ELT）产品的出口及版权出售，为全球化的英国出版业贡献了长期稳定的经济收益。

二、品牌战略特点

英国出版业无论在本土还是全球的发展，都呈现出显著的品牌战略特征。英国出版商在深耕内容创新的过程中，一直以品牌塑造和品牌号召力作为其重要战略。只有在市场中形成显著的品牌，才能逐步定位产品特色，并能通过品牌长期占领市场份额。为了强化品牌形象，英国出版商几乎都将品牌标识印在封面或封底的显著位置，在他们的观念里，品牌标识意味着信任与权威，意味着细分领域的专业化程度，并与经济效益息息相关。

英国出版商将品牌视作延续企业生命力的关键因素，所以即使在不同企业并购重组时，品牌伴随产品线一并保留和延续，这也是许多英国出版品牌历经数次股东变更却依然拥有百年历史的原因，也可以解释即便是刚刚通过并购组建的年轻出版集团依然可以拥有百年品牌。百年品牌企业云集，已经成为英国出版业的一个现象。艾伦·莱恩在1936年创立的企鹅出版公司历经数次并购重组，但经典的三色与企鹅标识伴随着"企鹅"的品牌形象得以延续，其大众阅读的基因也伴随品牌的持续发展而不断深化。DK公司被培生集团收购后，也同样保留了DK的品牌和产品特色，在每一本DK出品的封面上清晰可见其品牌标识，也不会因为DK成为培生集团的一部分而改变原有的品牌价值。

作为品牌维护的重要方式，员工培训是英国出版商，尤其是大型出版集团的标准配备。这充分体现出版作为文化传承与知识生产行业不同于其他行业发展的特性。英国许多集团拥有自己的培训部门，为员工提供正式内部课程；还有一些公司依靠与出版商协会合作的非营利出版培训中心开展出版技术和管理方面的短期课程；企业员工也可以去大学或学院参加短期培训课程。总体来说，英国出版商可以为员工提供比较多的培训机会，使之对公司发展愿景、品牌特色、专业需求等有所掌握，并以习得的专业内容致力于出版公司的品牌化发展战略。

三、出版法规及行业规则特点

英国没有专门的政府部门管理出版业，也没有审查委员会，但出版业通过立法和法律法规得到监管和制约，政府依靠立法和法律法规掌控出版业的各个环节。对英国出版业影响较大的法律法规既有具有普遍意义的消费者保护法，还有包括著作权法、净价协议等的出版行业法规。这些法律或法规，有保护性的、授权性的，也有惩罚性的和限制性的，意在使国家能够有效引导、管理出版行为，规范出版市场，净化出版内容，打击非法活动，保护国内出版产业。

1710年通过的《安妮女王法》是世界上第一部著作权法，此后定期修改，与时俱进，根据传播媒介的变化来加强对知识产权的保护。根据现在英国的法律规定，著作权保护期为作者终生加死后70年。著作权中的财产权可以被许可使用、被出售、被继承或赠与等，受到法律保护。著作权的立法，是英国出版业作为知识服务和信息服务提供商的内容生产基础，也是几百年来英国出版得以长青且不断突破创新的保障。从著作权的意义上出发，作者与出版商，出版商与出版商之间的授权均通过商法范畴的合同来制定。基于英国法律的限制性规定，出版商都需要意识到如果触犯了下述法律条款，将会面临民事和刑事指控。①诽谤，以文字形式损害名誉，将对个体或团体的损害性或不真实性以报纸、杂志、图书等载体印刷出版。②淫秽，出版可能腐蚀或者使读者堕落的出版物是违法的。此项立法限制旨在捍卫文学价值、抵制色情文学。虽然现代英国社会趋向包容差异性，但对某些领域依然控制得十分严格。③煽动种族仇恨，这种情况多见于报纸、杂志和网络，2005年英国政府立法规定，支持或怂恿恐怖活动属于违法行为。④历史上的一些违法行为仍旧保留在立法限制中，如亵渎神灵罪和煽动诽谤政府罪。⑤消费者保护法也同样适用于图书购买者的权益保护，使其免受虚假广告的误导或是购买劣质图书。⑥从更广阔的意义上来看，尤其在出版公司并购重组问题上，反垄断法依然适用。另外，根据法定义务，出版商每出版一本新书，都要向伦敦图书馆、苏格兰和威尔士国家图书馆（牛津大学图书馆、剑桥大学图书馆和都柏林三一学院）分别提交一本样书。

在立法和法律法规之外，虽然出版业不直接受英国政府管理，但出版业直接或间接与政府组织系统发生关系。英国贸易工业部将出版传媒视为工商业的重要组成部分，他们对出口数据进行统计汇编，并支持政府实行免除印刷传媒增值税的一般政策，还对出口公司提供建议和帮助，资助一些出版企业前往法兰克福、博洛尼亚和北京国际图书博览会、美国书展等，以促进出版机构本土及海外贸易的增长。英国教育与技能部，是出版业的间接客户和投资方，该部门对中小学、高校及地方图书馆的资助金，是购买教材、图书馆内容建设的重要资金来源，因此教育出版商需要经常与该部门对话，讨论国家教育和公共利益的共同发展方向，以此谋求出版机构得到更有利的官方支持。英国文化、媒体和体育部，该部门负责英国文化各方面，通过文化委员会对小规模专业出版社提供少量资助来扶持翻译及创作。英国外交部和国际发展部，其中英国外交部对英国文化委员会（British Council）负责，该委员会在全球提供英国艺术、文化和英语语言的代理服务，他们举办的英国图书展览和作者巡讲，对英国出版业国际化步伐的迈进具有很大助力。此外，英国文化委员会还作为国际发展部的职能机构，为发展中国家的图书出版提供资助，间接为英国出版业的全球选题和市场影响力提供政府支持。总体来说，除了上述部门，出版作为英国产业和商业，很少依靠中央政府直接或间接地资助，也没有依靠国家出版基金资助，而是以自力更生的核心竞争力在市场中自负盈亏、独立发展。

在行业组织方面，英国最有影响力的现代出版组织，是1896年成立的出版商协会，并且与书商协会一起为图书贸易设立了秩序规则，相互促进图书出版和发行。书商协会几乎包括了英国所有书商，包括连锁书店、超市等。虽然出版商协会并不包括所有英国出版公司，但出版商协会会员的产值占英国出版业的80%以上；虽然出版商协会没有官方地位，但出版商协会被政府和行业认为可以代表图书出版业整体发声。出版商协会聚集着英国图书、期刊和电子出版商，他们一起商讨行业所面临的问题并寻求解决方案，并向会员发布不同领域的信息，代表英国出版业与国际出版商协会沟通交流，以促进英国出版业的全球化发展。

● 思考题

1. 总结英国出版业发展的几个特点。
2. 法律制度为英国出版业发展提供了哪些方面的保障？

第三节　英国出版行业现状及主要出版机构

　　从15世纪印刷术传入英国，到21世纪数字经济席卷全球，英国出版业在600多年历程中始终保持世界领先地位，通过专业领域和发行渠道的细分，形成了教育、大众和学术（专业）三个相对清晰的出版范畴。英国出版行业在融入国际商业出版的大格局中，大多形成了以原有特色为基础的跨国集团公司，其中英语教育出版成为英国出版商参与全球出版市场竞争的主要产品。

一、英国出版行业现状及销售网络

　　英国大多数出版公司在机构设置上都是利润中心或项目制度，每个项目都有负责人，同时按照项目规模，其成员包括策划编辑、组稿编辑，其立项及考核都以项目本身产生的经济效益为目标。项目负责人需要具备良好的沟通能力、经济意识、市场敏感度和谈判能力，本质上是企业经理的角色。出版提案需要论证合理性，项目负责人要与设计、销售、营销等人员协商，专业内容还要咨询外部专家。出版提案通过后，项目负责人就要进行各环节的分工来保障出版计划的顺利实施。

　　从英国出版产业链条的组成来看，现代意义的出版商和经销商共同构成了产品供给和产品销售，将文化知识作为商品向英国及全球传播，以经济价值实现知识传播的力量。英国图书的销售网络从早期的书商从业过程发展而来，从出版社或第三方发行人的库房到图书产品面市，经历了批销商和零售商等环节，构成了英国图书庞大的发行体系。批销商作为出版商（或发行人）与零售方的中间商，他们既可以是向小书商供货的综合性批发商，也可以与超市等某些特定发行渠道交易，还可以专门靠运输图书来牟利。大型批发商可以提供图书以外的数据服务，如图书目录信息、库存管理系统等。零售商主要以书店为主，在英国出版产业链条中，连锁零售书店的发展与运营是一大特色。

水石书店（Waterstones）扎根英国城市，通过聚拢许多高质量的小型连锁店开创新的大型书店。他们基本依靠经营成千上万种图书而生存，以大部头图书或专业图书的销售来盈利。

W.H.史密斯（W.H.Smith）书店可以追溯到19世纪，是英国历史最悠久的连锁书店之一。书店在城市、城镇、车站和机场都有销售网点，图书约占销售额的25%，还有文具、玩具、报纸、甜点等多种商品。

布莱克维尔（Blackwell）书店是与英国布莱克学术出版公司相关联，但相对独立的连锁书店。其在牛津和剑桥均有大型旗舰店，还有其他门店包括在大学城或校园内的，主要服务学术科研。

在连锁书店之外还有其他零售渠道，如在百货商店的图书部门可以找到平装大众书,在玩具店可以找到儿童图书,在园艺商店可以看到园艺图书等,还有大量书店低价出售库存过剩图书。除了传统零售渠道,还有直接向消费者和机构销售的直销渠道,例如英国的大多数教材一般直接由出版商向学校提供。此外,还有以亚马逊网站为代表的网络销售。

二、英国主要出版机构

英国出版公司的并购自19世纪末20世纪初开始,是出版行业应对世界变化的商业举措。自20世纪60年代起,通过资本并购,英国的出版业逐步迈入了国际大型出版集团的发展阶段:20世纪60年代,大型通讯公司开始买进图书出版业务;20世纪70年代,美国出版公司开始买进英国公司来拓展英语市场;20世纪80年代,英国出版机构进入美国市场拓展,同时巩固欧洲业务,德国、荷兰、法国出版商也进入英国、美国和各自的市场,英国与美国、欧洲各国实现了真正意义上的出版融合与兼并;20世纪90年代后,各大跨国出版集团出售或交换业务部门,同时购买与自己相关的业务范畴,进一步形成各自的专业特色。例如,爱思唯尔、汤姆森、威科、培生集团等从大众出版市场退出,专门从事人文学术以及教育、法律、医学、科学等专业出版领域。

英国市场的本土著名出版商包括:

布莱克维尔(Blackwell):学术与科学

布鲁姆斯伯利(Bloomsbury):成人与儿童大众

泰勒·弗朗西斯（Taylor & Francis）：学术与科学

剑桥大学出版社（Cambridge University Press）：教育、学术、英语语言教学

牛津大学出版社（Oxford University Press）：学术、大众、工具书、教育、英语语言教学

培生（Pearson）：教育、英语语言教育

爱思唯尔（Elsevier）：科学、教育、法律、商业、医学

上述出版企业，有的是诞生于英国，但在国际出版产业的浪潮中通过专业化和资本化的方式进化为国际跨国集团，有的是其他国家的出版机构在英国运营的出版分支。出版企业的去国籍化已经成为一个世界性趋势，这在英国也不例外。

● 思考题

1. 如何理解英国出版企业的去国籍化特征？
2. 英国零售书店的生存发展特色是什么？

第四章
德国出版业发展历史、现状与主要出版机构

出版是思想的播种机，书籍是智慧的果实。

德国的新闻出版事业十分发达，图书、报刊种类繁多，如施普林格出版集团、德古意特出版社、贝塔斯曼集团、《明镜》周刊、《图片报》、德意志新闻社、德国广播电台等[①]。德国的图书市场主要划分为大众出版、科学出版和教育出版三类，科学出版的营业额比例最高；出版社主要集中在柏林、慕尼黑和斯图加特三个城市[②]。

第一节　德国出版业发展史

一、古腾堡时期

15世纪中叶，约翰内斯·古腾堡在美因茨发明活字印刷术，使德国成为欧洲印刷和出版中心，推动了《古腾堡圣经》等宗教及学术书籍的出版，也促进了宗教改革时期马丁·路德著作的传播，激发民众对新思想的关注。他的金属活字印刷术对整个欧洲文明发展产生了革命性的影响，为书籍的批量生产奠定了技术基础，彻底打破了学者、抄写员和神职人

[①] 参见德国国家概况，载https://www.mfa.gov.cn/web/gjhdq_676201/gj_676203/oz_678770/1206_679086/1206x0_679088/，最后访问日期：2024年11月25日。
[②] 黄延红：《德国出版业发展现状和启示》，《科技与出版》2019年第12期，第11—18页。

员垄断图书出版的局面①。随着活字印刷术在欧洲迅速传播，德国多地出现各种印刷作坊，印刷宗教所需书籍、各种古典文学作品等，促进了知识的传播与教育的普及。15世纪末至16世纪，星图、天球仪和天文等印刷书籍在欧洲大部分地区广泛流传，完全得益于印刷术的普及。1515年，德国画家和出版商A.丢勒出版了第一部重要的印刷体星图②。

十分有意义的是，在美因茨古腾堡博物馆，还设有一尊中国活字印刷的发明家——毕昇（990—1051）的雕像③，尽管毕昇的活字印刷术发明比古腾堡早了500多年。但是两位先贤为人类知识传播都作出了巨大贡献。

二、启蒙运动时期

18世纪启蒙运动中，德国作为欧洲印刷出版业的中心之一，在欧洲思想启蒙运动中作出了极为突出的贡献。

首先，是出版了康德、歌德等一大批哲学家、思想家、文学家的作品，推动了启蒙思想的广泛传播。例如，德国古典哲学创始人、其哲学思想在启蒙运动时期具有重要地位的康德系列哲学著作的出版，就得益于思想启蒙运动时期德国出现的大量出版企业。康德的《纯粹理性批判》《实践理性批判》《判断力批判》等著作，系统阐述了批判哲学思想，引发哲学

---

① 参见顾晓光：《美因茨》，《图书馆建设》2022年第1期，第2页。
② 参见美国不列颠百科全书公司、中国大百科全书出版社不列颠百科全书国际中文版编辑部：《不列颠百科全书 国际中文版 修订版 2》，中国大百科全书出版社，2007。
③ 参见顾晓光：《美因茨》，《图书馆建设》2022年第1期，第2页。

界的广泛讨论和思考，推动了哲学领域的发展，为人们认识世界和自身提供了新的理论基础。康德的大部分哲学著作，都是由德国哈特诺克出版社（J.F. Hartknoch）出版的。该出版社的创立者是约翰·弗里德里希·哈特诺克（Johann Friedrich Hartknoch），出生于1740年，是一位管风琴师的儿子，出生在东普鲁士半立陶宛的戈尔达普镇（现属波兰）。他最初在哥尼斯堡商人兼出版商约翰·雅各布·坎特那里做助手，并担任耶尔加瓦代表，后成为独立企业家和商人。受朋友约翰·戈特弗里德·赫尔德的建议，他投身图书销售行业，1765年在里加开设书店，他的儿子小约翰继承了家族出版事业。当时欧洲正处于启蒙运动时期，思想文化活跃，对知识和书籍的需求大增，为出版业的发展提供了良好的文化土壤。哈特诺克父子抓住机遇，投身出版行业。当时里加的出版环境有一定限制，哈特诺克父子未获得里加市议会的印刷许可，所以他们出版的书籍都在德国的莱比锡、柏林等地印刷。尽管面临困难，但他们通过与德国印刷商合作，投资出版书籍，并在德国书展上销售，还通过灵活的销售方式和广泛的业务网络打开了销路。最为成功的案例是与康德建立了合作关系。在康德学术生涯的关键时期出版了他的许多重要著作。1781年，该出版社出版了康德的《纯粹理性批判》第一版，1787年出版了《纯粹理性批判》第二版，1788年出版了《实践理性批判》。此外，该出版社还出版过康德的《未来形而上学导论》《道德形而上学的奠基》《自然科学的形而上学基础》等。哈特诺克出版社定期向康德支付版税，并曾给康德送过诸如三文鱼和鱼子酱等礼物，使得康德能够安心进行哲学研究和写作。在出版过程中，还就《道德形而上学》和《实践理性批判》再版是否需要改动等问题询问康德，康德会认真回复并表达自己的想法。哈特诺克1789年去世后，他的儿子继续保持与康德的良好合作关系，成为著名的启蒙思想家书籍的出版商。

与康德系列哲学著作出版相似的案例，还有德国启蒙运动时期重要的剧作家、文艺理论家莱辛的《汉堡剧评》《拉奥孔》等著作的出版，这些著作通过批判封建主义和古典主义的文艺观，强调文学艺术的社会功能和教育作用，推动了德国民族文学的发展，其作品的出版对塑造德国民族文化和民族意识起到重要作用。

其次，是这一时期德国出现了许多著名的家族出版商，整体上属于私人合伙、家庭式出版企业的发展时期，一些著名家族企业一直延续到今天仍在经营。例如科塔出版社，约翰·格奥尔格·科塔（Johann Georg Cotta）1631年在蒂宾根开设书店，1794—1797年他与席勒合办杂志，还出版过歌德、洪堡、费希特、黑格尔等人的著作，1798年开始出版《汇报》，1811年书店移至斯图加特，1823年科塔在奥格斯堡开设分店，1824年将第一批蒸汽印刷机引进巴伐利亚，推动了出版业务的发展，1827年又在慕尼黑开一分店[①]。科塔出版社出版的内容

[①] 参见中国大百科全书出版社不列颠百科全书编辑部编译：《不列颠百科全书 国际中文版 修订版4》，中国大百科出版社，2007。

涵盖文学、学术等多个领域，出版过大量经典文学作品和学术著作。注重书籍品质，追求印刷技术的创新与提升，在内容选择上具有较高的学术标准和文化价值取向。1830年，出版了由孙璋神父翻译、尤利乌斯·冯·莫尔整理的《孔夫子的诗经》拉丁文散文体全译本，这是法国和欧洲第一部关于中国《诗经》的全译本。1837—1838年，推出廉价的12卷口袋本席勒作品集，引入16开本，售出了10万册。科塔出版社在推动文化传播、促进学术交流等方面发挥了重要作用，对德国乃至欧洲的文化发展产生了深远影响，为知识的传承和文化的繁荣作出了重要贡献。德国出版企业中的家族企业较多，这在欧洲出版业发展中较为突出。

再次，是出现了一批思想启蒙的报纸杂志，各类思想家、学者希望通过刊物传播启蒙思想，其中最为典型的是《柏林月报》（Berlinische Monatsschrift）的出版与发行。《柏林月报》创办于1783年的柏林。由约翰·埃里希·比斯特（Johann Erich Biester）和弗里德里希·格迪克（Friedrich Gedike）创立，他们也是刊物最初的编辑。《柏林月报》是柏林星期三学会的机关刊物，也是腓特烈大帝时期带有贵族资产阶级启蒙运动性质的言论阵地。1783年出版发行，是当时重要的思想文化阵地，为启蒙思想家提供了发声平台，在德国启蒙运动中发挥了重要作用。1796年被迫停刊。1797—1798年，比斯特发行了《柏林报》（Berlinische Blätter）来接续《柏林月报》，不久再次被迫关闭。1799—1811年，弗里德里希·尼古拉（Friedrich Nicolai）将其复兴并以《新柏林月报》（Neue Berlinische Monatsschrift）的名称继续出版。当时德国的启蒙运动正处于发展阶段，知识分子们渴望有一个平台来传播启蒙思想、探讨社会问题和学术话题。该刊物的出现为康德、门德尔松等启蒙思想家提供了重要的发声平台，他们在上面发表了许多关于哲学、政治、宗教等方面的文章，推动了启蒙思想在德国的传播和发展，其中康德关于"什么是启蒙"的文章引起了广泛的讨论和思考，对德国社会的思想变革产生了深远影响。

最后，是德国思想启蒙运动时期，这一时期推动了两个欧洲图书交易、拍卖的中心——法兰克福书市和莱比锡书市图书贸易规模的扩大德国出版业在此时期得到繁荣发展。1462年秋天，德国美因河畔的法兰克福出现书籍集市，此后逐渐成为图书拍卖、交易的中心。1564年又在莱比锡出现了定期图书交易集市，1640年前后逐渐取代法兰克福成为国际性的书商聚会地。在书市上，书商携带大量书籍到书市，在摊位上展示陈列，供顾客现场挑选购买，顾客可直接查看书籍的内容、装帧等情况后交易。此外，还有订单交易，书商与顾客根据需求和出版计划，签订订单进行交易。顾客预订尚未出版或暂时缺货的书籍，书商按订单在后续交付。目录交易，书市会出版书籍目录，详细列出参展书籍的信息。无法亲自参加书市的人可通过目录选书，再与书商联系购买。代理交易，一些书商因各种原因不能亲自参加书市，会委托其他在当地有业务或人脉的书商或代理人代为交易，处理书籍的销售、采购等事务。书市上的图书不仅有《圣经》及其注释、解读宗教教义和神学理论的书籍等，还有哲学、科学、历史、法律等方面的著作，如哲学领域启蒙思想相关书籍，科学领域牛顿力学等科学理论著作。同时，还有诗歌、戏剧、小说等，如当时流行的古典主义、浪漫主义风格的诗歌和戏剧作品，新兴的现实主义小说等。此外，还涵盖各类教材、语法书、字典等教育类图书，关于绘画、音乐、建筑等艺术形式的理论和技法书籍，以及介绍各地文化、风俗、艺术作品的书籍等。"二战"后，两德分立，莱比锡成为以苏联为首的社会主义国家阵营的展览中心，1948年莱比锡成功举办工业展览，书展成为其中一部分。1949年，西德举办了首届现代意义上的法兰克福书展。法兰克福书展每年有100多个国家、7000多家出版商和书商、30多万个新品种参展。在书展上达成的版权交易占世界全年版权交易总量的75%以上，每年吸引来自100多个国家和地区的20万名左右专业人士。法兰克福书展被誉为"世界文化风向标"，是全球规模最大的出版行业展会，也是世界最大和最重要的图书贸易中心，为世界各地的出版商提供了新的接触机会，推动了版权与许可贸易，促进了全球文化的交流与传播。

三、专业化、行业化时期

到了19世纪，随着工业革命带来的印刷技术更新进步，印刷机改进、造纸术革新，出版成本降低，大众读物、报纸杂志兴起，出版市场扩大，出版社数量增多，各种书店、交易机构如雨后春笋般出现，推动德国出版业进入专业化发展时期。所谓专业化知识生产，其实就是发挥组织功能，组织各个行业、专业领域的专家参与出版。知识生产过程既包含图书撰写，也包含排版、设计、印制与发行传播。其中，以施普林格出版社的发展最为典型。

施普林格在走上专业化科学技术出版之前，与许多出版机构一样，最初员工仅有四人：一名贸易助手，一名兼做收发工作的会计，一名实习生和一名包装工。每年大约出版37种图书和3种期刊。创始人施普林格一人身兼数职，审阅书稿、对外联络、采购纸张、安排印刷，甚至木板雕刻插图、装帧等工作都亲自做。出版的图书内容既有文学作品，也有旅行记录，还有受托出版的经济、政治、法律等图书，探索了20多年后才逐步走上了专业化之路。施普林格在晚年与著名的药学家哈格尔合作，为施普林格出版社掘取了第一桶金，也是其走上专业化发展道路的开始。施普林格的两个儿子执掌出版社之后，继续沿着这条路发扬光大，逐步确立了科学出版商的世界地位。施普林格与哈格尔的故事很典型。哈格尔是19世纪德国的一个著名药理学家，也被人称为药理学作家。他与施普林格合作出版的第一个项目是出版《德国药理学核心期刊》，自己承担生产、印制成本，施普林格负责推广、发行和广告承揽。1859年6月1日出版，到7月中旬，一个多月的时间就发行了2000份。《施普林格出版史：诞生、逆境与成熟（1842—1945）》一书介绍了施普林格是如何为这本期刊寻找药剂师等目标读者的故事。由于合作很成功,施普林格与哈格尔连续合作出版了系列图书、杂志,如《药剂师初学者的92门课》(1968年)、《德国药典评注》(1872年)、《药理学应用手册》(1874年)等专业图书。由于是专业化的知识生产,很多图书印制精良、市场效果很好。其中,有一本书名为《显微镜和其应用:药剂师、医生、公共卫生官员、商人、工程师、教师、肉类检查官等应用指南》,从该书冗长的副标题所列出的职业群体,可知该书主要面向专业读者,从1866年出版之后就不断再版,一直持续到"二战"后,70年间畅销不断。《药理学实践通报》第一卷印刷了3000册,之后马上重印1000册。接着出版的第二卷,印刷了4000册,不久又销售一空。而该书生产成本高达6万马克。很多费用花在木制插图的制作上,因其不仅需要高超的绘画艺术,还需要技艺精湛的制图师,连哈格尔本人也参与了插图绘制。该书定价为44马克,整个销售额达到了13万马克,哈格尔获得了2.5万马克的版税收入(版税率为14.2%)[①]。

施普林格出版社与《德国工程学报》合作的故事,这个案例更为典型地体现了专业化知识生产的重要性。19世纪末至20世纪中叶,正是西方工业革命蓬勃发展的历史时期,一些工业技术发明创造可谓日新月异。书中以发动机功率大小的马力

---

① 参见[德]海因茨·萨尔科夫斯基作,何明星、何抒扬译:《出版史系列 中华译学馆 施普林格出版史 诞生逆境与成熟 1842—1945》,浙江大学出版社2024年版。

（horsepower）数值，可以衡量德国爆发式发展的速度。1875年德国发动机功率仅有94700万匹，而20年后的1895年迅速扩张到305100万匹，1907年更是达到了破纪录的799800万匹。同样翻倍增长的还有金属冶炼业，1889年的产值是11年前1878年的2倍，1913年是1904年的4倍。但与时代的爆发式发展不相称的是，相关发动机制造等机器工程领域的实用出版物却不多，出现这种极为不相称的现象有多重原因。首先，是工程师不愿意撰写图书出版，因为这些工程师更乐意在专利获批后才肯写书进行传播；其次，一些工厂和企业担心他们的工程师撰写图书，会将本企业在行业里的成功经验泄露出去，而使市场竞争优势消失，因此许多公司、工厂甚至禁止员工撰写专著或编辑相关期刊；最后，一些机械工程师通常都不擅长写作，加上对版税的过高要求。这就造成了蓬勃发展的工业化时代，机器工程领域一些新技术、新发明等实用出版物不多的现象。施普林格的二儿子弗里茨·施普林格于1873—1876年在德国最为领先的机械制造培训机构卡尔斯鲁厄工程学院（Karlsruhe Polytechnic）学习3年，毕业后又进入德国机械技术最为先进的路易斯·施瓦茨科夫工厂工作。在整个学习、工作期间，痛感当时德国机械领域的杂志和图书实用性不强，严重脱离工作实际，不得已自己订阅英文杂志。执掌施普林格出版社后，便主抓机械工程类文献的出版。此时，由有4000多名会员的德国工程师协会主办的《德国工程学报》，因为稿源不足而不能定期出版，刊登内容不够实用，没有时效性，受到会员的批评,与弗里茨·施普林格在学习机械工程时所遇到的问题一致。施普林格出版社经过竞争,不惜付出高额代价,获得了《德国工程学报》的出版权。条件是保证德国工程师协会的收益达到2.4万马克(比其前一年的收益高20%),同时还缴纳了5万马克的担保金。施普林格出版社自1882年1月1日起(第26期)接手该刊之后,创新了经营模式,获得了巨大成功。当时德国的广告费用,采取的是以某种字体所占据的行数来计算,这与当时在德国流行的以字数、行数来计算支付稿酬一样。施普林格出版社把以字数计算广告价格的计价模式,改变成为以厘米、毫米占据版面空间的计价模式,大大提高了广告收益。这种广告计价方式,在今天的中国依旧通行。《德国工程学报》1880年的读者订阅份数仅为4500份,到了施普林格出版社接手的1906年,则达到了24500份,增加了约4倍。杂志页数也从每年400页(每期30多页的年合计数量)增长到1912年全年的2400页(即每期200页左右)。协会的全年盈利额也从1882年的2.4万马克,上涨到1906年的57.6万马克。施普林格出版社出版《德国工程学报》,除了获得经营利润,还将其中的一些内容单独结集出版成书,并在书中刊登了一些制作精良的大桥工程的图片。最为重要的是,施普林格出版社掌握了一大批德国工程师作者资源,这是开展专业出版的核心。《德国工程学报》的成功,其实是专业化知识生产的成功。

这一时期,德国出版行业组织逐渐形成,行业组织的形成对规范出版行业秩序、保护出版商和书商权益起到重要作用。德国书业协会于1825年成立，是德国图书行业的总会，最初只是一个交易所，但很快就发展成为整个行业的代表，包括反对国家审查、翻印，倡导超越国家边界的著作权立法以及支持固定书价[①]。德国书业协会作为行业协会组织，由位于法兰克福的联邦协会、六个独立法人的地方协会和北莱茵-威斯特法伦地区办事处组成，其代表4000余家书店、出版社、中间经销商和其他媒体公司的政治和公众利益，总部位于法兰克福，德国书业协会是经济和文化联合会。作为职业协会，其致力于为成员争取经济和政治上最理想的框架条件，工作重心是致力于保护图书定价的稳定和公平的著作权，通过在政治、教育和科学领域的倡议，致力于将书籍作为社会的核心媒介；作为文化协会，致力于保护文化遗产书籍、言论自由以及社会的文化多样性，举办法兰克福书展，并每年颁发德国书店和平奖、德国图书奖和德国非小说类图书奖；此外，还致力于推广阅读，自1959年以来，德国书业协会组织包括德国书店朗读比赛在内的多项活动，每年约有60万名儿童参加[②]。

四、两次世界大战时期

第一次世界大战前夕，德国出版业处于一个相对繁荣的时期。随着工业化的推进，德国出版业经历了快速增长，文学作品、学术著作、通俗读物等种类繁多，满足了不同阶层和群体

---

① 参见"Geschichte"，载https://www.boersenverein.de/ueber-uns/geschichte/#。
② 参见"Über uns"，载https://www.boersenverein.de/ueber-uns/。

的需求。但是两次世界大战的爆发,使得德国出版业经历了显著的波动与变化,战争期间,纸张和其他资源短缺,出版业的生产能力受到限制,审查制度的加强导致许多出版物受到限制或禁止。

以施普林格为例,爆发在欧洲的第一次世界大战使图书品种大幅下降,有些则完全不能出版。其中,医学主题的图书下降最厉害,例如《内科医学通报》准备出版第三版时,其涉及肝脏、胆道和胰腺的部分虽然写好了,但由于其他部分的交稿日期未知,所以出版社只好把先完成的186页单独出版,剩余的1700页只能延后到1918年再出版。1915年的施普林格出版社只有108种书出版,前一年是290种,而整个德国出版业的图书生产量只有前一年的25%[1]。

如果说战争期间有一些图书出版的美好数字的话,那就是施普林格出版社出版了一些小册子,在以前是不会出版这些小册子的。其中不乏关于以下主题的著作:辅助战争护理的图书资料,关于如何照顾在战争中致残或失明的人的文献,许多关于战争和战时营养的图书,在法律和经济领域有税收和贷款政策、战时经济和海战的法律问题等图书[2]。

而"一战"后作为战败国的德国,出版业经历了艰难的通货膨胀时期。主要表现在纸张成本飞涨:通货膨胀使得造纸原

---

[1] 参见[德]海因茨·萨尔科夫斯基著,何明星、何抒扬译:《出版史系列 中华译学馆 施普林格出版史 诞生逆境与成熟 1842—1945》,浙江大学出版社2024年版。
[2] 参见[德]海因茨·萨尔科夫斯基著,何明星、何抒扬译:《出版史系列 中华译学馆 施普林格出版史 诞生逆境与成熟 1842—1945》,浙江大学出版社2024年版。

材料等成本大幅上升，纸张价格不断飙升，且供应不稳定。出版社难以获得稳定的纸张供应，即使能买到，成本也让出版成本大幅增加，严重压缩利润空间。印刷费用增加：印刷设备所需的金属材料、油墨等价格上涨，维修和更新设备成本更高。同时，工人工资因通货膨胀也需不断提高，进一步增加了印刷环节成本。图书价格频繁波动：为了应对成本上升，出版社不得不提高图书价格，但价格上涨速度远远跟不上货币贬值速度，图书价格极不稳定，不得已出台了"关键数字"的价格核算办法。民众生活困苦，基本生活物资都难以保障，对图书等文化产品的需求大幅下降。同时，由于德国马克贬值，人们更愿意将钱用于购买能保值的实物，而非图书。发行渠道受阻：书店等发行渠道也受到通货膨胀的冲击，经营困难，许多书店倒闭或减少进货量，导致图书发行范围缩小，出版社的销售渠道变窄。大量小型出版社倒闭：许多资金实力薄弱的小型出版社无法承受成本压力和市场萎缩，纷纷倒闭。在通货膨胀严重的1923年，德国有50%左右的小型出版社破产。而一些大型出版社凭借资金和资源优势，在困境中兼并或收购了小型出版社，出版业集中化趋势增强，如乌尔施泰因出版集团、施普林格出版社都是在这一时期得以兼并、扩张，进一步占据市场主导地位。

"二战"时期，德国纳粹政权上台后，对出版业进行严格管控，许多出版社被迫按照纳粹的意识形态和宣传要求进行出版活动，大量宣扬纳粹思想、种族主义、反犹主义等内容的书籍和刊物得以出版。德国纳粹政权对于德国出版业发展造成了严重的伤害。具体表现在如下几个方面。

（1）文化传承与创新受阻。大量书籍被焚毁查禁：1933年5月10日，纳粹在柏林等地发动"焚书运动"，大量被认为是"非日耳曼的""有害的"书籍被付之一炬，包括马克思、弗洛伊德、托马斯·曼等众多思想家、作家的作品。到1938年，纳粹查禁了18类共4172本书及565位作家的所有著作。创作自由遭扼杀：持有不同思想和创作理念的作家受到迫害和打压，许多优秀作家被迫流亡，如托马斯·曼等。留在德国的作家也只能按照纳粹的意识形态进行创作，导致德国文学、学术等领域的创新活力被严重遏制。

（2）出版行业生态遭到破坏。众多出版社倒闭或转型：许多不符合纳粹要求或无法在纳粹管控下生存的小型出版社纷纷倒闭。一些出版社为了生存不得不转型，按照纳粹的旨意出版宣扬纳粹思想、种族主义等内容的书籍，失去了出版业应有的多元性和独立性。发行渠道受控制：书店等发行渠道也受到严格管控，纳粹通过各种手段确保只有符合纳粹意识形态的书籍能够在市场上流通，许多进步的、非纳粹的书籍难以进入销售渠道，无法到达读者手中。

（3）大量人才流失，德国失去了曾经的世界知识中心地位。出版专业人才流失：大量犹太裔以及具有进步思想的出版人、编辑、记者等被迫离开德国，使德国出版业失去了许多专业人才，出版业的人才储备和发展基础遭到严重破坏。特别是在医学、机械、工程学等领域的通用语德语，被迫让位于英语，大批科学家、专业研究人员不再用德语发表自己的研究成果，而是用英语发表，一些著名的科学技术期刊均在美国出版。由此西方科学技术的研究中心、世界出版中心转移至美国。

第二次世界大战结束后，德国出版业在废墟上重建，西德和东德形成了不同的出版格局。西德的出版业恢复发展较快，一些大型出版集团如贝塔斯曼通过不断并购和拓展业务得以发展，施普林格出版社也在"二战"后迅速拓展全世界的出版市场，分别在美国、英国、中国香港等国家和地区建立分支机构，并在20世纪80年代的资本收购、兼并的浪潮中逐渐强化了自己科学出版商的优势地位，逐渐成为国际知名的传媒集团。

五、全球化与数字化时期

在全球化和数字化发展时期，德国出版业与美国、英国一样，进入了以资本收购、企业兼并为主的全球化发展时期。如20世纪90年代，霍尔茨布林克康采恩公司先后并购了费舍尔（Fischer）、金德勒（Kindler）、多罗莫尔（Droemer-Knaur）、罗沃尔特（Rowohlt-Verlag）等一些著名的独立出版社，进一步扩大了在德国出版市场的影响力。最为著名的并购案例还是德国贝塔斯曼集团。该集团成立于1835年7月1日，创始人卡尔·贝塔斯曼在德国居特斯洛创建了图书印刷公司卡尔·贝塔斯曼（C. Bertelsmann Verlag），最初主要出版基督教圣歌集等神学著作，后来逐渐扩展到小说、哲学和教育学等领域。在德国纳粹时期（1933—1945年），贝塔斯曼出版的"人民版"书籍广受欢迎，所出版的战争冒险类书籍在商业上大获成功，并成为纳粹德国军队的主要供应商。"二战"后的1945年，该公司被盟军控制，1947年重新获出版许可。在新掌门人莱因哈德·摩恩的领导下，贝塔斯曼通过成立读书俱乐部、进军音乐市场等举措，通过兼并、收购，拥有大众读物出版社、专业和科学出版社达25家之多，后来还收购了百科全书老字号布洛克豪斯出版社，逐渐从一家中型企业发展成为大型传媒集团。迄今为止，贝塔斯曼拥有欧洲最大的电视广播集团——RTL集团，提供丰富的电视节目内容和广播服务；旗下的企鹅兰登书屋是全球最大的图书出版集团，出版各类大众读物、学术书籍等。拥有欧洲最大的杂志出版公司古纳亚尔（Gruner Jahr），出版众多知名杂志；贝塔斯曼音乐集团（BMG）还是全球主要的音乐公司之一，在音乐出版、唱片制作与发行等方面具有重要地位；旗下的欧唯特集团（Arvato）可以提供媒体服务、客户关系管理、供应链管理等多种服务。

  德国出版企业通过资本收购、兼并进一步提升了国际化水平，这种通过资本手段的并购、兼并迄今为止仍在持续。如2004年底，德国最大的杂志出版集团古纳亚尔收购了属于"汽车杂志之雄"的施德托加路德的先行汽车杂志社。2005年春天，弥尔毕·舒德鲁（Mierendorff & Schüddekopf）作为德国一家曾经具有一定影响力的出版集团，被德国杂志行业排第二位的杂志出版集团比尔塔（Bild）收购。大量的并购行为使得德国出版行业的集中化趋势不断加强，大型出版集团通过并购不断扩大规模，国际市场份额进一步扩大。特别是出版企业通过并购进入不同的出版领域或相关产业，实现业务多元化、垂直化发展。

随着数字化时代的到来，一些大型出版企业为了获取数字化技术、平台和资源，会并购一些具有数字化优势的企业或新兴的数字出版公司，以加速自身的数字化转型。德国的出版商纷纷投入数字出版领域的开发，建立了多样化的数字出版平台，以满足不同读者群体的需求。这些平台不仅涵盖了面向大众市场的读物，亦包含了学术及专业领域的出版物。例如，施普林格·Link（Springer Link）是全球知名的科学、技术和医学（STM）领域的在线学术资源平台，由施普林格自然集团（Springer Nature）运营。于1996年创办，是全球最早的电子期刊在线服务之一。该平台可以提供丰富多样的学术资源，涵盖学术期刊、图书、丛书、参考工具书、实验室指南等多种类型。截至目前，平台上有超过3800种期刊，其中许多是各学科领域的顶尖学术期刊。例如，《自然》（Nature）系列的部分合作期刊，在全球学术界具有极高的影响力。每年新增超过10万种图书，涵盖了从基础科学到应用科学，再到人文社会科学等领域。

例如，在数学领域，收录了众多高影响力的研究成果，为数学研究人员提供前沿的学术动态和研究方向。在工程技术领域，包括计算机科学、电子工程、机械工程、材料科学等学科。以计算机科学为例，平台上有关于人工智能、大数据、软件工程等方面的最新研究论文，可帮助科研人员和工程师了解行业最新技术和发展趋势。在医学健康领域，涵盖临床医学、基础医学、药学、护理学等众多医学细分领域，如临床医学方面，有各类疾病的诊断、治疗和预防的研究成果，为医学从业者和研究人员提供重要的参考依据。在人文社会科学领域，涉及经济学、管理学、法学、教育学等学科。在经济学领域，提供宏观经济、微观经济、产业经济等多方面的研究资料，满足经济学者和相关从业者的研究和学习需求。平台支持多种检索方式，如简单检索、高级检索和专业检索。用户可以根据关键词、作者、标题、出版年份等信息进行精准检索。例如，用户想要查找某位特定作者在某一时间段内发表的关于特定主题的论文，通过高级检索功能就能够快速定位到所需文献。用户可以创建个人账号，设置个性化的提醒服务。当有新的符合用户关注领域的文献发表时，系统会自动推送通知。同时，用户还可以保存自己的检索历史和感兴趣的文献，方便随时查看。每篇文献都提供了丰富的关联信息，如参考文献、被引用情况等。用户可以通过这些信息，深入了解该研究的学术背景和后续影响，进一步拓展知识视野。例如，通过查看某篇论文的被引用文献，能够了解该研究在学术界引发的后续研究方向和成果。

施普林格·Link作为数字化时代的典型出版产品,彻底改变了此前图书、期刊出版的知识生产与传播的生产方式、组织方式,进一步突出了生产者与使用者合一的趋势,是科学、医学等专业出版的一个崭新形态。

● 思考题

1. 简述德国失去了世界知识中心地位的原因。
2. 德国出版企业的全球化与数字化之间的关系是什么?
3. 施普林格·Link的革命性意义与价值是什么?

第二节 德国出版业的发展特点

一、历史悠久、领先时代

德国出版业在全世界出版业中具有鲜明特点,主要原因在于马丁·路德的宗教改革运动率先拉开了欧洲思想启蒙运动的大幕。随之而来的是15世纪古腾堡发明的活字印刷术,这一印刷技术革命再次推动了西方文化思想启蒙的广泛与深入发展。因此,在欧洲国家出版业的发展历史中,德国出版业的发展可谓历史最为悠久。

18—19世纪的德国出版业,迅速吸收了17世纪英国工业革命的技术成果，研制了第一台蒸汽印刷机器，确立了世界上较为先进的印刷、装订、包装机械化图书生产体系。在此基础上，德国出版在历史上逐步建立起一套完善的出版体系，从选题策划、编辑加工、印刷装帧到市场推广，每个环节都有严格的标准和流程，是第一个进行专业化出版的国家。同时，德国还注重版权保护，对作者权益和作品质量有充分的保障，是欧洲第一个确立了图书价格维持体系的国家，并由此深深影响了法国、荷兰等欧洲国家出版业的发展。进入20世纪后，德国出版业为适应"二战"后国际科学发展的新形势，率先做出改变，用英语出版科学文献，从而再次确立了德国出版在科学、医学等专业出版领域的优势地位。特别是全球化、数字化时代，德国出版企业抓住资本与并购的时代潮流，通过一些专业化、行业细分企业的收购与并购，确立了德国出版的国际化优势，涌现了贝塔斯曼、施普林格等一批超越民族国家的跨国出版集团。在数字化浪潮中，又通过数字化、电子化技术的大量投入，为全球学术界提供了如施普林格·Link等专业化知识生产与知识服务的新型学术资源平台。德国出版业不仅历史悠久，而且总能够在不同时代开风气之先，体现了德国这个民族所具有的专业、创新的文化特征。

二、科学与学术出版特色明显

德国拥有世界著名的大学和研究机构，为学术出版提供了丰富的资源。德国学术出版业与教育领域紧密结合，学术出社与大学、研究机构等合作，出版教材、学术著作等，这些出版物为德国乃至全球的教育事业提供了丰富的学术资源。德国政府高度重视学术出版，为学术出版提供政策和资金支持，德意志研究联合会（DFG）等机构资助学术出版，推动学术出版的发展。德国学术出版社与国际学术机构合作，出版大量的学术著作和期刊，这些出版物在国际学术界具有重要影响力，学术出版机构如施普林格·自然集团（Springer Nature）、德国化学学会出版社（Wiley-VCH）等在全球范围内享有盛誉，为科研提供了高质量的出版平台。德国注重学术出版质量，对学术出版的质量控制非常严格，出版社在选题、同行评审、编辑加工等环节都有严格的标准和流程，确保出版物的学术质量。面对数字化的挑战，德国学术出版业积极拥抱新技术，开发电子书、在线阅读平台等数字产品。德国的学术出版社在数字化出版方面具有领先地位，如施普林格的施普林格·Link数据库为全球学者提供电子学术期刊、书籍，方便人们获取学术资源。

三、国际合作广泛

德国出版业在全球图书市场中占据着显著的份额，德国不仅是世界上最大的图书市场之一，其图书的出口量也相当可观，展现出高度的国际化水平。在这一领域，德国出版商在内容创新、版权经营以及市场拓展等方面与其他国家保持着深入的合作关系。德国书业协会等机构通过不懈努力，推动国际的文化交流与合作，每年举办的法兰克福书展，作为全球出版界的一大盛事，不仅为德国出版商提供了展示自身作品的平台，也成为了全球出版商交流思想、探讨合作、进行版权交易的重要场所，这些活动极大地促进了知识的国际传播和版权交易的发展。在国际版权交易领域，德国出版商以其丰富的版权资源、专业的谈判技巧和广阔的市场视野，占据了不可忽视的地位，他们不仅成功将德国的文学作品和学术著作推向国际市场，也在全球范围内建立了良好的合作网络。面对数字化的挑战，德国出版业积极拥抱新技术，开发电子书、在线阅读平台等数字产品，并通过国际合作扩大其数字市场。德国学术出版社与国际学术机构合作，出版大量的学术著作和期刊，这些出版物在国际学术界具有重要影响力。

四、注重环保

德国出版业在材料选择上注重环保，在纸张的选择上，德国出版商越来越多地使用认证的可持续来源纸张；在生产过程中努力减少能源消耗和碳排放，印刷厂采用了先进的节能技术和设备；重视循环利用和废物管理，出版商和印刷厂实施了严格的废物分类和回收程序，以最大限度地减少废物的环境影响；注重可持续发展的教育和宣传，出版商通过其出版物提高公众环保意识，同时也通过教育和文化活动促进社会对可持续发展的理解；德国政府和相关行业组织制定了一系列政策和规范，以鼓励出版业的可持续发展。这些做法不仅有助于减少出版业的环境影响，也为全球出版业的可持续发展提供了有益的参考。

德国"绿色运动"的历史可以追溯到工业革命后出现的环保主义，出版商彼得·迈耶出版社（Peter Meyer Verlag）关注可持续的旅行选择，在德国境内无车旅行或在意大利乘火车往返，这些指南书籍被印在回收纸上或经森林管理委员会认证的纸张上。自2009年以来，彼得·迈耶出版社将其部分收益捐赠给气候友好型项目，从而补偿了书籍制作过程中排放的二氧化碳[①]。

● 思考题

1. 展开说明德国出版业的发展特点有哪些。
2. 德国出版业是如何注重环保的？

第三节　德国出版行业现状与主要出版机构

一、德国出版行业现状

（一）在数字化浪潮中稳步发展

2024年7月，德国发布了图书市场报告。与美国、英国等

---

① 参见Norrick–Rühl, C., Vogel, A. "Green Publishing in Germany: A Passing Trend or a True Transition?". *Pub Res Q* 29（2013）PP:220–237.

图书市场一样,德国图书市场面临数字化的冲击,但是仍能稳步发展。

德国书业协会主席表示:"总体而言,尽管经济困难,但图书市场表现良好。书籍仍然具有相关性和巨大需求——在复杂世界中指明方向,形成个人观点的基础和一种创造性的消遣方式。虽然老年读者过去被认为是图书市场的安全选择,但年轻读者目前正推动图书产业的发展。受到社交媒体上如BookTok的书籍推荐启发,书籍在年轻人中非常受欢迎。书店和出版社正在调整他们的项目、产品范围规划和展示,以满足这些年轻读者的需求。许多人在社交媒体上非常活跃,并利用这些渠道。"[1]

2023年、2024年的德国图书市场在紧张的经济环境中取得了积极的成果,2023年增长率为2.8%,2024年上半年增长率为1.2%,小说、儿童和青少年书籍、音频和年轻买家是市场增长的动力。"该行业实现了97.1亿欧元的总营业额(2022年为94.4亿欧元)。与上一年相比,实体书店,作为最大的图书销售渠道,以及在线图书贸易都实现了增长。与2022年相比,实体书店的收入增长了2.6%,达到40.5亿欧元,使零售图书贸易(不包括电子商务)在总行业营业额中占比41.8%。在线图书贸易,其中约一半归因于实体书店的在线商店,在2022年下

---

[1] 参见"The Book Market in Germany 2023/24: Positive results in a tense economic climate",载https://www.boersenverein.de/presse/pressemitteilungen/detailseite/the-book-market-in-germany-2023-24-positive-results-in-a-tense-economic-climate/.

降后，2023年再次增长了5.5%，达到24亿欧元。2023年，在线图书贸易占整体市场营业额的24.8%。"[1]

小说作为贡献最大的产品线，占德国图书市场总额的35.5%。在2023年，该产品线的营业额比上一年增长了7.7%，儿童和青少年书籍的营业额增长了2.5%，学校和学习教育领域增长了5.0%，非小说类增长了2.7%；特别是在过去5年中，小说（增长17.0%）和儿童及青少年书籍（增长8.6%）的营业额有所增加；小说是唯一一个销售量有所增加的产品线，与2022年相比增长了1.1%，与2019年相比增长了2.9%[2]。

电子书交易自2019年新冠疫情期间的临时增长以来，目前已稳定在一个较低水平；在不包括学校和参考书籍的消费者市场上，数字书籍的购买金额达到300万欧元，与2022年持平，而营业额占比几乎保持不变，为6.1%（2022年为6.0%）；在上一年的轻微下降之后，2023年的营业额再次回升（+5.2%）；在有声书市场，增长势头更为强劲，在这里，与2019年相比，营业额增长了39.4%，最近一年（2022—2023年）增长了3.1%；数字业务是关键增长动力，2023年，有340万人购买了数字有声书，而2019年这一数字为180万人；仍有9.8%的音频销售是通过CD上的有声书产生的，下载占48.8%，流媒体占41.4%；后者自2019年以来营业额增长最为强劲，增长了190.6%；在同一时

---

[1] 参见"The Book Market in Germany 2023/24: Positive results in a tense economic climate"，载https://www.boersenverein.de/presse/pressemitteilungen/detailseite/the-book-market-in-germany-2023-24-positive-results-in-a-tense-economic-climate/.
[2] 同上。

期，下载量增长了64.6%，而有声书CD下降了64.9%[1]。

（二）实体书购买呈现下降态势

2023年购买书籍的人数继续下降，尽管降幅小于前两年，约2500万人购买了书籍，比上一年减少了2.8%（2022年：-5.2%，2021年：-3.9%）；然而，年轻目标群体中呈现出积极趋势，10～15岁购买者的数量在增加，从2022年到2023年增长了3.9%，从2021年到2022年增长了2.6%，从2020年到2021年增长了13.1%；如果看19岁以下的年轻目标群体的消费（自购和作为礼物为他们购买的书籍），会看到更显著的增长，19岁以下读者的消费在5年内增长了32%，13～15岁人群增长了65%，16～19岁人群增长了77%；大约1/3的年轻读者通过社交媒体渠道了解新书；阅读社会化正在发生变化，虽然由父母或祖父母朗读的仪式帮助了今天20～29岁的77%的读者对阅读产生兴趣，但对于今天的10～15岁读者来说，这一比例仅为67%；同时，在学校阅读激发对书籍热情的重要性正在增加，在今天的10～15岁儿童中，学校是70%的触发因素，而这一比例在今天的20～29岁人群中仅为60%。[2]

出版社首次版次的印刷数量持续下降。由于危机带来的不确定性，2021年已大幅下降，并在2022年稳定在这个较低

---

[1] 参见"The Book Market in Germany 2023/24: Positive results in a tense economic climate"，载https://www.boersenverein.de/presse/pressemitteilungen/detailseite/the-book-market-in-germany-2023-24-positive-results-in-a-tense-economic-climate.
[2] 同上。

水平；现在已从64278（2022年）下降到60230（2023年）；同样，翻译数量也有所减少，从9403个标题减少到8760个标题；翻译作品在所有新出版物中的份额为14.5%，与上一年（2022年为14.6%）大致持平①。

2022年，许可证销售大幅下降（下降14.4%）；2023年，德国出版社在国外销售的图书版权数量继续略有下降，下降了1.9%，达到6527份合同；全球政治形势继续在这一发展中得到反映，2019年向俄罗斯出售了608个许可证，但在2023年仅有368个；中国仍然是德国图书版权的最大买家，但过去5年中许可证销售数量从1363个下降到754个；另外，对乌克兰的许可证销售显著增加，从2022年的91个增加到2023年的317个；这里的重点是儿童和青少年书籍，共有256个许可证②。

2024年上半年业绩：前半年中央销售渠道的图书市场与2023年同期相比，营业额增长了1.2%；销售额下降了1.6%，而买家支付的价格上涨了2.8%；今年，小说和儿童及青少年图书的增长仍在继续，2024年上半年小说销售额比去年同期增长了4.2%，而儿童及青少年图书的销售额比去年同期增长了4.8%③。

---

① 参见"The Book Market in Germany 2023/24: Positive results in a tense economic climate"，载https://www.boersenverein.de/presse/pressemitteilungen/detailseite/the-book-market-in-germany-2023-24-positive-results-in-a-tense-economic-climate/.
② 同上。
③ 同上。

二、德国主要出版机构

（一）贝塔斯曼

迄今为止，德国贝塔斯曼集团是一家拥有超过8万名员工，在全球约50个国家运营的媒体、服务和教育公司；它包括娱乐集团RTL集团、贸易图书出版商企鹅兰登书屋、音乐公司BMG、服务提供商阿尔瓦托集团、贝塔斯曼营销服务、贝塔斯曼教育集团和贝塔斯曼投资，以及一个国际基金网络；公司在2023财年实现了202亿欧元的收入，居全世界出版集团的第一位[1]。

其中，企鹅兰登书屋是全球最大的贸易图书出版商，由贝塔斯曼全资拥有。企鹅兰登书屋包括20多个国家的成人小说、儿童小说、非小说印刷和数字英语、德语、西班牙语和葡萄牙语贸易图书出版业务，在全球拥有超过10000名员工，在全球六大洲拥有超过300个品牌和出版社，每年销售超过18000种新书和超过7亿册印刷、音频和电子书。企鹅兰登书屋的出版目录包括80多位诺贝尔奖得主和数百位全球最广受欢迎和赞誉的作家[2]。

此外，贝塔斯曼全资拥有的贝塔斯曼教育集团是领先的教

---

[1] 参见"Bertelsmann at a Glance"，载https://www.bertelsmann.com/company/company-profile/，最后访问日期：2024年11月25日。

[2] 参见"Bertelsmann at a Glance"，载https://www.bertelsmann.com/company/company-profile/，最后访问日期：2024年11月25日。

育和劳动力管理解决方案提供商的家园，专注于医疗和教育领域。该集团的公司为学生、专业人士和组织提供创新的教与学以及绩效优化方式，投资组合公司包括领先的美国继续教育和劳动力管理解决方案提供商Relias、以专业实践为导向的阿利安特国际大学、巴西领先的医学教育集团Afya，以及进一步的私募股权投资[1]。

（二）施普林格·自然集团

2015年5月，自然出版集团、麦克米伦教育和施普林格科学媒体公司合并而成立施普林格·自然集团，拥有超过9400名员工，在全球40多个国家运营；施普林格·自然集团的主要股东是霍尔茨布林克出版集团和私募基金BC Partners，霍尔茨布林克是一家总部位于斯图加特的家族企业，持有50.6%的多数股份[2]。施普林格·自然致力于通过出版稳健而有洞察力的科学成果，支持新研究领域的开发，以及使思想和知识在全球范围内触手可及[3]。

施普林格·自然集团拥有施普林格、帕尔格雷夫·麦克米伦、麦格劳-希尔教育、《科学美国人》等多个出版品牌。施普林格拥有强大的科学、技术与医学（STM）和人文社科（HSS）电子书收藏和档案，以及施普林格开放出版社

---

[1] 参见"Bertelsmann at a Glance"，载https://www.bertelsmann.com/company/company-profile/，最后访问日期：2024年11月25日。

[2] 参见"About us"，载https://group.springernature.com/cn/group/about-us。

[3] 参见"About Springer"，载https://www.springer.com/gp/about-springer。

（SpringerOpen）品牌下的一系列混合和开放获取期刊和书籍[①]。帕尔格雷夫·麦克米伦是一家世界级的图书和期刊出版商，拥有175年以上的文科和社科经验，在伦敦、纽约和上海设有办公室，并在50个国家拥有销售团队，拥有全球影响力[②]。麦格劳-希尔教育是一家具有区域特色的全球出版商，在120多个国家设有本地分支机构，并与学生、教师、机构和教育当局紧密合作，以推进学习，致力于为全球学生提供最高质量的书籍、工具和内容，并与其课程和语言学习部门的教育工作者建立强大的合作关系；其业务分为两个部门——语言学习部门为英语教学制作内容，并为某些地区的西班牙语和中文教学提供一些资源，而学校课程部门为世界各地的国家创建课程材料[③]。《科学美国人》成立于1845年，是美国最古老的持续出版杂志，发表了200多位诺贝尔奖得主的文章，内容涵盖科学、健康、技术、环境和社会领域重要和激动人心的研究、思想和知识，致力于分享可靠的知识，增强人们对世界的理解[④]。

（三）霍尔茨布林克集团

霍尔茨布林克是一家分散式家族控股公司，致力于为全球的作者、研究人员、学者、教育工作者、图书馆员和读者提供

[①] 参见"About Springer"，载https://www.springer.com/gp/about-springer.
[②] 参见"Palgrave Macmillan"，载https://www.palgrave.com/gp. "About us"，载https://www.palgrave.com/gp/about-us.
[③] 参见"Home"，载https://www.springernature.com/gp/macmillaneducation.
[④] 参见"About Scientific American"，载https://www.scientificamerican.com/page/about-scientific-american/.

服务；20世纪30年代，公司创始人乔治·冯·霍尔特布林克开始销售书籍和期刊的订阅；20世纪80年代中期，出版集团收购《科学美国人》；1998年开始互联网业务；2012年，集团进行了全面重组，形成的部门分别针对科学和教育、出版和数字投资，进一步巩固了集团的战略方向；2015年，与施普林格科学+商业媒体合资，结合了市场上最具影响力的两个专业学术和消费者图书出版机构[1]。

（四）柯莱特集团

柯莱特集团的起源可以追溯到1897年，那时柯莱特接管了已经运营了50多年的皇家古腾堡印刷厂，当时柯莱特的努力集中在这一印刷厂、一家附属的公告牌研究所和一家小型专注于音乐学的出版社，自那时起，该公司一直是家族企业；柯莱特在1945年从美国军事政府获得许可，重新开始其印刷和出版活动，公司还建立了自己的独立出版社，用于出版教科书，以补充其用于小说、非小说和心理学分析的普通出版社，弗里茨·柯莱特的儿子罗兰于1953年加入家族企业，他随后开始对公司印刷业务进行现代化改造，出版社迅速发展成为西德最大并且最成功的出版社之一，并在全国范围内提供教科书[2]。

1990年，莱比锡的柯莱特出版社成为第一家开始在原东德运营的西德出版社分支机构；20世纪90年代，柯莱特集团还

---

[1] 参见"History"，载https://www.klett-gruppe.de/en/about-the-klett-group/history.
[2] 参见"History"，载https://www.klett-gruppe.de/en/about-the-klett-group/history.

扩大了其在德国以外的活动,包括瑞士、奥地利、西班牙、波兰、罗马尼亚、保加利亚、捷克共和国、匈牙利、斯洛伐克、南斯拉夫和法国;此外,柯莱特集团还成立了德国继续教育公司(DWG),作为建立和扩大其远程学校和大学框架;该集团的远程学习学校和大学,以及其基于出勤的大学,使其成为德语市场领先的继续教育私人提供商;从托儿所到中学的基于出勤的学习设施,也丰富了柯莱特集团的服务,并进一步推动了其向多元化教育公司的演变[①]。

（五）C.H.贝克企业集团

C.H.贝克企业集团是一家领先的媒体公司,超过2000名员工在欧洲不同地点从事生产和营销广泛的法学和科学专业出版物,以及具有挑战性的专著和文学项目;成功走过超15年的数字化道路,除了印刷业务,网络领域已成为出版社的支柱之一;德文法律数据库（Beck-Online）自2001年启动以来,已发展成为德国整个法律实践、科学和教育的领先在线媒体,数据库中不仅包含C.H.贝克出版社的内容,还提供约50家其他专业出版社和合作伙伴的内容,是一个强大且具有前瞻性的信息联合体;beck-shop.de是法律、税务、经济领域领先的在线专业书店,向客户提供广泛的法学专业书籍、服务以及其他专业领域（如医学、教育学、历史、工程学）的全面产品;作为法

---

① 参见"History",载https://www.klett-gruppe.de/en/about-the-klett-group/history.

律专业出版社，C.H.贝克凭借其多卷系列、活页出版物、教科书、消费者指南、专业期刊和电子出版物，在法律专业出版社中占据市场领先地位；律师、会计师、审计师以及许多其他职业群体都从其产品和服务的高质量标准中受益；此外，在历史领域，C.H.贝克是市场领导者[①]。

● 思考题

1. 德国主要出版机构具有哪些共同特点？
2. 德国主要出版机构数字化发展如何？

---

① 参见"Über C.H.BECK"，载https://rsw.beck.de/verlag/karriere.

第五章 荷兰出版业发展历史、现状与主要出版机构

没有出版,人类的文明将停滞不前。

荷兰出版产业源于荷兰17世纪在全世界所建立的海上殖民强国优势发展起来，以其国际化和多语种出版能力而闻名，市场运作机制成熟且行业集中度高，尤其在科学技术和学术出版领域取得了卓越的成就。在17、18世纪欧洲思想启蒙运动中，荷兰出版业进一步得到繁荣发展，诞生了爱思唯尔集团和博睿出版社等在全球出版界享有盛誉的领军企业。

面对全球数字化转型的趋势，荷兰出版业积极应对并探索，电子书和数字化报纸的市场份额呈现出持续增长的趋势。政府的政策扶持以及国民的阅读热情为行业的持续发展提供了有利的支撑。荷兰出版业坚守其独特的传统和创新精神，在当前全球出版领域中继续扮演着重要的角色。

第一节　荷兰出版业发展史

尽管荷兰国土面积有限，但荷兰在文化艺术领域却展现出显著的强国地位，尤其以画家而闻名于世，如伦勃朗、维米尔和凡·高等，均被视为绘画艺术的代表。在出版方面，以人均出版产量、阅读率以及图书进出口值等指标衡量，荷兰无疑是一个出版大国，并且在欧洲排名靠前，是图书和唱片销售的重要中心。在荷兰，众多城市的街头遍布着各种规模的书店和图书馆，在全国数千个读书俱乐部中，人们可以自由地讨论书籍，交流阅读体验和感悟①。荷兰出版业的发展历史可以分为16—17世纪的兴起与繁荣时期、18—19世纪的转型时期和20世纪至今的现代化与国际化发展时期。

一、16—17世纪：兴起与繁荣时期

在16世纪末至17世纪上半叶，欧洲国家受到文艺复兴时期人文主义解放思想的影响。在宗教改革运动中，这些国家努力摆脱罗马天主教会所倡导的"宗教正统"思想的压迫与束缚。为了维护其权威和统治地位，罗马教廷采取了对非正统思想书籍的控制措施。因此，那些以天主教为国教并拥有强大审查权力的国家，如意大利和西班牙，实施了严格的审查制度。法国在宗教改革运动之后，逐渐转变为一个由王权统治的国家，但王权对异教徒及其思想传播的出版物仍然施加了限制，特别是在国王路易十四废除《南特敕令》之后，这种管控达到了顶峰。与此同时，英国在这一时期的书报检查制度也展现出其独特性，并实施了严格的出版管理措施。因此，这一时期的欧洲对出版物的管理呈现出较高的严格性，这为思想和宗教自由以及政治独立的荷兰共和国的出版业发展提供了一个有利的时机②。

---

① 崔斌箴：《荷兰：地理小国出版大国》，《出版参考》2011年第25期，第43页。
② 朱璟：《低地国家上的出版"高地"：荷兰黄金时代的出版管理研究》，安徽大学论文，2023年。

依靠17世纪所建立的海上殖民强国优势,荷兰的国际化程度较高。成立于1683年的博睿出版社,作为荷兰最古老且最负盛名的出版社之一,是欧洲最早能够影印古阿拉伯语、伊斯兰文献、汉语文献的出版机构,尽管荷兰语和弗里斯兰语被正式认定为荷兰的官方语言,但受过高等教育的荷兰人普遍具备流利的英语交流能力。以莱顿大学的出版研究硕士课程为例,其教学语言为英语,且该课程的多数学生来自荷兰以外的国家。在荷兰,英语在商业和学术领域扮演着至关重要的角色。荷兰出版一直关注国际市场,这对于出版商而言具有极其重要的现实意义[1],这也与曾经的海上殖民强国所遗留的文化传统密切相关。

17世纪时,荷兰图书出版业已显著超越了欧洲其他地区,是欧洲市场最繁荣的地方。莱顿、阿姆斯特丹成为欧洲的出版中心。阿姆斯特丹在1675—1699年间拥有超过270家书商和印刷厂,至17世纪中叶,已超越其欧洲竞争对手,成为欧洲最重要的书籍生产中心。荷兰出版业所生产的大量书籍和文献,远远超出了国内市场的消化能力。因此,荷兰出版的杂志、报纸和书籍不仅在国内流通,还广泛销往欧洲其他地区,包括英国、法国、德国、意大利和西班牙等地,这些地区均流传着一定数量的荷兰出版物[2]。特别是远在太平洋另一侧的日本,

---

[1] 诸葛蔚东:《荷兰出版业何以称雄一时》,《出版参考》2008年第7期,第32页。
[2] 刘江英:《荷兰现代化与兴衰的缩影——17—18世纪荷兰共和国出版业的兴衰》,《吕梁教育学院学报》2018年第2期,第56—59页。

曾经因为荷兰海上殖民势力的影响，在长崎等沿海一带流行"兰学"。17世纪末，荷兰共和国成为欧洲的出版"高地"，出版物数量庞大且种类繁多，主要有教会书籍、小册子、文史哲学和报纸期刊等出版物。这些出版物合在一起占当时图书市场的90%以上[①]。

二、18—19世纪：转型时期

荷兰出版业在18世纪达到顶峰之后，逐渐步入衰退阶段，这一趋势与其国家整体实力的衰弱密切相关。到了18世纪，英国在国际贸易、商业活动以及海上力量等方面全面超越了荷兰，并且在文化领域也开始取代荷兰的中心地位。荷兰出版业的繁荣在很大程度上依赖于国际市场的支持，随着荷兰海上霸权地位的改变以及海上贸易业的衰落，其出版物不仅失去了海外传播的贸易通道，也失去了海外市场[②]。

1815年，荷兰皇家图书交易协会（Vereniging ter Bevordering van de belangen des Boekhandels, VBB, 现名为荷兰出版商与书商联合会）成立，起初是为了打击图书盗版行为，后来该机构成为荷兰出版业发展最重要的力量，将图书发行商、销售商和期刊贸易发行者联合在一起。19世纪下半叶，荷兰社会呈现"柱群化"，即荷兰四大宗教/政治派别演变为政党，形成

---

① 朱璟：《低地国家上的出版"高地"：荷兰黄金时代的出版管理研究》，安徽大学论文，2023年。
② 刘江英：《荷兰现代化与兴衰的缩影——17—18世纪荷兰共和国出版业的兴衰》，《吕梁教育学院学报》2018年第2期，第56—59页。

非种族的社会隔离，四大宗教/政党如柱子一般支撑着荷兰，相互独立却共同存在。这一时期新闻出版业大多带有党派性质，派生出"有观点的报纸"（opinieblad）一词。伴随着工业化印刷技术发展，荷兰在19世纪也出现了一大批中小型家族的、私人合伙制的出版机构，图书出版由过去的面向海外市场转为面向欧洲区域市场。随着出版品种的增多，图书市场交易规模的扩大，1871年，荷兰阿姆斯特丹诞生了一个名为中央书库（Order house of the Dutch Bookstore）的图书发行中心，该图书仓库于1926年更名为中央书屋。1880年，荷兰皇家出版商协会成立[①]。

三、20世纪至今：现代化与国际化发展时期

20世纪初期，荷兰出版业多以家族出版社为主。第二次世界大战结束后，荷兰的出版业开始发生结构性转变，大中型出版公司逐渐增多。为了适应市场需求，出版商之间的竞争推动了交易模式、出版形态以及印刷技术的创新与发展，为现代荷兰出版业的形成奠定了坚实的基础。自20世纪60年代起，荷兰出现了一些大型的国际化的出版公司。这些跨国出版公司不仅出版各种图书、杂志和报纸，还扩拓到音像制品、图片以及书店等相关产业链。2011年左右，荷兰拥有超过1800家各类出版机构，其中商业出版社有600余家，主要集中在阿姆斯特丹，

[①] 华小鹭：《荷兰专业出版知识服务研究》，北京外国语大学，2021。

其次是海牙。荷兰每年出版的新书种类大约为8000种。大型出版社约有30家，其出版物数量占全国总出版量的60%。其中，励德·爱思唯尔出版公司和威科出版集团均为行业巨头[①]。

进入21世纪后，荷兰出版业加快数字化转型。1999年，中央书屋进入图书电子商务市场。2009年，荷兰图书市场因金融危机，整体萎缩20%。在此背景下，中央书屋在2009年开展按需开展印刷业务。2012年，中央书屋由图书发行商转型为综合型物流集团，业务包括医药、出版物等。在大众出版领域，89%的出版社与作者签订合同的同时会签订数字版权合同。其他出版社也在加快自己的数字化进程，2012年，主营教育出版的皇家大树出版社有60%的产品是数字出版物，还提供了全方位教学资源解决方案，包括统一的数字化平台等[②]。

2000年，荷兰联合出版集团收购AC尼尔森集团，成为全球最大的快速流通消费类商品数据信息提供商。这一时期，励德·爱思唯尔出版集团年均出版1150种学术期刊，2400种新书。2010年，该集团以21亿欧元的总销售收入成为全球最大的科技出版商。除此之外，还有威科集团。威科集团在制定医疗、企业服务、金融、税务、会计、法律、规章制度和教育等领域信息产品解决方案上能力卓著。在欧洲、美国、加拿大、英国、澳大利亚、新西兰、马来西亚、中国、日本等都设有分支机构。由于和科技发展结合紧密，科技与专业出版

---

① 崔斌箴：《荷兰：地理小国出版大国》，《出版参考》2011年第25期，第43页。
② 华小鹭：《荷兰专业出版知识服务研究》，北京外国语大学论文，2021年。

的数字化进程早在20世纪90年代初就开始了,荷兰联合出版集团、威科集团等均开发了针对各自受众的数据库出版物[①]。在这一时期,荷兰出版业的发展为该国当前出版行业的繁荣奠定了坚实的基础。

● 思考题

1. 17世纪,荷兰出版业获得了哪些成就?
2. 荷兰的跨国出版公司如何同其他国家开展交流与合作?

第二节 荷兰出版业的发展特点

尽管荷兰的国土面积相对较小,但荷兰出版在17世纪依托海上殖民强国地位,已经形成了独特的国际竞争力。这一时期,荷兰的出版业不仅在数量上迅速增长,更在质量和创新性上领先于许多欧洲国家,莱顿、阿姆斯特丹曾经一度成为欧洲的出版中心。国际化是荷兰出版业发展的主要特点。时至今日,荷兰在专业出版、数字出版以及知识服务等关键领域仍持续展现出国际化特色,不仅在垂直内容的深度整合和世界范围的广度拓展上表现突出,而且在数字化转型上也走在一些出版

---

① 许洁:《荷兰出版业的市场特征与发展环境》,《现代出版》2014年第3期,第77—80页。

大国的前列，积极开发电子书籍、在线期刊和互动式学习平台等新型出版物。这种创新精神和对市场需求的敏锐把握，使得荷兰出版业在全球范围内保持着竞争力和影响力。

一、出版业发展与海外贸易紧密相关

荷兰出版业的兴盛与其海外贸易的殖民扩张紧密相连，荷兰的图书贸易离不开荷兰整体经济发展情况。17世纪是荷兰的"黄金时代"，其在海上运输领域的优势同样为出版业带来了显著的竞争优势。尽管荷兰是一个资源匮乏的国家，缺乏造纸和制墨等原材料，但其工业的不发达促使荷兰采取了一种发展策略：即直接从国外进口纸张，而非进口原材料进行加工。发达的运输业为荷兰进口纸张提供了便利。荷兰的白纸主要从法国的昂古莱姆进口，这些纸张进口至国内后，被阿姆斯特丹的书商用于出版书籍和版画。此外，海上运输为荷兰出版业的海外市场拓展提供了支持，法国、英国、意大利、西班牙等欧洲国家均可见到荷兰出版的报纸，这与荷兰航运业的发达有着密切的联系。然而，工业的不发达以及对海外市场的过度依赖也为荷兰出版业带来了潜在的不利影响。在两次世界大战期间，一些国外政府禁止向荷兰出口原材料，荷兰的出版业曾经遭受过重大冲击[①]。

[①] 刘江英：《荷兰现代化与兴衰的缩影——17—18世纪荷兰共和国出版业的兴衰》，《吕梁教育学院学报》2018年第2期，第56—59页。

二、地理优势赋予荷兰出版业繁荣

荷兰出版业的兴盛与其独特的地理环境有着密不可分的联系。荷兰地处欧洲西部,东邻德国,南界比利时,西、北临海,地处莱茵河、马斯河和斯凯尔特河三角洲。位于三大河流入海口、西欧主要海路和陆路交叉口的中心位置,港口众多,这赋予了荷兰将各种思想、信息、人才集中起来的优势。大量弗兰德斯移民的到来,为荷兰带来了资本、技术、专业知识以及商业关系。来自世界各地及欧洲的信息通过港口涌入城市,进而被出版商和报社吸纳。人才、资本、技术、专业知识及信息的汇集为荷兰出版业注入了强大的活力,使其在欧洲出版领域中占据领先地位[1]。

三、宽松的社会环境为荷兰出版业提供了基础

荷兰出版业的快速发展得益于国内的政治自由、国民的高教育水平和识字率,以及宗教教义辩论的活跃等多种因素。荷兰经历资产阶级革命后,摆脱了西班牙的统治,建立了联邦制国家,各省具有自治权,拥有较大的独立性。资产阶级主导的政府在文化政策上较为宽松,并不限制文化出版的内容。出版业作为荷兰的重要出口行业,获得了国家的支持。荷兰的宽容宗教环境为不同宗教信仰的个体提供了表达和辩论其观点的空

---

[1] 刘江英:《荷兰现代化与兴衰的缩影——17—18世纪荷兰共和国出版业的兴衰》,《吕梁教育学院学报》2018年第2期,第56—59页。

间，吸引了欧洲其他国家的新教人才。因此，处于宽松思想宗教氛围中的荷兰，不论是神职人员还是平信徒，受教育程度都比较高，拥有较高的识字率，这为荷兰出版业提供了一定的国内市场，也为出版业发展提供了必需的人才和技术[①]。

荷兰出版业的持续发展在很大程度上得益于政府的政策扶持。2005年，政府出台了规定，不允许大众出版物进行打折销售，这一措施有效地维护了国内中小型书店的利益，确保了实体书店在与网络书店的竞争中处于公平地位。同年，政府废除了出版单位的设立备案制度，允许任何单位或个人自由成立出版机构，这一政策极大地激励了出版物的创作与生产。为了推广和宣传荷兰文化，荷兰文学创作与翻译基金会每年都会投入大量资金支持作者的写作活动。此外，当荷兰出版商与国外出版社签订版权输出协议时，他们还可以获得一笔可观的资助，这笔资金通常足以覆盖作品的翻译费用[②]。

四、产学研融合，商界学界分工合理

在荷兰，高等教育机构和研究组织通常仅发行一种官方期刊，以易于理解的形式向公众传达本机构的科研成果，从而确保纳税人能够了解学术研究的进展。这些期刊所发表的文章大多会被国际报纸、广播电台及其他传媒机构采纳，广大公众对

[①] 刘江英：《荷兰现代化与兴衰的缩影——17—18世纪荷兰共和国出版业的兴衰》，《吕梁教育学院学报》2018年第2期，第56—59页。
[②] 许洁：《荷兰出版业的市场特征与发展环境》，《现代出版》2014年第3期，第77—80页。

科学家的研究工作也采取理解的态度。这些官方期刊不仅内容丰富、图文并茂、印刷精美，而且免费。荷兰的专业学术期刊由出版商负责运营，他们聘请了国内顶尖的编辑人员，并与全球的作者及审稿人合作。国内的出版商在不同学科领域的专业学术期刊上各有专攻，避免了内容的重复。这种专业分工明确的出版环境确保了学术期刊的高质量。因此，每当出版商推出新的期刊时，它们往往会被SCI等国际科学技术文献检索系统迅速收录[①]。

荷兰的大学和研究所不必额外开办学术期刊，只需将精力集中在教学和科研上。荷兰学术界与出版界作为不同的单位、学术团体，在编辑出版科学期刊上有所侧重、有所分工，既保证了学术科研水平，又服务于读者的需求以及企业、社会的经济效益，充分发挥各自的优势。荷兰各大专业出版机构之间，也会专注不同学科领域的学术期刊出版，尽量减少重复，这使得荷兰专业出版社拥有良好的市场竞争态势。在此模式之下，荷兰形成了完整的专业出版"流水线"。流水线上下游互不抢占市场，而是合力共同发展。此外，爱思唯尔与阿姆斯特丹大学人工智能创新中心合作共建了爱思唯尔AI实验室，爱思唯尔的数据科学家可以与学术界的数据科学家紧密合作并攻读博士学位，阿姆斯特丹大学和阿姆斯特丹自由大学（Vrije Universiteit Amsterdam）学生可以到爱思唯尔实习，该

[①] 祖广安：《荷兰科技期刊出版体制对我们的启示》，《编辑学报》1997年第2期，第116—118页。

校企联合模式已培养了数十名学生[①]。

第三节　荷兰出版行业现状与主要出版机构

　　荷兰拥有上百家出版社，从个体经营到大型国际出版集团均有涵盖。在某种程度上与英美图书市场类似，并且是图书版权交易的重要市场。得益于语言的互通，英美出版商能够与荷兰出版商进行深入的交流合作。荷兰出版商不仅可以直接从英国图书批发商进口图书和版权，还可以通过批发商获取图书，并提供发行、销售和市场营销等服务。在英美市场畅销的图书往往在荷兰同样受到欢迎，部分作品在荷兰的销量甚至超过了英国。为了获得与其他国家同步或提前出版英文图书的权利，荷兰出版商通常愿意支付额外的出版税。得益于荷兰出版业的国际化特色，荷兰对外国文学作品持开放态度，翻译市场规模可观。此外，荷兰对教育和科学类出版物给予了极大的重视，这些出版物达到了国际标准，由专业的出版社负责出版发行。荷兰的众多文学和科技出版物采用英语出版，许多具有全球影响力的重要期刊，尤其是科学领域的期刊，均由大型出版集团出版发行[②]。

[①]　华小鹭：《荷兰专业出版知识服务研究》，北京外国语大学论文，2021年。
[②]　《中国文化报》,《荷兰出版业兴盛的背后　国际化的出版运作》，http://culture.people.com.cn/n/2013/0404/c172318-21023581.html。

在荷兰，图书销售的高峰期主要集中在两个特定时段。首先，暑期销售旺季通常发生在每年的第28—33周，即6月初至8月底。在此期间，纸质图书的销售增长率显著高于电子书。在图书类型方面，旅游指南和小说类图书受到更多青睐。其次，礼物销售旺季出现在每年的第47—52周，即圣尼古拉斯节（12月6日）和圣诞节（12月25日）之间。在此期间，荷兰人将互赠图书作为庆祝节日的传统方式。荷兰图书销售旺季的形成源于其根深蒂固的赠书习俗、国民的阅读习惯以及浓厚的文化氛围，这些反映了荷兰社会内在的、自发的文化需求。图书市场的消费动力并非源自商业折扣的经济激励或政府文化政策的推动，而是深植于荷兰人心中的文化熏陶和历史传承。这种内生性文化需求确保了图书销售的稳定性和持续性，从而构成了荷兰图书市场独特的消费特征[①]。

一、中央书局

中央书局（Centraal Boekhuis，CB）是由荷兰印刷商协会和出版商协会共同出资设立的下属职能机构，创立于1871年，是荷兰图书市场最大的图书及相关产品的中盘商，荷兰90%的图书、音像制品和印刷品物流基本由其垄断。中央书局的配送范围不仅覆盖了荷兰每一座城市和乡村，还涵盖了比利时北部弗拉芒地区的所有书店、音像店、礼品店、文具店和报刊亭。

---

① 丝路印象：《荷兰书业发展概况及特色》，https://www.zcqtz.com/news/207085.html。

中央书局的实体书物流业务是其传统的核心的业务领域。这一业务由位于荷兰中部克兰伯格工业区的一个配送中心、三座巨型仓库以及上百辆运输卡车共同完成。配送中心作为物流业务的指挥中枢，负责将图书按照订单进行拆包、分拣、打条码和再包装，随后通过传送带输送至14个出口以待装载上车。三座仓库与配送中心通过输送区相连，确保货物能够直接从仓库运往分拣中心进行处理。整个物流过程几乎完全由计算机控制，人工操作仅限于针对终端读者订单的装箱和礼品图书的包装。此外，中央书局并不享有其配送物品的所有权，图书的所有权不随图书转移到中央书局，而属于出版商，直到图书最终送达书店或读者手中。这种模式与传统批销商有显著区别，中央书局无须投入资金购入图书，也不承担库存风险，其角色更接近于纯粹的物流服务提供商。与此同时，中央书局还为一些中小出版社提供库存保管服务，这些出版社可能缺乏适当的库存条件。图书从印刷厂直接运至中央书局的仓库，出版商需支付相应的仓库租金。在荷兰，图书物流成本约占图书码洋的6%，而中央书局的利润正来源于此。

除了承担全国绝大部分实体图书的物流，中央书局作为荷兰最大的按需印刷商，还为出版社、书店和终端用户提供专业的按需印刷服务。读者可以通过登录中央书局的按需印刷主页，在线查找并选择所需的图书，然后填写网络订单。读者可以选择纸张类型、开本大小、是否进行彩色印刷以及装订方式等，系统会根据这些选项计算出每本书的价格。如果顾客同意价格，他们可以输入所需的册数，并输入收件地址，点击"确认"以生成订单。大约5~7天后，根据个人需求定制的图书将被送到客户的手中。

中央书局不仅在实体书配送和按需出版方面发挥作用，还扩展至电子书物流服务领域。传统观念中，电子书不存在物流这个问题，因为读者可以直接在线找到并下载电子书资源。然而，从中央书局电子书物流平台的成功运作事实来看，传统图书物流商也可以为数字出版商和终端用户提供更加专业、更具个性化的内容传输服务，并从中获取利润。在电子书产业链中，中央书局起到集成和维护的作用。一方面，它通过获得授权，将荷兰117家出版社的7000种电子书存储在自己的服务器上，而不涉及版权转移——电子书版权依然属于出版社，中央书局仅拷贝了一个"母本"。另一方面，中央书局创建了一个集成77家出版社电子书资源的接入网站，并投入大量资金进行媒体宣传。这使得读者无须分别访问不同出版社的网站，只需通过中央书局的统一入口进行全文检索，即可轻松找到所需的电子书。针对市场上多样的电子书格式，中央书局选择了PDF格式作为旗下电子书的主要格式。无论上游出版商以何种格式出版电子书，中央书局都会将其转换为PDF文档，以确保电子书内容在不同终端阅读器上具有更稳定的显示质量和更广泛的兼容性[1]。

---

[1] 许洁:《与时俱进的书业物流巨无霸:荷兰中央书局》,《出版科学》2011年第6期,第87—89页。

二、爱思唯尔出版集团

爱思唯尔出版集团（Reed Elsevier PLC）的学术出版历史可追溯至1580年。荷兰出版商路易斯·爱思唯尔（Louis Elsevier）创立了一家小型出版公司，旨在开拓多语种学术图书市场。1951年，现代意义上的爱思唯尔出版公司（Elsevier NV）在荷兰正式成立。1993年，该公司与英国的励德国际公司（Reed International PLC）合并，组建励德·爱思唯尔集团（Reed Elsevier）（现更名为励讯集团），并成立了励德·爱思唯尔出版集团（Reed Elsevier Group PLC），负责集团内所有图书出版及在线资料库等业务。这种独特的公司结构赋予了爱思唯尔集团强大的活力。随着20世纪末国际媒介融合进程的加速，传统纸质媒体纷纷转型，爱思唯尔出版集团也成功实现了从纸质出版物到电子出版物的革命性转变，转型为以网络化传播为核心的数字内容服务提供商。其悠久的历史、丰富的内容资源积累以及集团的规模化优势，使其在相关专业领域占据世界领先地位，并最终发展成为全球最大的科技与学术信息出版商[1]。

励德·爱思唯尔集团在全球范围内进行一系列产业收购后，成为全世界最为著名的科学专业和科学文献服务的出版商，扩展到了科学研究价值链的各个方面。涵盖了从发现科研

---

[1] 王悦：《励德·爱思唯尔对中国出版业的启示》，《新闻研究导刊》2015年第10期，第181、283页。

线索、检索科研数据、查询参考文献、撰写研究结果、成果预发表、组织同行审议、基础研究编辑与发布,到审稿人、科研作者、自助查找并出版最终学术成果,再到科研人员社交、评价全产业链服务等全部环节。与此同时,爱思唯尔还针对科研机构推出了管理、检索、评价、分析、检测、数据、整合等科研工具[1]。

爱思唯尔专注于专业化的高利润市场,这一战略选择影响了其转型路径,促使其在数字化和信息化背景下,从传统的纸质媒体成功转型为全球知名的、盈利能力较强的网络服务提供商。在期刊出版领域,爱思唯尔及时放弃了传统的发展模式,专注于科技、医学和学术等特定领域的专业期刊出版。爱思唯尔拥有众多国际知名的期刊,而且在信息服务领域也占据重要地位,拥有如ScienceDirect和Scopus等全文数据库和二次文献数据库。这些数据库覆盖科技、医药、经济、法律、数学等多个领域,且数据持续实时更新,以向读者提供最新的信息资源[2]。

全球化是爱思唯尔的重要发展战略。庞大的国际市场可以接受爱思唯尔提供的知识服务,除延展价值链、提升自身产品及科研能力的发展和并购以外,爱思唯尔的全球运营战略还包括了设立办事处、人才队伍建设、科技创新和评奖战略等[3]。

---

[1] 华小鹭:《荷兰专业出版知识服务研究》,北京外国语大学论文,2021年。
[2] 王悦:《励德·爱思唯尔对中国出版业的启示》,《新闻研究导刊》2015年第10期,第181、283页。
[3] 华小鹭:《荷兰专业出版知识服务研究》,北京外国语大学,2021年。

在数字营销方面，爱思唯尔还通过搜索引擎广告及优化、直邮营销、联盟营销、与内容总供应商共享"元数据"、建立读者评价数据库等方式，综合推广其数字化产品[①]。

三、荷兰联合出版集团

荷兰联合出版集团（Verenigde Nederlandse Uitgeversbedrijven, VNU）是欧洲最大的出版集团之一，也是全球最大的市场资讯服务与出版公司之一，旗下有6个子集团，分别是：VNU营销信息集团、VNU营销信息欧洲集团、VNU传媒评估和信息集团、VNU商业传媒（美国）公司、VNU 商业传媒欧洲公司和VNU 世界名录集团公司。

荷兰联合出版集团于1964年成立，由两家荷兰出版企业合并而成。在20世纪60年代，集团的主要业务集中在荷兰和比利时的消费类杂志、报纸及图书的出版、印刷与发行。20世纪70年代，集团开始涉足专业杂志出版领域。20世纪80年代，集团通过在其他欧洲国家及美国市场的扩张，进一步增强了其专业杂志业务，中止了图书出版业务。20世纪90年代，集团的战略定位转变为专注于出版业务，转型为内容供应商。1998年，集团通过收购世界名录出版公司，扩展至在三大洲开展电话名录出版及信息服务业务。1999年，集团通过收购美国尼尔森传媒调查公司，在信息营销与服务行业迈出了重要一步。2000年

[①] 刘佩英、张扬、徐建梅：《论学术出版之数字化营销——以爱思唯尔出版集团为研究蓝本》，《中国编辑》2015年第1期，第62—65页。

初,荷兰联合出版集团出售了其报纸业务。2001年初,荷兰联合出版集团收购AC尼尔森集团,确立其在全球快速流通消费类商品消费信息业的领导地位。同年,集团亦出售了消费类信息和教育信息业务。在此之前,荷兰联合出版集团在荷兰及比利时针对小学、中学及成人教育出版教材,是荷兰最大的小学教育用书出版商。

荷兰联合出版集团通过其140种行业杂志、150种行业节目、众多网站以及在线服务,将特定行业领域内的买方和卖方联系起来,提供商业和行业的各种信息。在美国的商业信息集团包括荷兰联合出版集团商业出版物美国公司（VNU Business Publications USA）、荷兰联合出版集团电子传媒公司（VNU eMedia）以及荷兰联合出版集团展览公司（VNU Expositions）。这些公司的业务范围涵盖传媒和娱乐业、艺术和设计、营销、零售业、食品饮料业、医药保健业、运动和服装业、旅游休闲业以及珠宝业。集团旗下的主要杂志品牌包括《公告》《好莱坞报道》《广告周刊》和《食品服务指南》。

荷兰联合出版集团在荷兰、比利时、法国、德国、意大利、西班牙和英国等欧洲七国以"VNU商业出版物"的品牌运营出版社,成为计算机杂志出版商。在欧洲,集团为专业人士出版的行业杂志覆盖了IT、招聘、管理、机械、传媒、金融和纺织等多个行业领域。1999年,集团的销售额达到11.99亿欧元,利润为2.1亿欧元。集团的主要杂志品牌包括《计算》、

Intermediair《商务周报》、《财会时代》和《管理团队》等。此外，杂志出版分公司（主要出版消费类杂志）由荷兰VNU杂志、比利时Mediaxis、英国VNU杂志三家出版公司以及荷兰VNU杂志销售公司组成[①]。

四、博睿学术出版社

荷兰博睿学术出版社（Brill）是一家具有深厚历史底蕴和广泛国际视野的学术出版机构，专注于国际汉学学术成果的出版与传播。该出版社成立于1683年，坐落在荷兰最古老的大学——莱顿大学之畔，其总部位于荷兰莱顿，并在美国波士顿和新加坡设有分支机构。

博睿学术出版社作为少数涉及汉字印刷的欧洲出版机构之一，自19世纪起便开始影印带有汉字的东亚研究著作。这一传统起源于1875年，当时博睿获得了荷兰殖民事务局汉字印刷模具的独家使用权。1882—1891年，著名汉学家施古德编纂的四卷本《荷汉大词典》中的汉字，正是利用该模具进行印刷的。

博睿学术出版社每年推出大约800种新书和200种期刊，其出版范围广泛，涵盖人文社会科学、国际法以及生物学等领域。该出版社推出了一系列享有盛誉的亚洲研究著作，专注于中国及其周边地区的研究，其汉学系列的出版活动可追溯至

---

① 远宁：《国外著名出版机构荷兰联合出版集团》，《出版参考》2006年第22期，第33页。

1931年。1890年发行的国际汉学研究权威期刊《通报》进一步巩固了博睿在国际汉学出版领域的声誉和地位。

博睿学术出版社为确保其出版物的学术质量，会对出版的图书和期刊文章实施严格的同行评审流程。图书的同行评审过程由经验丰富的助理编辑协助作者进行，以准备书稿内容的出版。若图书计划在系列丛书中出版，则同行评审程序将与丛书编辑委员会合作完成。丛书编辑委员会由该领域的资深专家组成，其成员构成在专业性和地域分布上保持平衡。博睿的许多书稿都在系列丛书中出版，加之其始终与世界各地的资深学者保持密切联系，评审意见的反馈通常较为迅速。

博睿学术出版社注重专业数据库的运营，其中与中国研究密切相关的包括《博睿中国百科全书》和《中国研究视角在线数据库》等。这些数据库涵盖了多种类型，如历史文献扫描件、原始手稿、现当代档案资料、报纸特刊、艺术品拍卖记录、国际法案例报告、电子书籍以及其他原始资料，为学术界提供极具学术价值的研究资源。

2005年以来，博睿学术出版社积极推进"现当代中国研究出版计划"，致力于将中国学者的重要学术著作译成外文并出版。博睿与来自中国大陆、中国香港、中国台湾、新加坡、马来西亚等亚洲国家和地区的学术机构和研究组织建立了紧密的合作关系，共同推动亚洲学术研究的国际化发展[①]。2024年，

---

① 李雪涛：《博睿|Brill学术出版社》，《孔学堂》2015年第1期，第253页。

博睿与德古意特合并为一个新的跨国出版集团。

● **思考题**

1. 荷兰的地理优势如何赋予出版业发展活力？

2. 产学研结合为荷兰专业出版作出了何种贡献？

3. 荷兰的出版机构国际化能够对我国的出版业有什么启示？

4. 除了本书中提到的荷兰出版机构，你还知道哪些荷兰的出版单位？

第六章
法国出版业发展历史、现状与主要出版机构

每一本书都是一颗星星,照亮人类的精神宇宙。

第一节　法国出版业发展史

　　法国出版业的发展历程深刻体现了法国历史中文化与权力互相博弈的发展特点。这种动态博弈主要体现在两个方面：首先，权力的集中与文化的垄断奠定了巴黎对于整个法国出版业长期且稳固的霸权地位，巴黎与外省的出版业长期处于极度不平衡的发展状态；其次，法国有着政权干预文化事务的历史传统，尽管法国政权在历史长河中不断更迭，却始终对文化事业产生着深远影响。法国出版业所体现出的这种矛盾性，也在现实层面上塑造了文化政策的制定者与执行者以及出版从业者之间时而对抗、时而合作的复杂动态关系。

一、手抄本时期

　　公元5—15世纪的欧洲中世纪时期，手抄本作为宗教布道、圣颂等不可或缺的方式，至上主导着欧洲大地700多年，直到印刷术出现，西方历史学家通常将其分为"修道院阶段"和"世俗阶段"[1]。作为宗教活动中心的法国，早在公元2世纪，经营手抄本的书商就定居于高卢罗讷河谷一带，交

---

① [法]吕西安费舍尔、亨利让马丁：《书籍的历史，从手抄本到印刷书》，中国友谊出版公司2019年版，第11—12页。

易使用拉丁语撰写的手抄本。公元4世纪，随着基督教的广泛传播，致力于传播宗教典籍的知识分子聚集于修道院，宗教设施由此成为书籍生产的主要场所，图尔的马丁（Martin de Tours）即为当时的代表人物。墨洛温王朝统治时期，法国迎来了大规模建造修道院的第一次浪潮，其中一部分修道院设立在巴黎、阿拉斯、利摩日、普瓦捷、苏瓦松等主要城市，但大多数修道院却被建在法国北部的偏远地区。例如，在630—660年期间，法国北部建立起了吕克瑟伊、圣阿芒、茹阿尔、圣贝尔坦、圣里基耶、弗勒里、瑞米耶日、谢勒、科尔比等一系列修道院。直至13世纪法国成立第一所大学，修道院与主教座堂学校中的抄书室始终都是中世纪法国的主要书籍生产中心。其中，科尔比修道院以生产教父解经手抄本而闻名，圣阿芒修道院以生产福音书及圣礼书手抄本而闻名。图尔的马丁是当时生产《圣经》全本的主要人物，他生产的《圣经》手抄本后经法兰克国王查理二世（Charles Ⅱ le Chauve）评注而不断经典化，该书现存于法国国家图书馆之中。11世纪，法国迎来了大规模建造修道院的第二次浪潮。在伯尔纳铎（Bernard de Clairvaux）的推动下，手抄本产量大幅增长，其流通方式也更加多元化。同时，在查尔特勒（Le Monastère de La Grande Chartreuse）、熙笃（Cistercians，又译西多）和克莱尔沃（Bernard of Clairvaux）等修道院内，已经建立起了类似于图书馆的书籍阅览设施。12世纪末，法国手抄本存量已增至570余部。

1215年，巴黎大学（l'Université de Paris）获得教宗英诺森三世（Innocent Ⅲ）的认可而正式成立。大学的成立使传播宗教典籍的场所不再局限于修道院和主教座堂学校之内，大学教育对课本的需求也直接推动了手抄本数量的增长。1257年，罗贝尔·德·索邦（Robert de Sorbon）建立索邦学院（le Collège de Sorbonne），以支持出身贫苦的学生接受神学教育。13世纪末，索邦学院在国王的资助下已建立起在当时颇具规模的图书馆。截至1338年，索邦学院已有1722部藏书，其中大阅览室中存放的300余部出于防盗原因而使用锁链固定的书籍可供大众阅读，而其余的书籍则被保存在小阅览室内，仅有满足一定条件的读者才能借阅。伴随着大学的不断发展，一种较为成熟的书籍贸易形式也出现了。书商们在大学集中的巴黎拉丁区经营作坊，为师生们提供临摹手抄本的条件。大学中负责宗教事务的平信徒运营着一种名为"拆件"（对应拉丁语单词"pecia"，意为"件、篇、块"）的手稿复制系统，即学生或专业抄写员付费借来由大学委员会预先审查通过的手抄本副本，再将该副本拆分为若干部分，同时供多人抄写以提高成书效率，最后由大学内的专业鉴定人士审查新手抄本的完整性与准确性。与此前提及的修道院类似，大学也有各自擅长的专业领域，例如巴黎大学擅长生产神学领域的手抄本，奥尔良大学擅长生产民法领域的手抄本，而当时分别以巴黎和奥尔良为中心发展起来的书籍贸易活动，也充分体现出了这种专业领域之间的差别。13世纪，巴黎以生产两类书籍而闻名：其一是附有评注内容的新版《圣经》，这类书籍适时迎合了圣经批判学（l'exégèse biblique）的发展趋势；其二是泥金装饰手抄本（l'enluminure），甚至连文学巨匠但丁也在《神曲·炼狱篇》第十一首诗中赞叹过巴黎的书籍装帧艺术——"你是阿哥比奥的光荣，也是那门艺术的光荣：在巴黎，那门艺术有纤细画之称"，其代表是林堡兄弟（les frères de Limbourg）制作的一系列彩绘精装时祷书。

此前的祈祷书和《圣咏经》基本上是使用拉丁语撰写的，直至12世纪才出现真正意义上使用奥克语（la langue d'oc）、奥依语（la langue d'oïl）等法国民族语言撰写的宗教著作。由于法国的民族语言起初并没有文字，仅供口语交流使用，因此诞生于9世纪的《罗兰之歌》（*La Chanson de Roland*）其实直至11世纪才以文字形式记录下来。与之相似，该时期的著名作家克雷蒂安·德·特鲁瓦（Chrétien de Troyes）的五部诗歌小说，也是直至13世纪才得以以书籍形式问世。13世纪初，最受欢迎的法语书籍是《玫瑰传奇》（*Le Roman de la Rose*），至今仍有250余部手抄本留存于世。14世纪，第一位使用法语写作的女性作家克里斯蒂娜·德·皮桑（Christine de Pizan）开始经营一家类似于抄书室的私人作坊，并在此复制传播自己的诗作[①]。

由于15世纪法国人口的识字率仅有10%左右，因此仅有少

[①] ［法］吕西安·费舍尔、亨利·让·马丁：《书籍的历史，从手抄本到印刷书》，中国友谊出版公司2019年版，第320页。

数受过教育的特权阶层才有能力读书。在这之中，仅有更小一部分人有能力收藏法语书籍。例如，在索尔兹伯里的约翰（Jean de Salisbury）所著的《论政府原理》（Policraticus）一书中，有一幅描绘法兰西国王查理五世（Charles V le Sage）在私人图书馆中如同僧侣一般虔诚读书的插绘，这幅画从侧面反映了当时藏书家的身份与地位。查理五世的私人图书馆不仅是其他贵族建造藏书室时所效仿的模板，同时也是法国国家图书馆的前身。然而，一些王室成员建造的图书馆甚至超越了查理五世，他们以藏书家的身份自居，其中最著名的是查理五世的弟弟贝里公爵约翰（Jean de Berry），以及查理五世的表亲菲利普三世（Philippe le Bon）。与此同时，法国市民阶层开始涉足书籍生产和书籍贸易领域，其中以布尔日和鲁昂两个城市最为著名。

阿维尼翁教廷时期（Papauté d'Avignon），彼特拉克和薄伽丘的著作随人文主义一同传入法国，意大利人文主义者波吉欧·布拉乔利尼（Poggio Bracciolini）更是亲身游历了克吕尼修道院和朗格勒主教座堂学校，以探寻古典作家留存下来的手抄本。造纸术的引进使羊皮纸逐渐淡出历史舞台，阿维尼翁也由此成为与香槟省齐名的法国第一批造纸中心。在古腾堡印刷术传入法国之前，普罗柯比·沃德佛格（Procopius Waldfoghel）于1444年联合当地的学者和印刷师成立协会，并发明了一种活字印刷系统，同时图卢兹也进行了一系列发明印刷机的实验，但其中更多细节已不可考。

二、古腾堡印刷术引入时期

宗教教会最早使用了古腾堡印刷术，由教会的广泛使用逐渐延伸至世俗社会。古腾堡的搭档银行家约翰·福斯特（Johann Fust）和印刷师彼得·薛佛（Peter Schöffer）曾将他们合作印刷的书籍带至巴黎，交由赫尔曼·德·斯塔本（Hermann de Staboen）代理经营。约翰·海因林（Johannes Heynlin）和纪尧姆·费歇（Guillaume Fichet）在索邦学院的委任下，于巴黎拉丁区设置了全法第一台印刷机，并于1470年印刷了第一本《圣经》，古腾堡印刷术自此迅速传遍法国。此后，里昂、阿尔比、昂热、图卢兹、维埃纳省、沙布利、普瓦捷、尚贝里、沙特尔、雷恩、鲁昂、阿布维尔、奥尔良、格勒诺布尔、昂古莱姆、纳博讷等城市开始相继安装印刷设备，进行书籍印刷实践。截至15世纪末，法国已有30余座城市投身印刷行业。

尽管当时的里昂还没有成为大学城，却是一座与意大利北部和德国有着频繁贸易往来的法国主要商业城市，不久后便晋升为法国印刷业第二发达的城市，每年举办四次图书交易会，继而于15世纪90年代晋升为欧洲出版业第三发达的城市。里昂的印刷业迅速繁荣发展，也吸引了新兴资产阶级的涉足尝试，如巴泰勒米·布耶尔（Barthélemy Buyer）曾邀请印刷师纪尧姆·勒罗伊（Guillaume Le Roy）开办印刷厂便是其中一个著名的例证。造纸厂则设在距离里昂不远的博若莱和奥弗涅。1485年,至少有12位颇具声望的印刷师常驻于里昂,他们中的大多数人来自德国,其中以来自德国符腾堡的马丁·胡斯(Martin Huss)最为著名,他印制的《人类救赎之镜》(Speculum humanae salvationis)是法国印刷的第一部插绘书。米歇尔·托皮耶(Michel Topié)和雅克·赫伦贝克(Jacques Heremberck)在里昂印刷的伯恩哈德·冯·布雷登巴赫(Bernhard von Breydenbach)的著作《圣地朝圣》(Peregrinatio in Terram Sanctam),是法国印刷的第一部法语插绘书。15世纪印刷的法语书籍有一半出产于里昂,其中纪尧姆·勒罗伊于1476年印刷的《黄金传说》(La Légende dorée)是法国印刷的第一部法语书籍。

虽然里昂的印刷业已经步入快速繁荣发展的轨道,但依然没能取代巴黎的地位。巴黎不仅是法国首屈一指的出版中心,同时也是15世纪继意大利威尼斯之后的欧洲第二大出版中心。大批的书商和印刷师聚集在巴黎拉丁区东南部,尤其聚集在圣雅克路附近,经营纸张的商人聚集在巴黎东部的圣马塞尔区,而图书贸易则或沿塞纳河进行,或在西岱岛上进行。早期常驻于巴黎的印刷师大多来自国外,尤其来自德语国家。第一家完全由法国本土人士开设的印刷厂是1475年由路易·西蒙内尔(Louis Symonel)、理查·布兰丁(Richard Blandin)和罗桑吉斯(Russangis)共同创立的"绿风箱"(Soufflet Vert)。帕斯基耶·博诺姆(Pasquier Bonhomme)出版了第一部在巴黎印刷的法语书籍。巴黎出版商对图书类型的选择，在很大程度上受到了大学教育的影响，因此尤其偏好出版教科书，其中包括意大利人文主义者加斯帕里诺·德贝加莫（Gasparin de Bergame）所著的拉丁语书信和拼写教材、纪尧姆·费歇的《修辞学》（*La Rhétorique*），以及西塞罗、撒路斯提乌斯等古典作家的作品。巴黎出版商偏好的另一种图书类型，则是在法律和圣职领域被公认为经典的著作，其中以居伊·德·蒙特罗赫（Guy de Montrocher）的《牧师手册》（*Manipulus curatorum*）最为典型。此外，巴黎出版商也对插绘手抄本情有独钟，例如15世纪巴黎生产的时祷书通常会在书籍边缘预留大量空白，以供插画师手工装饰，当时著名的时祷书插画师有让·杜·迪普雷（Jean du Pré）、皮埃尔·皮古舍（Pierre Pigouchet）和安托万·韦拉尔（Antoine Vérard）等人。除了手绘插图，当时巴黎出产的手抄本还具有另外两个特点：其一，偏好使用与中世纪晚期书法极为相近的巴斯塔德字体（Écriture bâtarde）；其二，习惯放大文本段落首字母，并饰以与泥金装饰手抄本类似的精美图案。

  法国的其他主要出版城市，基本上也同时是大学城，如昂热和图尔等。除大学以外，宗教设施依然是推动法国出版业不断发展的重要场所，例如特鲁瓦修道院和利摩日修道院以印刷日课经而闻名，克吕尼修道院以印制《弥撒书》和《圣咏经》而闻名。此外，王权对出版事业发展所作出的贡献也不容小觑，执政者对活字印刷术表现出了极大的兴趣，同时也用实际行动支持着出版事业的发展。例如，尚贝里的印刷事业就是在萨伏依王朝的资助支持下发展起来的，安托万·尼雷（Antonine Neyret）于1486年在尚贝里出版的《摩德斯国王狩猎书》（Le Livre du roy Modus）就是其中一个重要的例证。

15世纪法国出版的图书基本上是专供大学或宗教设施使用的，但也不乏深受资产阶级喜爱的通俗文学作品，其中既包括骑士文学的代表《玫瑰传奇》（Le Roman de la Rose），也包括弗朗索瓦·维庸（François Villon）的诗作。尽管这类书籍在贸易中所占的比重很小，但依然值得引起重视。此外，法国还在此时印刷了许多采用哥特式字体、以小册子形式装订的大众出版物，内容从时事资讯到生活指南无所不包，但大都已经失传。

三、16世纪的法国出版业

在欧洲思想启蒙运动中，法国当仁不让地成为中心地带，因此，此时法国也成为欧洲出版业最活跃的地区。16世纪，法国的四大出版中心依次是巴黎、里昂、鲁昂和图卢兹，出版物数量增长迅速。截至16世纪60年代，法国出版业已经开始由法语和拉丁语出版物各占半壁江山的局面，转向加强法语著作的出版力度。与此同时，思想启蒙与文艺复兴的人文主义思想在法国的广泛传播，使法国人产生了对古希腊著作前所未有的兴趣：1507年，吉尔·德·古尔蒙（Gilles de Gourmont）出版了法国第一本全希腊语文献；弗朗索瓦一世（François Ier）将收集到的大量古希腊语手抄本存放于枫丹白露藏书馆,并任命纪尧姆·比代(Guillaume Budé)为馆长。

从1521年巴黎神学院判定马丁·路德有罪,并从巴黎议会获得掌控全部宗教出版物的权力,到1572年发生圣巴托罗缪大屠杀,印刷的影响与宗教改革在法国的传播密切关联,弗朗索瓦一世起初只是仲裁者。弗朗索瓦一世的姐姐玛格丽特·德·纳瓦尔(Marguerite de Navarre)保护围绕莫城主教纪尧姆·布里松内(Guillaume Briçonnet)聚集起来的宗教改革者团体。弗朗索瓦一世为《圣经》研究学者雅克·勒菲弗尔·戴塔普勒(Jacques Lefèvre d'Étaples)辩护,在神学院禁止翻译《圣经》的两年后,即1523年,西蒙·德·科利纳(Simon de Colines)出版了戴塔普勒翻译的《新约圣经》。1529年,弗朗索瓦一世没有能力阻止处决翻译伊拉斯谟作品的路易·德·伯尔金(Louis de Berquin),当1534年里昂印刷并张贴攻击天主教徒的布告时,弗朗索瓦一世转向镇压,这也是安托万·奥热罗(Antoine Augereau)于同年被判罪处决的间接原因。1535年,印刷被迫暂时完全停止。随后出台了一系列致力于建立掌控全部印刷事务的王室管制措施:1537年《蒙彼利埃诏令》(l'Ordonnance de Montpellier)制定了法国境内出版物的法定送存制度,对印刷职业实行管制;1538年设立"王室印刷匠"称号(l'imprimeur du roi);1542年收紧审查制度,其中大部分制度沿用至亨利二世(Henri Ⅱ)执政时期。1566年《穆兰敕令》(l'Ordonnance de Moulins de 1566)规定只有国家首席大法官(la Chancellerie)拥有授予特权的权力。

1546年艾蒂安·多雷（Étienne Dolet）被依法处刑，以及罗伯特·艾蒂安（Robert Estienne）在弗朗索瓦一世和玛格丽特相继离世后逃往瑞士日内瓦，都足以证明上述高压政策已取得成效。

以1500年伊拉斯谟《箴言录》（*Adagia*）在巴黎出版为先兆，16世纪上半叶的印刷主流是由人文主义者掌握的：巴黎有约斯·巴德（Josse Bade）、若弗鲁瓦·托里（Geoffroy Tory）、西蒙·德·科利纳、纪尧姆·莫莱尔（Guillaume Morel）、米歇尔·德·瓦斯科桑（Michel de Vascosan）以及最著名的罗伯特·艾蒂安；里昂有塞巴斯蒂安·格吕菲（Sébastien Gryphe）、艾蒂安·多雷以及让·德·图尔内（Jean de Tournes）。人文主义的传播也受益于企业家的帮助，例如当时法国最杰出的印刷商让·博迪（Jean Petit），他在1493—1530年间出版了超过1000册书。虽然前一个时期的哥特体依然被广泛应用，但人文主义印刷者更倾向于使用罗马体，例如罗伯特·艾蒂安使用罗马体印制雅克·勒菲弗尔·戴塔普勒的修正主义著作《五译本诗篇合参》（*Psalterium Quintuplex*）。这一印刷革新很快被若弗鲁瓦·托里载入其1529年出版的用以规范印刷字体的专论《花田》（*Champ fleury*）中，其中不乏许多进步的思想。这一革新深刻影响了诸如克洛德·加拉蒙（Claude Garamont）、罗贝尔·格朗容（Robert Granjon）以及协助克里斯托夫·普朗坦（Christophe Plantin）出版希伯来语《圣经》的纪尧姆·勒·贝（Guillaume Le Bé）等法国伟大印刷者生产的作品。其中备受赞誉的一部印刷作品是法语版的《寻爱绮梦》（le Songe de Poliphile）；该书由雅克·科弗（Jacques Kerver）于1546年印刷，标志着法国文艺复兴时期插绘书籍的顶峰，书中印制了出自让·古戎（Jean Goujon）和让·古赞（Jean Cousin）之手的精美木刻版画。

里昂当时既没有大学，也没有议会，在政治上享有更大的自由，直至16世纪70年代里昂成为加尔文宗城市。1551—1565年，里昂至少出版了15种《圣经》的法语译本。1562年，让·德·图尔内在里昂出版了相继由克莱芒·马罗（Clément Marot）和泰奥多尔·贝扎（Théodore de Bèze）翻译完成的诗集，并收获了19位与之签约的巴黎出版商，其中乌丹·博迪（Oudin Petit）和查理·佩里埃（Charles Périer）是圣巴托罗缪大屠杀的受害者，以及许多其他各省的出版商。1572年之后，瑞士日内瓦代替里昂成为持不同宗教主张的法语书籍的主要出版中心。

思想上的争鸣同时也带来了文学的高度繁荣：拉伯雷的《巨人传》（其中《庞大古埃》（Pantagruel）和《卡冈都亚》（Gargantua）分别于1532年和1534年在里昂出版）、莫里斯·塞夫（Maurice Scève）的《德莉》（Délie）（1544年出版）、约阿希姆·杜·贝莱（Joachim du Bellay）的《保卫与发扬法兰西班牙语言》（La Défense et illustration de la langue française）（1549年出版）、皮埃尔·德·龙萨（Pierre de

Ronsard）的《爱情》（Les Amours）（1552年出版）、七星诗社（la Pléiade）的其他诗人以及蒙田在波尔多出版的《随笔集》、安德烈·塞维（André Thevet）于1557年出版的游记《南极地区法国殖民地之奇事》（Les Singularitez de la France antarctique）均广受欢迎。安布鲁瓦兹·帕雷（Ambroise Paré）1572年出版的《外科学》推动了医学的发展，该书出自胡格诺派印刷者安德烈·韦歇尔（André Wechel）之手，韦歇尔于同年离开巴黎前往瑞士日内瓦。雅克·安德鲁埃·迪塞尔索（Jacques Androuet du Cerceau）1579年完成的《法国杰出建筑》（Les plus excellents bastiments de France）推动了枫丹白露画派（l'École de Fontainebleau）日趋经典化。

蒙田的图书馆是一所供有教养且求知欲旺盛的知识分子阅读的场所；蒙田的图书馆收藏了大量精装书，不同于16世纪早期让·格罗列·德·塞尔维耶尔（Jean Grolier de Servières）等藏书家的图书馆。16世纪无疑可以被称作法国精装书的"黄金时代"，当时著名的书匠有艾蒂安·罗菲（Étienne Roffet）、让·皮卡尔（Jean Picard）、克洛德·皮克（Claude Picques）、戈马尔·埃斯蒂安（Gomar Estienne）以及尼古拉·埃弗（Nicolas Ève）及其子克洛维·埃弗（Clovis Ève）。音乐出版领域也有了相当的进步，先后出现了皮埃尔·霍尔丹（Pierre Haultin）、被授予"王室音乐印刷匠"称号的皮埃尔·阿泰尼昂（Pierre Attaingnant），以及从事音乐印刷业超过两个世纪的罗伯·巴拉尔（Robert Ballard）家族。

宗教战争虽然造成了大量人员伤亡，但对书籍的破坏相对较小。宗教战争同时催生了大量战争宣传和反战宣传出版物，巴黎仅在1589年就印刷了362本小册子。一方面，对天主教而言，宗教战争催生了关于礼拜仪式（la liturgie）和教父学（la patristique）的著作在16世纪末的复兴，在巴黎和里昂经常有印刷厂分享特定的著作。另一方面，反宗教改革运动使法国全国建立起来许多耶稣会学校，提高了法国的识字率，推动中型城市发展为新的印刷中心，例如杜埃、蓬塔穆松以及多勒。

四、17世纪的法国出版业

法国出版业在16世纪达到了顶峰，却自17世纪开始不断萎靡。此时，法国出版的图书数量大幅下降，巴黎出版的图书数量跌至1.75万册。里昂的出版业虽然在外省中依然保持着绝对领先的地位，但随着出版书籍数量的不断下降，其地位也逐渐受到了其他外省城市的威胁，其中来自鲁昂出版业的挑战尤为严峻。重税及原材料短缺严重限制了法国造纸业的发展。此时的图书贸易组织形式也出现了向中世纪返祖的趋势，法国出版从业者的积极性由此受到重挫。尽管德尼·莫罗（Denys Moreau）曾在路易十三（Louis XIII）统治时期尝试过改革，菲利普·格兰德让（Philippe Grandjean）也曾在17世纪末进行过各种努力，但依然没能推动法国出版业产生任何实质性的变革。虽然这一时期出版的个别插图书籍也颇为值得称道，例如让·夏佩兰（Jean Chapelain）的《贞女》（*La*

Pucelle），书中配有亚伯拉罕·博斯（Abraham Bosse）根据克劳德·维尼翁（Claude Vignon）画作制作的雕版画，以及伊斯拉埃尔·西尔韦斯特（Israël Silvestre）和塞巴斯蒂安·勒克莱尔（Sébastien Leclerc）绘制的专门用来记录凡尔赛宫盛大庆典的插图，但这些个案依然无法说明插绘书是17世纪法国的主要出版类型。

17世纪的法国出版业主要体现出了两大特点。第一个特点是法国民众的识字率不断提升，至17世纪末已达到近50%，越来越多的普通民众养成了阅读的习惯，为法国图书市场的进一步扩张提供了先决条件。然而，在具备阅读能力的民众当中，不同群体所占的比例也存在较大差异，例如男性识字率要高于女性，城市人口的识字率要高于乡村人口，人口地理分割线"圣马洛—日内瓦线"（la ligne Saint-Malo/Genève）以北人口的识字率要高于其以南人口。17世纪的法国不仅涌现出了雅克·奥古斯特·德·图（Jacques Auguste de Thou）、儒勒·马萨林（Jules Mazarin）、布列讷伯爵路易·亨利·德·洛梅尼（Louis-Henri de Loménie）、让巴蒂斯特·柯尔贝尔（Jean-Baptiste Colbert）以及拉穆瓦尼翁家族（Lamoignon）等久负盛名的藏书家，而且小型的私人图书收藏室也开始逐渐普及。从事商业和法律工作的普通民众不断增多，他们对于阅读的普遍需求直接促成了私人图书收藏设施的诞生。除此以外，在法国相对较低的社会阶层之中，还流行着一类被冠以"蓝皮文库"（la Bibliothèque bleue）之称的图书，这类书籍开本小、印刷质量差、价格低廉，并配有统一的灰蓝色封面，因此也曾被称为"蓝皮书"（le livre bleu）。最早出版"蓝皮文库"系列图书的特鲁瓦也因此跃升为17世纪法国第四大出版城市，从中可以看到非传统图书发行方式发挥着日益重要的作用。

17世纪法国出版业的另一大特点，即国家对所有涉及图书出版的事务均实行严格管制。路易十三统治时期，法国宰相黎塞留对于外省日益蓬勃发展起来的出版业充满质疑，因此通过授予塞巴斯蒂安·克拉穆瓦西（Sébastien Cramoisy）、安托万·维特雷（Antoine Vitré）等巴黎行业寡头出版特权，以使他们归顺王权统治。自此，维特雷成为公开诘难诗人泰奥菲勒·德·维奥（Théophile de Viau）自由思想的重要出版人之一。出版审查权力不仅从大学转移至国家首席大法官手中，而且自1633年皮埃尔·塞吉埃（Pierre Séguier）上任以后，首席大法官的审查权力得到了进一步的强化。1640年，王室印刷所在卢浮宫成立，具有授予特权和行使审查权两项职能，克拉穆瓦西任首位负责人。此外，法国对于数量日益增多的时事通讯内容，也执行着相似的审查制度，并于1631年授予《法兰西公报》（La Gazette de France）的创始人泰奥夫拉斯特·勒诺多（Théophraste Renaudot）以出版特权。

尽管法国的出版审查制度日益严苛，但政府实际上并没有精力去监管出版领域的每一个角落，故当时仍然有大量的地下出版物在全法传播。"投石党运动"爆发期间，法国民众同样秘密出版了大量反对枢机主教马萨林的小册子，法国史中甚至还有一个专门用来指称这类地下出版物的术语——"攻击马萨林的小册子"（la Mazarinade）。由黎塞留建立起来的出版特权体系也开始自官方层面出现瓦解的迹象，例如亨利四世执政时期的首席大法官马克西米利安·德·贝蒂纳（Maximilien de Béthune），他在1638年决定出版个人回忆录时，刻意没有选择委任具有特权的出版商。对17世纪法国出版业产生决定性影响的重大事件是始于1643年的"詹森派运动"，安托万·阿尔诺（Antoine Arnauld）联合皇港修道院志同道合的有识之士，驳斥教皇对康内留斯·詹森（Cornelius Jansen）遗作《奥古斯丁》（Augustinus）的批判，而后更直接对耶稣会进行了猛烈的反击。接踵而至的冲突不仅引起了地下出版物的大规模问世，同时也动摇了巴黎出版业的根基。纪尧姆·德普雷（Guillaume Desprez）曾因在1657年出版布莱兹·帕斯卡（Blaise Pascal）的《致外省人书》（Les Provinciales）而被关进巴士底狱，但他在出狱后又毅然于1669年出版了帕斯卡的遗作《思想录》（Les Pensées），并自此名利双收，足以见得法国出版业再度迎来了曙光。

路易十四统治时期的出版政策尽管展示出了国家对于加强出版管制的强大决心，但实际上仍然没有达到预期效果。路易十四制定的政策包括：创建王室出版资助体系，吸纳布瓦洛、拉辛、拉封丹等同时代重要作家加入其中；限制并减少获得授权的出版商数量，尤其要削减外省的出版商数量。自1667年开始，出版审查权力转移至警政部长手中。虽然这些严苛的监管政策并没有实际遏制住被官方视为"禁书"的书籍出版问世，例如鲁昂等地的议会利用一定程度上的自治权鼓励当地的出版业发展，以尽可能摆脱王室出版特权对外省出版事业的束缚，也确实有效限制了外省出版业的发展。保守而言，路易十四统治末期，全法国出版的书籍有80%来自巴黎，外省全部城市合计仅占全国出版书籍的20%。然而，17世纪法国的专制出版制度也产生了王室始料未及的积极影响，即间接促使外国出版社大量出版法语书籍。当时法国20%的书籍出自外国出版商之手，这一比例至18世纪中叶达到峰值35%。

17世纪上半叶，反宗教改革运动取得阶段性胜利，在宗教复兴的大背景下，圣方济各·沙雷氏（Saint François de Sales）的著作《成圣捷径》（Introduction à la vie dévote）于1609年得以在里昂出版。与此同时，奥诺雷·杜尔菲（Honoré d'Urfé）创作的长篇小说《阿丝特蕾》（L'Astrée）自问世后便大获成功，成为第一部畅销的现代法国文学作品。17世纪，法国的主流文学思潮是古典主义，而古典主义文学又以高乃依、拉辛和莫里哀等人的戏剧作品而闻名。尽管他们的作品在当时都受到了不同程度的非难和管制，但依然有出版商愿意为他们铤而走险，例如奥古斯丁·库尔贝（Augustin Courbé）和克洛德·巴尔班（Claude Barbin）等出版商就曾联合起来出版他们的戏剧文学作品。与此同时，法语著作的地下出版事业也开始在外省和国外如火如荼地展开，例如高乃依的家乡鲁昂以及荷兰的埃尔泽维家族（Elsevier）都是当时重要的地下出版中心。地下出版的选书标准也从侧面反映了作品受市场认可的程度，当时文学出版的领军人物巴尔班便根据读者的口味，率先于1668年匿名出版了《拉封丹寓言》（Jean de La Fontaine），继而于1678年匿名出版了拉斐特夫人（Madame de La Fayette）的小说《克莱芙王妃》（La Princesse de Clèves）。1699年，巴尔班的遗孀玛丽·科查尔（Marie Cochart）出版了弗朗索瓦·芬乃伦（François Fénelon）的《忒勒马科历险记》（Les Aventures de Télémaque），该书于同年被重印了20余次。17世纪，法国的其他著名出版物还有1658年出版的尼古拉·桑松（Nicolas Sanson）的《世界各地总图集》（Cartes générales de toutes les parties du monde），该书为法语世界第一部地图集；1660年出版由安托万·阿尔诺所著的《皇港修道院文法》（La Grammaire de Port-Royal），1662年出版的《皇港修道院逻辑学》（La Logique de Port-Royal）；1666年出版的安德烈·菲利比安（André Félibien）的《古代与现代著名画家作品与生平对话录》（Entretiens sur les vies et sur les ouvrages des plus excellents peintres anciens et modernes），该书系法国艺术史的奠基之作。

　　值得一提的是，狄德罗主编的《百科全书》的编纂与出版。该书全名为《百科全书，或科学、艺术和工艺详解词典》（Encyclopédie, or Reasoned Dictionary of Sciences, Arts and Crafts.），是18世纪法国启蒙运动时期的重要著作，由法国哲学家狄德罗和达朗贝尔共同主编。该书涵盖了科学、艺术、工艺、历史、哲学、法律、经济等各个领域，几乎囊括了当时人类知识的全部范围，目的是大力宣扬科学知识，倡导理性思维，鼓励人们用科学的方法去认识世界和解决问题。它对法国传统的宗教迷信和封建权威进行了批判，主张以科学和理性来取代盲目信仰和专制统治。众多启蒙思想家参与了《百科全书》的撰写，如伏尔泰、卢梭、孟德斯鸠等。他们通过撰写词条，阐述了各自的启蒙思想，如自由、平等、民主、法治等观念，使《百科全书》成为传播启蒙思想的重要平台，对法国乃至整个欧洲的思想解放运动产生了深远影响。《百科全书》从1751年开始编纂，由于其内容具有强烈的反封建、反教会的倾向，遭到了法国政府和教会的多次打压和禁止，历经20多年，经过多次修订和再版，最终在1772年完成了全书的出版。《百科全书》共出版了35卷，包括17卷正文、11卷插图和7卷补编。美国历史学家罗伯特·达恩顿（Robert Darnton）教授以狄德罗《百科全书》的出版历程为素材，撰写了《启蒙运动的生意：百科全书出版史（1775—1800）》一书，利用当时出版商的文件、信件等，分析了《百科全书》从策划到出版过程中所涉及的各种因素，如出版商的商业动机、书商之间的竞争与合作、政府对出版业的监管、印刷技术的影响以及读者群体的反应等。他所开创的"新文化史"研究方法，深深影响了书籍史研究。该书中文版于2005年由生活·读书·新知三联书店出版。

五、18世纪的法国出版业

1699年,时任首席大法官的路易·菲利波(Louis Phélypeaux)将制定国家出版政策的权力交由时任修道院院长的外甥让-保罗·比尼翁(Jean-Paul Bignon)手中。尽管18世纪早期的法国出版业由比尼翁主导,但他实际上更多承担着近似于专司文学的大臣的职能。1700年,比尼翁开展了一次全国范围的出版业调研,并牵头资助发展外省学术机构。1719—1741年,比尼翁被任命为王室图书馆馆长。在比尼翁掌权的这段时期,尽管审查员的数量有所增加,1734年也曾禁止出版伏尔泰的《哲学书简》(Lettres philosophiques),但法国此时的出版政策几乎没有对行业产生显著的负面影响。实际上,这也是法国旧制度崩溃前夕政治与文化动态博弈过程的缩影。此时的出版管制政策已然深受实用主义的影响,为了有效限制从德国及荷兰走私入境的法语书籍数量,比尼翁对法国外省的地下出版业采取了一种默许态度。此外,1750—1763年担任法国王室审查机构负责人的克雷蒂安-纪尧姆·德·拉穆瓦尼翁·德·马勒泽布(Chrétien Guillaume de Lamoignon de Malesherbes),对包括卢梭在内的哲学家群体倍加支持,甚至曾向编纂《百科全书》的启蒙思想家们透露官方动态,以防他们被捕。

1764年,只有60%的法国出版物是合法的。在另外40%的非法出版物之中,绝大部分是被禁止出版的宗教书籍,即新教、詹森教及其他异教的著作，另有小部分非法出版物是外省的地下出版物、政治讽刺作品或香艳文学作品，萨德侯爵（Marquis de Sade）的作品就是其中的典型代表。1777年，掌玺大臣阿尔芒·托马·于·德·米罗梅尼尔（Armand Thomas Hue de Miromesnil）修改出版特权体制，恢复了大部分外省地下出版物的合法地位。

在此背景之下，18世纪法国出版业所取得的艺术成就几乎可以与16世纪的巅峰时期相媲美。18世纪的荣耀是路易十五在孩童时期就开始接触印刷，当时的摄政王奥尔良公爵菲利普二世（Philippe d'Orléans）以及后来路易十五的"官方情妇"蓬帕杜夫人（Madame de Pompadour）都出版了他们作为插画爱好者创作的作品。一些当时的著名画家致力于创作风俗画，例如让-巴蒂斯特·欧德利（Jean-Baptiste Oudry）、弗朗索瓦·布歇（François Boucher）和让-奥诺雷·弗拉戈纳尔（Jean-Honoré Fragonard），更多的则是专职于书籍插绘的画家，例如查理—尼古拉·柯升（Charles-Nicolas Cochin）、查理·艾森（Charles Eisen）、于贝尔-弗朗索瓦·格拉维洛（Hubert-François Gravelot）以及让-米歇尔·莫罗（Jean-Michel Moreau）。18世纪上半叶，路易·勒内卢斯（Louis-René Luce）和富尼耶家族革新了印刷术；18世纪下半叶，迪多字体（Didot）出色地诠释了新古典主义风格。造纸领域同样也迎来了技术革新：阿诺奈建立的诸多工厂使康颂家族（Canson）、约翰诺家族（Johannot）和孟格菲家族（Montgolfier）声名远扬，迪多家族在埃松省买下的工厂成为法国旧制度崩溃前夕技术最先进的造纸中心。迪罗马家族（Deromes）、帕德洛家族（Padeloups）和杜比松家族（Dubuissons）生产了装帧极其优雅的装订书，他们同样以精湛的技术和出色的装饰而备受赞誉。此时，法国广阔市场出现了《百科全书》《拉封丹寓言》以及布封的《自然史》等大型出版项目。由与斯特拉斯堡隔莱茵河相望的德国城市凯尔出版的伏尔泰作品，该出版项目由查理·约瑟夫·潘库克（Charles-Joseph Panckoucke）在伏尔泰逝世前的1778年开始主导，其间困难重重，最终在博马舍手中完成，尽管同时出现了两种盗版书籍，但依然全部售罄。潘库克代表着出版商不断增长的当代意识，这是与印刷商的不同之处。图书贸易同样也获得了更大的行业自治权。同时，图书竞拍也越来越多，并且都大获成功。在1789年的巴黎，有350~400名图书经销商聚集在这里，其中大多数在图书贸易的传统地点巴黎圣母院附近和塞纳河畔开设书店，但已经有一些人把书店开在巴黎王室宫殿（le Palais-Royal）附近。一些书店兼具小型借阅图书馆的功能，这些书店在19世纪上半叶也广受欢迎。与此同时，第一批真正意义上的公共图书馆诞生了：1784年，以王室图书馆为肇始，巴黎共有18家公共图书馆，每周对公众开放两次，另有16家公共图书馆分布于外省；一些图书馆曾是私人藏书馆，一些是宗教或机构藏书，其他的则是按照市政图书馆模式建造的。

六、法国大革命之后的法国出版业

法国大革命时期的一大创举，便是取消了王室审查制度，并且在官方层面承认了著作和出版的自由，这些关乎出版业命脉的政策完整收录于1789年8月26日颁布的《人权宣言》之中。曾经阻碍法国出版业发展的图书馆管理机构、法定送存机构及其他行业工会在这一时期正式终结。教会财产的国有化、流亡贵族财产及王室藏品充公、恐怖时期被扣上反动帽子的图书馆被迫转移馆藏，这些因素都客观地推动了书籍在法国境内的大规模迁移，对法国国家图书馆及各地市政图书馆今后的发展产生了积极的影响。法国出版业同样迎来了一场大革命：仅巴黎就拥有近600家书店和印刷厂；报刊及小型宣传册的数量迎来了爆炸性增长，相较而言图书产量则有所下降；盗版出版物的流通成为普遍现象。法国大革命伊始，王室原本计划推行若干对本国出版业发展颇有价值的项目，例如王室图书馆末代馆长路易·勒菲弗尔·多尔梅松·德·努瓦索（Louis Lefèvre d'Ormesson de Noyseau）于1790年启动了整理"法国书籍目录"（Bibliographie universelle de la France）的项目，但却不幸于1794年被送上断头台。同年，曾经大力支持启蒙思想家的马勒泽布和致力于推动技术革新的王室印刷厂管理者艾蒂安-亚历山大-雅克·阿尼松-杜佩隆（Étienne-Alexandre-Jacques Anisson-Dupéron）也难逃被送上断头台的命运。

法国当时的出版政策大多是从拿破仑时期沿用下来的，

而正是拿破仑出版政策所强调的政府干预，使得法国从革命初期的动荡不安中逐渐恢复稳定。从短期来看，市政图书馆是拿破仑出版政策的主要受益者。1803年，市政图书馆成为各地大革命战利品的贮藏所，图书馆的馆藏由此得到了极大丰富，许多市政图书馆正是依靠这项政策发展起来的。从长远来看，大学图书馆无疑受到了拿破仑出版政策的严重影响。1793年，法国大学中的图书馆被裁撤，直至1879年才得以恢复，而大学本身也被整体编入国家教育体制框架，由于缺乏相应的权力和资金，故无法像英国、荷兰、德国、美国的大学那样修建图书馆设施。1810年之前，出版审查权始终掌握在时任警政部长的约瑟夫·富歇（Joseph Fouché）手中，这种权力格局迫使各大出版商不得不进行更加彻底的自我审查。1810年，富歇的继任者安尼·让·马里·勒内·萨瓦里（Anne Jean Marie René Savary）有针对性地查禁并销毁斯塔尔夫人（Madame de Staël）的《论德国》（*De l'Allemagne*）一书，斯塔尔夫人迫于压力逃亡国外。严苛的出版制度使巴黎的出版商数量锐减至60家左右，对出版商授予特权的制度再度恢复，而已经获得特权的出版商也面临着随时可能会被撤销特权的风险。尽管如此，拿破仑仍然对法国出版业的发展有着一定的贡献。其一，他重新启动了之前多尔梅松整理"法国图书目录"的项目。其二，拿破仑扩大了王室印刷厂的人员和设备规模。1814年，王室印刷厂就已经拥有150余台印刷机和1000余名印刷师。其三，拿破仑远征埃及时曾命众多学者随行，此后学者们自1802年开始组织编纂一套名为《埃及记行》（Description de l'Égypte）的百科全书，整套书历经26年之久才得以撰写完毕。

19世纪上半叶的法国以浪漫主义文学而闻名欧洲，同时也孕育了法国出版业的第二次革命，即大众出版市场的诞生。识字率的提高与技术的革新，使大众出版市场的出现成为可能。机械化深刻影响到了造纸业、印刷业和装订业的发展。大型印刷厂在各地建立起来，例如在巴黎经营印刷厂的谢（Chaix）家族以印刷火车时刻表起家，在图尔经营印刷厂的马姆（Mame）家族专职出版宗教著作。随着铁路网的不断蔓延及现代宣传方式的不断多元化，19世纪法国出版业孕育出了一种现代的图书发行方式。19世纪初，印刷商和出版商的职能是紧密结合在一起的，但自从现代图书发行方式诞生以来，这两种职能发生了明显的分离。此外，出版社持有并经营书店的传统在整个19世纪乃至之后的法国出版业中依然存在。

巴尔扎克曾亲自担任出版人，他在1843年出版的小说《幻灭》（Illusions perdues）中有一段关于19世纪20年代法国出版业的深刻描述：象征着传统的大卫·赛夏（David Séchard）在昂古莱姆经营的家族印刷厂，却在当地感受到了锐意进取且有商业头脑的同业竞争者的威胁；与此同时，巴黎的新兴出版商和发行商开始将诗歌和小说当作商品进行买卖。19世纪30年代，法国出版业不断迸发出活力：1833年，弗朗索瓦·基佐（François Guizot）的《教育法》颁布后，路易·阿歇特（Louis Hachette）以为小学提供教科书起家，并由此创建了时至今日法国最大的出版社；大仲马的小说《保尔船长》（*Le Capitaine Paul*）连载于《世纪报》（*Le Siècle*），成为法国出版业第一部流行的连载小说；亨利·拉布鲁斯特（Henri Labrouste）计划重建巴黎的圣日内维耶图书馆（la bibliothèque Sainte-Geneviève）；热尔韦·夏庞蒂埃（Gervais Charpentier）创办了夏庞蒂埃书店，出售价格适中（3.5法郎）且排版密集的平装书，这预示着真正意义上的现代平装书时代的到来，他的创举在法国出版业被誉为"夏庞蒂埃革命"，很快便被争相模仿。阿基尔·布尔迪利亚（Achille Bourdilliat）与康斯坦·雅各特（Constans Jaccottet）合作开设的书店将书籍价格压低到1法郎，同时出版福楼拜小说《包法利夫人》的米歇尔·列维（Michel Lévy）也把书籍价格压低到了1法郎。1852年，在法国第一条铁路巴黎—圣日耳曼线通车15年后，阿歇特获得了垄断经营法国火车站书报摊的权力，并于次年创建了用于在各站点售卖图书的"铁路图书馆"网络。同一时期，德西雷·达洛兹（Désiré Dalloz）、加尼耶兄弟（les frères Garnier）、皮埃尔·拉鲁斯（Pierre Larousse）等人也建立起了规模相对较大且经营状况相对稳定的出版社。木版画印刷技术的机械化推动了儿童文学的繁荣，其中以阿歇特出版的塞居尔夫人（Comtesse de Ségur）作品、皮埃尔·儒勒赫泽尔（Pierre-Jules Hetzel）出版的儒勒·凡尔纳作品最为知名。

法国浪漫主义文学最重要的体裁是诗歌和小说，但19世纪上半叶法国出版业最值得称赞的出版物类型却是宗教作品，如1834年出版的费利西泰·德·拉梅内（Félicité de La Mennais）的《信徒之言》（Paroles d'un croyant），该书一问世便被收录进《禁书目录》（Index librorum prohibitorum），却因此畅销。1863年出版的欧内斯特·勒南（Ernest Renan）的《耶稣传》（Vie de Jésus）也经历了与之相似的过程，该书问世仅5个月就销售了6万册，成为当时欧洲最畅销的图书之一。与此同时，法国出版业的同业协会也迎来了蓬勃发展的时期。1829年更为现名的法国戏剧作家与作曲家协会（la Société des auteurs et compositeurs dramatiques）、1838年成立的法国文人作家协会（la Société des gens de lettres）、1847年建立的法国书业公会（le Cercle de la librairie），这些组织对于推动法国出版业的发展起着重要的作用。

  在18世纪，购买插图书是一件非常奢侈的事情。但自19世纪开始，插图书逐渐走进了法国的千家万户。热拉尔·德·内瓦尔（Gérard de Nerval）翻译的法文版《浮士德》虽然配有欧仁·德拉克罗瓦（Eugène Delacroix）绘制的石板印刷插画，却依然在市场上遇冷，但德拉克罗瓦所运用的石板插画印刷技术却在19世纪30年代流行开来，并被应用于《喧声报》（Le Charivari）和《讽刺画报》（La Caricature）等报刊的印刷之中。奥诺雷·杜米埃（Honoré Daumier）和格朗维尔（Grandville）分别在这两份报纸中发表插图作品，其中格朗维尔在19世纪30年代和40年代的插绘领域占有极其重要的地位,如同古斯塔夫·多雷(Gustave Doré)在19世纪50年代和60年代的地位一样。浪漫主义时期的一项知名成就,是1838年由莱昂·柯默(Léon Curmer)出版的《保尔与维吉妮》(*Paul et Virginie*),书中有托尼·约翰诺(Tony Johannot)、路易·弗朗塞(Louis Français)、欧仁·伊萨贝(Eugène Isabey)、欧内斯特·梅索尼埃(Ernest Meissonier)、保罗·于埃(Paul Huet)以及查理·马维尔(Charles Marville)等法国著名插图家创作的木刻版画和蚀刻版画。这一时期最伟大的不朽作品,以及石板印刷最优美的杰作,是夏尔·诺迪埃(Charles Nodier)和伊西多尔·泰勒(Isidore Taylor)编辑的《古代法国的如画和浪漫之旅》(*Voyages pittoresques et romantiques dans l'ancienne France*)丛书,该丛书由菲尔曼·迪多(Firmin Didot)印刷,各卷于1820—1878年相继出版。当时最为著名如泰奥多尔·杰利柯(Théodore Géricault)、让·奥古斯特·多米尼克安格尔(Jean-Auguste-Dominique Ingres)、卡尔·韦尔内(Carle Vernet)与奥拉斯·韦尔内(Horace Vernet)父子、欧仁·维奥莱·勒·迪克(Eugène Viollet-le-Duc)等画家、建筑师都参与了这套书籍的创作。1846年英国科学家亨利·福克斯·塔尔博特(Henry Fox Talbot)创作的第一部使用照片作为插图的书籍《自然的画笔》(*The Pencil of Nature*)出版完毕。7年后的1853年,由被誉为法国的摄影大师弗朗索瓦·奥古斯特勒纳尔(François-Auguste Renard)创作的《摄影巴黎》(*Paris photographié*)

也出版了。其实1841年出版的《银版摄影游记》（Excursions daguerriennes）才是最早使用照片作为插图的法国书籍。

由于法国大革命使大量早期的稀有书籍进入市场流通，19世纪成为法国藏书家的黄金时期，诺迪埃于1834年创办了期刊《藏书家通讯》（Bulletin du bibliophile）。1820年，法国藏书家协会（la Société des bibliophiles français）成立。当时的藏书家几乎没有能够与奥马勒公爵亨利·德·奥尔良（Henri d'Orléans）相匹敌的，他的藏书现保存于尚蒂伊。

1870—1914年出现了第二次图书革命的趋势。1828年大约出版了6000部书籍，1889年这个数字增长到15000部，1914年增长到25000部。报纸和期刊数量的增长尤为惊人，自1881年7月29日颁布《新闻自由法》（la Loi sur la liberté de la presse）之后，出版报纸和杂志更加自由了。报纸达到了前所未有的发行量：莫伊茨·波利多米洛（Moïse Polydore Millaud）创办的《小日报》（Le Petit Journal）在1891年销售了百万余份。1914年，《小巴黎人报》（Le Petit Parisien）发行了150万份，《晨报》（Le Matin）和《新闻报》（Le Journal）也分别以100万份的销量不甘落后。尽管这种繁荣局面到了19世纪70年代有些停滞，但几乎影响了整个出版领域，尤其是小说领域。因此，如果说左拉《卢贡·马卡尔家族》（Les Rougon-Macquart）的前几卷销量还算适中，那么其中于1876年出版的第七部小说《小酒店》（L'Assommoir）所取得的成功，则使左拉成为同时代印数最高的作家之一。然而这些销量，在已成为法兰西第三共和国意识形态同义语的G.布鲁诺（G. Bruno）撰写的《两孩童的法国之旅》（Le Tour de la France par deux enfants，又译作《爱国两童子传》）面前，显得黯然失色。该书于1877年由贝兰出版社（Belin Éditeur）出版，成为一代又一代的小学生的必读书，每年发行超过100万册，截至1970年，销售了超过800万册。

新的宣传方式很快影响到了文学出版。阿尔班·米歇尔（Albin Michel）曾利用新的宣传方式出版了第一部书，即1902年出版的费利西安·尚普索（Félicien Champsaur）的《野心家》；成立于1857年的阿尔特姆·法亚尔出版社（Librairie Arthème Fayard）将新的宣传方式用于大量发行低价书的"现代图书馆"（Modern-Bibliothèque）及"畅销书"（Le Livre populaire）两个系列，并在1914年之前大获成功，这还要归功于大量印刷（10万册以上）与低版税相结合的政策。

七、20世纪至今的法国出版业

法国在经历19世纪末和20世纪初的扩张之后，从1914年开始进入危机和复兴交替发展的时期。第一次世界大战期间，纸张供应减少了一半，随后在20世纪20年代出版业出现了短暂的繁荣，被称为"疯狂岁月"（les Années folles）的20年代，出版业很好地适应了现代图书推广方法的发展。

现代图书推广方式的早期受益者之一是由阿尔班·米歇尔出版社于1919年出版的皮埃尔·伯努瓦（Pierre Benoit

的小说《亚特兰蒂斯》（*L'Atlantide*），该书的畅销也使英语世界的"bestseller"（畅销书）一词在法国流行起来，并被授予"法兰西学术院小说大奖"（le Grand prix du roman de l'Académie française）。1919年，龚古尔文学奖颁发给了普鲁斯特的《在少女花影下》（*À l'ombre des jeunes filles en fleurs*），而在罗兰·多热莱斯（Roland Dorgelès）的战争小说《木十字架》（*Les Croix de bois*）获奖之后，一场争论预示着文学奖在出版界的地位越发重要。1904年设立费米娜奖（le prix Femina）时，引起了另一种争论，该奖项的评审委员全部由女性组成，被认为是对由男性主导的龚古尔文学奖的回应。1926年设立的勒诺多文学奖（le prix Renaudot）很快被视为对先锋派作家更加青睐：其早期获奖者包括路易—费迪南·塞利纳（Louis-Ferdinand Céline）和路易·阿拉贡（Louis Aragon），出版他们作品的德诺埃尔出版社（Éditions Denoël）由此能够与伽利玛出版社（Éditions Gallimard）、格拉塞出版社（Éditions Grasset）匹敌。第五种奖项——1930年设立的行际盟友奖（le prix Interallié），第一位获得该奖项的是安德烈·马尔罗（André Malraux）的《王家大道》（*La Voie royale*）。75年后，上述五个奖项仍然主宰着法国文学界。

如果说19世纪末藏书家和先锋派艺术家之间出现了鸿沟，那么20世纪上半叶则见证了艺术家创作的书籍的流行，有一批追随着沃拉尔和卡恩维勒脚步的创新出版人：活跃在20世纪30年代和40年代的阿尔贝·史基拉（Albert Skira）和特里亚德

（Tériade）、活跃在20世纪50年代和以后的伊利亚·兹达涅维奇（Ilia Zdanevitch）、皮埃尔·勒库尔（Pierre Lecuire）、皮埃尔·安德烈伯努瓦（Pierre-André Benoît）等。与前辈相比，作为20世纪最重要的两位画家的亨利·马蒂斯（Henri Matisse）和毕加索，也参与了许多图书项目；毕加索一生为150余本书绘制了插图，而马蒂斯在晚年一段相对较短的时间里才开始插绘创作，但他们都在插绘创作领域收获了丰硕的成果。当探讨法国20世纪30—70年代的书籍艺术时，任何理性的讨论都不能忽视他们在这一领域的成就。

20世纪20年代和30年代，在法国国家印刷局（Imprimerie nationale）的领导下，在德贝尔尼和佩尼奥铸造所（la Fonderie Deberny et Peignot）将德国人发明的未来字体（le Futura）成功引入法国并将其重新命名为"欧洲字体"（l'Europe）的背景下，法国的印刷业取得了阶段性成功。同一时期，法国的书籍装订设计也迎来了复兴，得益于亨利·马吕斯－米歇尔（Henri Marius-Michel）、维克多·普罗维（Victor Prouvé）和查理·莫尼耶（Charles Meunier）所取得的成就。一个更令人印象深刻的群体——在奥古斯特·布莱佐（Auguste Blaizot）等商人以及聚集在精装书书友会（la Société des amis de la reliure originale）的收藏家的支持下，以保罗·博内（Paul Bonet）、亨利·克瑞兹沃（Henri Creuzevault）、乔治·克雷特（Georges Cretté）、皮埃尔·勒格伦（Pierre Legrain）为代表的新一代书籍装帧设计师出现了。第二次世界大战之后，乔治·勒鲁（Georges Leroux）、皮埃尔-卢西恩·马丁（Pierre-Lucien Martin）和莫妮克·马修（Monique Mathieu）三位杰出的装帧师继承了他们的地位。他们的继任者让·德·戈内（Jean de Gonet）以使用工业用革努力推动原装装订的大众化而著称，同时他也不仅是一位严格意义上的设计师，他还经营着自己的工作室。

法国在"二战"期间被德国占领了4年多，这对图书界产生了巨大的影响。纳粹政府强制执行审查制度，即时任德国驻法国大使的奥托·阿贝兹（Otto Abetz）下令执行的臭名昭著的《奥托禁书名录》（la liste Otto）；纸张短缺使书籍产量减少一半以上；纳粹执行的"雅利安化"政策不仅影响到了个人，也影响到了出版社。例如，时任法国国家图书馆馆长的朱利安·卡安（Julien Cain）被维希政府撤职，随后又被纳粹押送进集中营。卡尔曼·莱维出版社（Calmann-Lévy）和费伦齐出版社（Ferenczi & fils）均被德国人收购运营。然而矛盾的是，法国在被占领的4年时间里，却迎来了文学的繁荣发展，阅读也顺理成章地成为主要的文化活动。法国解放后的几年里，一个新的文学流派诞生了，其中包括波伏娃、加缪、雷蒙·格诺（Raymond Queneau）和萨特，这些作家重拾了法国18世纪哲学家所享有的盛誉，这种声望在他们的出版商伽利玛出版社也得到了体现。

尽管有种种偏差，维希政权时期法国恢复了干预文化事务的传统，一改法兰西第三共和国政策环境相对宽松的氛围。从这个角度来看，维希政府的文化政策是与法兰西第四共和国及第五共和国有一定连续性的。早在20世纪30年代，尤其是在经济大萧条的阴影下，人们愈加认识到国家在支持图书馆或图书贸易方面做得还不够，政府有必要在阅读政策上加以干预。阅读政策的落实是通过各种政府机构实现的，这些机构有时和谐地工作，有时又相互竞争。成立于20世纪20年代初的法国外交部文化司为法国图书出口提供补贴，但很快便被指责偏袒与法国著名的出版社如伽利玛出版社等签约的作家。20世纪40年代，由行业代表组成的法国国家文学基金会（Caisse nationale des lettres），旨在为图书出版提供贷款和补贴，后于1993年更为现名"法国国家图书中心"（Centre national du livre）。但该基金会也未能免于被指控偏袒特定作家。"二战"后不久，法国教育部成立图书馆和公共阅读司（Direction des bibliothèques et de la lecture publique），由于学校图书馆的发展不在该部门的职权范围之内，该部门的工作重心是建立一个名为"中央图书馆群"（les bibliothèques centrales de prêt）的借阅图书馆网络，故2017年更名为"省级图书馆群"（les bibliothèques départementales），不仅有效消弭了巴黎和外省之间的文化鸿沟，同时也缩小了大城市和农村地区之间的文化鸿沟。学校图书馆在20世纪70年代开始受到重视。然而，大学图书馆依然与法国教育体系有一定隔阂。1977年，设立于蓬皮杜中心（le Centre Pompidou）的公共资讯图书馆（la Bibliothèque publique d'information）取得了压倒性的成功，尤其是在学生中,这表明人们对配有开放式书库及晚间和周末开放的研究设施有着非常强烈的需求。

密特朗政府1981年上台后,颁布了一系列大刀阔斧的文化政策。其首批措施之一是对图书折扣设置5%的上限,以保护出版社以及一批独立书商的盈利空间。时任法国文化部长的贾克·朗(Jack Lang)职权不断扩大,1975年建立的图书司(la direction du Livre)和法国国家图书馆转由其管辖。国家对出版业的补贴确实越来越多,但官方措施在多大程度上影响了持续的经济或文化变化趋势是值得商榷的。密特朗时期最经久不衰的遗产,同时也是他的大型项目中最受争议的一项,即在密特朗逝世后的1996年开馆的、运用高新技术的、属于法国国家图书馆其中一个馆区的密特朗图书馆(la bibliothèque François-Mitterrand)。

从经济上来看,法国自20世纪50年代开始出现企业并购趋势,导致了20世纪70年代经济危机之后若干个出版巨头的形成:成立于1826年的阿歇特出版社(Hachette Livre),经过一个多世纪的发展,阿歇特出版社已成长为世界著名的出版商和发行商集团;西岱出版社(Presses de la Cité),已经拥有了包括拉鲁斯出版社(Éditions Larousse)、纳唐出版社(Éditions Nathan)、博尔达出版社(Éditions Bordas)以及拥有上百万会员的法国图书俱乐部(France Loisirs)在内的出版集团;专职出版医学著作的马松出版社(Éditions Masson),相继于1987年和1989年并购了阿尔芒·柯林出版社(Armand Colin)和贝尔丰出版社（Éditions Belfond）。1995年，马松出版社又被西岱出版社并购，之后又几易其主，法国出版业巨头由此减少到仅有两家。在这两家出版集团背后，是两个规模更大的金融机构，阿歇特出版社背后的是拉加代尔集团（Lagardère），西岱出版社背后的是维旺迪集团（Vivendi）。在来自意大利的里佐利出版社（Rizzoli Libri）并购法国弗拉马利翁出版社（Flammarion）之后，至2005年，巴黎只剩下5家小型出版社还能保持独立运营，它们分别是阿尔班·米歇尔出版社（Éditions Albin Michel）、卡尔曼·莱维出版社（Calmann-Lévy）、法亚尔出版社（Fayard）、伽利玛出版社（Éditions Gallimard）和门槛出版社（Éditions du Seuil）。

企业合并也对法国图书交易产生了影响，法国专营文化产品的连锁零售企业法雅客（Fnac）以及非传统的营销渠道大卖场等都占据了越来越重要的地位。尽管也有一些比较典型的例外案例，例如总部设在阿尔勒的南方阿克特出版社（Actes Sud），它最终在巴黎开设了办事处。出版社并购的趋势进一步夯实了巴黎作为法国出版中心的地位，法国在本世纪初生产的书籍有90%来自巴黎。

大型出版集团的出现，对于以知识生产与文化传播为核心的出版企业而言，并不是一件好事情，而中小出版企业的存在则是保证知识生产多样化的基础。目前，法国也有一些中小型专业出版社表现出了极强的生存能力，例如拉尔什出版社（L'Arche）几乎完全致力于出版戏剧领域的书籍；宗教出版相对成熟，主要被三家天主教出版社所垄断，即巴亚出版社（Groupe Bayard）、雄鹿出版社（Éditions du Cerf）和德克雷·德·布劳威出版社（Éditions Desclée de Brouwer）。

从文化上来看，自"二战"结束至互联网时代来临之前，法国出版史上最重要的事件是阿歇特出版社邀请伽利玛出版社一同发行了"口袋书"（le Livre de poche）系列。法国意识到英国企鹅出版集团（Penguin Books）成功模式的重要性相对较晚，但也深刻影响到了大众的购买和阅读书籍习惯，可谓是20世纪的"夏庞蒂埃革命"。1972年，伽利玛出版社与阿歇特出版社终止合作，此后伽利玛出版社开始出版自己的"书页文库"（Folio）系列图书。

战后另一个显著的变化是儿童文学和儿童图书馆的并行发展，以1924年巴黎建立起一家名为"快乐时光"（L'Heure joyeuse）的儿童图书馆为开端。在此方面的一个里程碑事件，是1963年创建的法国儿童图书阅读中心（La Joie par les livres），该中心自2008年起已成为法国国家图书馆下属组织机构。该中心最初由私人创立资助，后来促成了1965年在毗邻巴黎的克拉马开设儿童图书馆试点。除了成立于1965年的致力于儿童出版的开心学校出版社（L'École des loisirs），伽利玛出版社等大型出版社都设置了童书部门。

在另一个领域，战后时期基于道德原因的审查制度重新抬头，但随后又有所减弱：出版萨德侯爵作品的奥林匹亚出版社（Olympia Press），以及出版《O的故事》（Histoire d'O）的珀维尔出版社(Éditions Pauvert),分别于20世纪40年代和50年代被提起公诉,但1973年贝尔纳·诺埃尔(Bernard Noël)的《圣餐城堡》(*Le Château de Cène*)被查禁后,却引起了公众的强烈抗议。在通俗文学领域,推理小说依然蓬勃发展,但引人注目的现象是漫画书开始在成年人当中流行起来,其中的经典漫画有勒内·戈西尼(René Goscinny)和阿尔贝·乌代尔佐(Albert Uderzo)相继创作的《阿斯泰利克斯历险记》(*Astérix*)系列。如今,漫画已经成为一种能登上大雅之堂的艺术形式,法国自1974年起设立了一年一度的昂古莱姆国际漫画节(le Festival international de la bande dessinée d'Angoulême),位于昂古莱姆的漫画博物馆(le musée de la Bande dessinée)也于2002年被法国文化部认证为国家级博物馆。

然而,书籍文化的传统形式仍然在各个方面都非常活跃。在学术领域,1958年,吕西安·费夫尔(Lucien Febvre)和亨利-让·马丁(Henri-Jean Martin)合著的《印刷书的诞生》(*L'apparition du livre*)问世,关于书籍史的著作依然熠熠生辉;在收藏领域,书籍拍卖会和交易古籍的成熟市场不胜枚举,书籍收藏持续向好发展;在大众阅读领域,书籍和阅读继续在法国人的集体潜意识中占据重要地位。

总之,20世纪至今的法国出版业,在战前繁荣的阶段是1920—1928年,1925年出版新书达到1.5万种。随后的1930年和第二次世界大战前夕,法国出版业面临危机。尤其是"二战"期间,因国土被德军占领,出版业极为萧条。1945—1948

年是法国出版业的恢复时期，之后在20世纪50年代重新进入繁荣阶段，标志是中小型出版社纷纷成立。1970年之后，法国出版进入出版业的并购与发展时期，年度出书品种超过历史纪录，其中1970年达到21571种，其中新书10924种，印量约2.5亿册。1985年，法国拥有出版社4094家，大多集中在巴黎和里昂。

● 思考题

1. 结合中世纪法国大规模建立宗教设施的两次浪潮，试论述宗教对法国早期图书出版的意义。

2. 结合黎塞留和路易十四的出版管制政策，试论述17世纪法国王权对出版业产生的消极影响。

3. 拿破仑时期的出版政策有哪些特点？对19世纪的法国出版业产生了哪些消极影响？

第二节　法国出版业的发展特点

一、注重历史传承，马太效应明显

法国出版社众多，除了一些大的出版集团，大多数出版社都是中小型出版社，人数最少的出版社可能就只有2~3人。

法国的著名出版社通常都是世代相传下来的家业。因此，许多出版商的儿子或侄子，早在童年时代就开始在父辈的指导下学习如何经营出版社。例如，一个专门出版教科书的出版商，不到10岁的时候就在父亲的指导下阅读所有投寄来的儿童读物手稿。当然，也有一些历史不长的出版社，不是由出身书业世家的人开设的。他们之中有大学教师、大学毕业生、学者、商人和自由职业者。

根据法国专业出版杂志《书业周刊》（Livres Hebdo）2021年最新公布的《法国出版社前200强榜单》（Les 200 premiers éditeurs français），2021年营业额超过50万欧元的法国出版社共计181家，涉及87个出版集团和独立出版社。上述181家法国出版社累计营业额达61亿欧元，与2020年同期相比仅下降2.6%。值得关注的是，法国出版业呈现出了显著的集中化趋势，马太效应明显。榜单中排名前10的出版社总营业额，占181家出版社累计营业额的88.1%。

他们的生存之道、立社之本就在于注重抓原创、抓精品、出特色，不盲目追求规模和品种，也很少有重复出版、跟风出版的现象。法国出版社善于发现和培养作者。他们往往在自己擅长的领域，广泛发现、深度挖掘优质作者资源，并向作者提供优质服务，与作者建立长期而稳固的合作关系。一般情况下，作者都会把自己的作品长期授权给一家出版社，且几乎不再更换出版社。这样就给了出版社长期培育、开发市场的信心和空间，形成良性循环。

二、受惠于扶持政策，法律法规健全

法国的文化发展，与政府的大力扶持密不可分。在法国出版业发展中，政府发挥了重要的组织与促进作用。法国政府对出版产业的财政支持非常全面，由中央政府、地方政府和行业协会三者相互协调，通过直接的财政拨款或者基金项目，惠及法国国内和部分国外的图书出版项目，以及各种类型的出版社和书店，尤其是中小型出版社和书店。

法国政府的拨款资助主要包括：出版社的图书项目，涉及图书、期刊和电子出版等；翻译作品，主要为将本国作品翻译成其他国家的文字出版，比如法国文化中心及其在全球的分支机构都在履行这一职能；书店和图书销售行业，主要是独立书店和小出版商；图书出口，涉及运输补贴、书价补贴等方面。

同时，法国政府对小型出版社和书店的贷款设立了专门的担保基金会，并且在时间上予以宽限，一般能够提供5～10年的贷款。另外，还可以以图书出版项目的名义申请贷款。

经过多年的完善和发展，法国在文化领域形成了一套严密的规则体系，出版业也不例外。这些出版法规规范了行业的方方面面，保障了市场有序、平稳和高效发展。法国在立法保护出版方面具有悠久历史，建立了较为完整的法律保障体系和管理体系，制定了一系列强有力的政策法规为图书出版保驾护航，保证出版业健康发展。

基于"文化例外"和促进文化多样性的理念，1981年法国政府颁布《单一书本定价法》（又称"朗格法"），规定无论是国内出版还是进口版权，出版社都必须统一图书零售价。法国是世界上为数不多的对图书进行统一定价的国家，任何图书销售机构都不得擅自加价或减价销售图书。统一书价不仅明确了图书的价格，而且也对各种销售渠道的图书折扣做了规定，一般都不会低于九五折（即图书零售折扣不得高于5%）。法国出台这一法令旨在降低图书市场价格的恶性竞争，平衡出版社和经营商之间的收益，同时也有助于保护出版者知识产权，减少盗版的发生。同时保证了出版业各环节的经济利益，避免小书店被大型连锁书店、网络书店挤垮。

法国政府近几十年来逐步降低了对出版物的税收。自20世纪80年代以来，法国政府对图书征收的是7%的消费型增值税。从20世纪90年代开始，法国政府将图书的税率由原来的7%下调到了5.5%，对出口图书免征增值税。法国出版物与一般消费品20%的税率有着很大的差别，大约只是一般消费品税率的1/4。正是这样的税收优惠政策，让法国出版业得以休养生息，能够有更好的发展空间和发展可能。

● 思考题

1. 试析当代法国出版行业中的"马太效应"现象突出的原因。

2. 结合法国的"文化例外"政策，试述法国从哪些方面着手保护本国出版业。

第三节　法国出版行业现状与主要出版机构

进入21世纪数字化时代的法国出版业，与美国、英国、德国、荷兰等出版大国不同的是，法国出版业发展仍旧保持着顽强的历史传统，转型缓慢。主要体现在如下几个方面：

一是出版企业的主体仍旧以家族企业为主。与美国出版企业严重受到股市上涨与下跌的市值影响完全不同，尽管20世纪70年代全世界的出版企业兼并潮导致大型出版集团的垄断增强，但是家族企业一直牢牢掌控着核心业务。以世界三大出版集团之一、法国传媒巨头拉加代尔集团（Lagardere Groupe）为例，该集团诞生在20世纪60年代，创始人让·吕克拉加代尔进入马特拉汽车公司，1967年创立"马特拉体育"，不久收购了法国阿歇特出版社、格罗利尔出版社，1992年整合成立马特拉阿歇特与拉加代尔集团，2002年底购得维旺迪环球出版公司，成为法国出版业的垄断集团。旗下拥有众多知名杂志，如《ELLE》《巴黎竞赛画报》，占据法国82%的教科书市场、98%的字典市场，在图书发行业中拥有60%的份额。2006年收购时代华纳出版集团，成为全球第三大出版商。在全球25个国家经营超过2700家旅行零售门店，覆盖机场、火车站等交通枢纽，其中免税奢侈品门店超过250家，出售时尚奢侈品、香水、化妆品等。2006年成立拉加代尔体育，在体育营销领域不断拓展，直到2018年、2019年，拉加代尔体育遭遇合同终止等波折。2024年，拉加代尔集团将拉加代尔体育出售给H.I.G欧洲，自己退居二线，但是出版业务一直掌握在家族手中，持股比例为24.9%。

二是在图书销售体系上，一直保持着印刷书籍时代的销售体系，线上销售平台建设大大滞后。法国依旧保持着直接销售与间接销售体系，直接销售是出版商将图书销售给经纪人、读者等；间接销售是通过代理商、发行商、批发商中转后销售给零售商。迄今为止，法国零售图书主要通过书店、书亭、图书俱乐部、邮购公司和送书商等渠道进行销售。目前，法国仍有大型书店2500家，中小型书店17000家。直到1998年，法国数字图书才首次出现在法国图书市场。在全世界的图书销售市场进入数字化时代的大趋势下，法国显得特立独行。

尽管如此，数字化浪潮仍旧为法国出版业带来革命性变化。根据法国图书协会发布的相关报告，2012—2021年，法国数字图书的销售额从8200万欧元增长至2.73亿欧元，年平均增速高达20%，销售额占比从3.11%扩大至9.32%。

特别是有声书市场潜力大，2022年法国有声书的销售额已经占整个图书市场份额的1%左右。在法国，15岁以上人群有5500万，74%的人经常读书，其中22%的人喜欢读电子书，17%的人听有声读物。特别是在专业出版领域，大学专业图书的数字化比例最高，2021年其在法国数字图书市场的占有率超过60%，销售额达1.83亿欧元。法国教材出版出现了线上线下混合模式，适应了数字化时代教育与学习的发展需要。

三是尽管法国政府支持力度逐年加大，但是总体上落后于美国、德国等其他国家。2012年，法国政府将数字图书的增值税率降至与纸质图书相同的5.5%，明确了数字图书文化产品的属性。同时，法国政府积极推动出版行业数字化标准体系建设，如成立了FeniXX组织，负责参与出版商的数字作品商业管理和治理。由法国国家图书馆主持推出ReLire（重阅）复活绝版书籍项目，整个法国文学生态系统的主要参与者均参加了大规模经典图书数字化工作，同时法国国家图书馆建立了数字书籍的在线登记平台，集体版权组织SOFIA确保版权持有人获得公平报酬。在整个数字化的浪潮中，一些大型出版集团纷纷投资，开发数字化应用平台，探索社交平台与新技术的应用与融合，如阿歇特图书集团专注于扩大数字和移动阅读的使用，拥有超过12万种数字格式的图书。总体上看，在进入数字化的21世纪，法国出版业远远落后于德国、荷兰等欧洲国家。

法国的出版机构呈现两极化的发展趋势，一方面，是资金实力雄厚的跨国出版集团，如法国阿谢特出版集团等；另一方面，是数量众多的独立出版社，虽然资金、雇员数量很少，但是依靠出版内容和领域的创新性、独特性而被广为人知。代表性的出版机构如下：

一、阿歇特出版集团

阿歇特出版集团（Louis Hachette Group）是法国最大的出

版公司，是拉加代尔集团（Lagardère Group）的全资子公司，世界第三大贸易和教育出版商。创立于1826年，创办人为路易斯·阿歇特（Hachette Livre），最初是一家家族经营的书店，1919年更名为阿歇特股份公司，1981年被法国拉加代尔收购。阿歇特出版集团是在2006年3月31日从时代华纳手中收购时代华纳图书集团（Time Warner Book Group）之后而得名。目前，阿歇特出版集团在法国本土、西班牙、拉丁美洲和美国、墨西哥、英国、爱尔兰共和国、俄罗斯、澳大利亚、新西兰、印度、中国、阿拉伯世界（主要在黎巴嫩和摩洛哥）和撒哈拉以南非洲的法语国家都有图书出版业务。

该集团出版范围广泛，知名图书品牌众多。旗下教材类图书如《走遍法国》被外语教学与研究出版社引进，成为学习法语的经典教材。

二、埃迪蒂出版集团

埃迪蒂集团（Editis）是法国第二大出版集团，仅次于阿歇特图书出版集团。2023年11月，捷克媒体投资公司（Czech Media Invest）以6.53亿欧元从维旺迪手中收购了埃迪蒂，由此成为捷克媒体投资公司的子公司。埃迪蒂集团拥有多个品牌出版社，如专门出版散文、历史、非小说类书籍、实用指南、儿童书、法国文学图书的普隆出版社（Les Editions Plon）、专业出版历史著作，也出版参考书、传记、文化社会史图书的佩兰出版社（Le Editions Perrin），等等。

三、伽利玛出版社

伽利玛出版社（Gallimard）是法国最负盛名的文学出版机构。1911年由加斯东·伽利玛（Éditions Gallimard）创立。它最早的名字是新法语杂志出版社，出版了众多法国重要作家的作品，如安德烈·马尔罗的《人的境况》、让-保罗·萨特的《恶心》、阿尔贝·加缪的《异乡人》、安东尼·德·圣-埃克苏佩里的《小王子》。"白色系列"出版了加缪的《局外人》、萨特的《恶心》、普鲁斯特的《追忆似水年华》等。"七星文库"收录了波德莱尔全集、普鲁斯特的《追忆似水年华》、福楼拜的《包法利夫人》等法语文学经典，以及《荷马史诗》、但丁的《神曲》、莎士比亚全集等世界文学瑰宝。伽利玛出版社有三个著名的文学图书系列，其中白色文库（Collection Blanche）于1911年开始刊行，主要收录法语文学作品，之所以命名为"白色文库"是因为每本书的封面都是乳白色。七星文库（Bibliothèque de la Pléiade）从1931年开始刊行，是伽利玛出版社最知名的文库集，主要收录经典法文作家的作品，也偶尔涉及非法文作家的著作；伽利玛发现文库（Découvertes Gallimard）：1986年开始刊行的百科全书式文库集，小开本口袋书，以丰富多彩的插图著称。伽利玛出版社的出版物以文学作品为主。

四、阿尔班·米歇尔出版社

阿尔班·米歇尔出版社（Albin Michel）创立于1900年。创办人为阿尔班·米歇尔（Albin Michel）。阿尔班·米歇尔出生在文化贫瘠的外省，父亲是一位医生。他最开始的工作是在奥德翁剧院的拱廊下的书摊上卖书。第一次接触图书销售，他就展现了惊人的才能，后来升职成为经理，在三年内使营业额上升了3倍。阿尔班·米歇尔擅长发现读者的关注热点，最后发展成为法国著名的文学出版机构。曾经推出过罗曼·罗兰、川端康成、泰戈尔等获得诺贝尔文学奖作家的著作，也出版了许多法国本土和外国的优秀文学作品、人文科学著作以及青少年读物等。2010年人民文学出版社推出了中文版的《阿尔班·米歇尔：一个出版人的传奇》一书，详细地介绍了该出版社的发展历史。

五、午夜出版社

午夜出版社（Les Editions de Minuit）是一家独立出版社，创立于1941年，创办人为作家、插画家让·布鲁勒（Jean Brul）和作家皮埃尔·德·雷斯彻尔（Pierre de Lescure）。在德国占领法国期间是一家地下出版社，1944年公开活动。热罗姆·兰东（1925—2001）接手午夜出版社后，成功地打造了午夜出版社在商业和文化上的双重传奇，成为法国"新小说"运动的发源地。推出了法国著名文学家罗伯-格里耶的《橡皮》、克洛德·西蒙的《弗兰德公路》、玛格丽特·杜拉斯的《情人》等一系列脍炙人口的文学作品，其中法国作家贝克特（1969年）和西蒙（1985年）分别获得了诺贝尔文学奖。

● 思考题

1. 法国最重要的五大文学奖分别是什么？它们分别对法国出版业的发展有哪些影响？

2. 20世纪至今法国出版社多次出现的并购现象，对现今的法国出版业格局有何影响？

3. 为什么法国出版业的数字化会落后于德国、荷兰？

第七章

西班牙出版业发展历史、现状与主要出版机构

出版是文化的传承者,书籍是历史的见证者。

西班牙位于欧洲西南的伊比利亚半岛，是一个多民族、多文化相互交融的国家。历史上，罗马人、日耳曼人、西哥特人都曾将其霸权扩张到这里。公元8世纪初，穆斯林从北非入侵，占领了西班牙南部的广大地区，从此开始了天主教与伊斯兰教之间长达800年的"光复战争"，直到1492年才攻克了穆斯林的最后堡垒格拉纳达，至此统一了国家。此后，西班牙迎来了发展的"黄金时代"。克里斯托弗·哥伦布（Cristóbal Colón）受西班牙国王的派遣，率三艘帆船，从西班牙帕洛斯港扬帆起航，经70个昼夜的艰苦航行，最终到达中美洲加勒比海的巴哈马群岛。自此揭开了西班牙在拉丁美洲、北非的部分地区以及亚洲的菲律宾长达数百年的殖民统治序幕，成了名副其实的"日不落帝国"。如今，这些西班牙前殖民地区大多数以西班牙语作为母语，并且凭借语言优势，以及通过强化殖民时期遗留下来的历史文化认同，形成了一个超越国家概念之上的庞大文化圈。根据塞万提斯学院调查报告[1]，2019年，全世界有近5.8亿人口讲西班牙语，占全世界总人口的7.6%，涉及的国家多达22个。因此，西班牙的出版业与生俱来就拥有一个成熟的市场，远超出了单一的西班牙地区，尤其在拉美地区具有极高的影响力和社会认知度。

---

[1] https://www.cervantes.es/sobre_instituto_cervantes/prensa/2019/noticias/presentacion_anuario_madrid.htm.

第一节　西班牙出版业发展史

西班牙在欧洲中世纪时期曾经一度成为了欧洲文化交流中心，十分重视图书文化。公元12世纪和13世纪，在西班牙托莱多进行了长达两个多世纪的图书翻译活动。据记载，托莱多图书馆拥有藏书30多万部，而当时的法国国家图书馆克鲁尼修道会图书馆仅有几百部图书[①]。但后来西班牙受到宗教主义的束缚，早期印刷物的刊行受到教会的严格监管，导致出版业发展远远落后于同一时期的法国、德国、荷兰等国家。纵观整个西班牙出版业发展史，可以大致分为以下五个阶段。

一、15—16世纪出版业初具雏形

15世纪中叶以后，随着古腾堡的印刷机在欧洲各国普及，西班牙也由手抄本时代进入以书面印刷为主的时期。1472年，德国人胡安·巴瑞克斯（Juan Patrix）在教士胡安·阿里亚斯·达维拉（Juan Arias Dávila）的邀请下，在塞戈维亚建立了第一家印刷厂，并出版了第一本西班牙语书籍《阿基拉富恩特主教会议》（*El Sinodal de Aguilafuente*）。该书没有封面，其内容讲述的是塞戈维亚北部阿吉拉富恩特村举行的主

---

① 让·德利尔（Jean Delisle）、朱迪斯·伍兹沃斯（Judith Woodsworth）著，管兴忠译：《历史上的译者》，中译出版社2018年版，第159页。

教会议审定的章程。1474年，另一位德国人雅各布·维茨兰（Jacobo Vitzlán）前往西班牙瓦伦西亚建立印刷厂，出版了第一本文学诗集《与圣母玛利亚在天堂相遇》（*Trobes en lahors de la Verge Maria*），之后德国印刷大师莱伯特·帕尔马特（Lambert Palmart）来到这里对其印刷工艺进行了改良，使之成为最早使用移动字符印刷书籍的印刷厂。据记载，在此总共出版过十几部作品，并且莱伯特将他的印刷技艺传授给当地学徒，这也是后来在瓦伦西亚建立的西班牙第一个出版中心，被公认为"世界书都"的原因。1492年，西班牙第一所大学萨拉曼卡大学印刷出版了第一本《西班牙语语法》（*Gramática Castellena*），使西班牙语正式成为国民日常通行语言，同时也是欧洲第一本印刷出版的通俗语法书籍。据统计，截至15世纪末，西班牙印刷厂已经有50多家[①]，在西欧各国居于前列。

进入16世纪，法国、德国等欧洲中心地区爆发宗教改革运动，而在欧洲大陆南部的西班牙则站在落后、保守的天主教教廷一边。欧洲新教与传统天主教之间的矛盾日益激化，西班牙成为反对宗教改革的先锋，视印刷技术为传播各种"异端"思想的工具。于是，1502年西班牙颁布了历史上第一部出版事务法令《托莱多诏书》，限制图书出版印刷。1554年，颁布《王室法令》规定印刷出版后要提供样书以供查验，确保内容未被擅自更改。1558年，颁布《惩处诏书》进一步限制引进、销售

[①] Gómez Gómez, Margarita. "Las imprentas oficiales.El caso del impresor del consejo de Indias." *Historia.Instituciones.Documentos*, 1995: 247–260.

和持有宗教裁判所禁止的书籍。规定出版任何书籍都要接受分类审查管理，对违反规定的将没收财产、驱逐出境，甚至处以死刑。在严格的审查制度下，要求对出版印刷物的内容作详细规定，要标明作者、出版地、印刷商、出版时间、出版许可等，然而这也意外地促成了早期西班牙对知识产权的保护[1]。因长期禁止非拉丁语出版物发行，导致出版业就此停滞不前，而开启民智、孕育现代科学技术的思想启蒙与文艺复兴，在西班牙并没有出现，致使西班牙社会教育发展落后、识字率低下。

另外，借助西班牙殖民拉丁美洲的统治优势，向拉丁美洲的印第安人大量传播天主教教义等宗教文献，在获得西班牙国王卡洛斯一世的许可后，胡安·克伦贝格尔（Juan Cromberger）带着印刷机来到墨西哥城建立了拉美第一家印刷厂——"美洲第一印刷之家"（Casa de la Primera Imprenta de América），主要负责出版与总督和宗教有关的刊物，其出版的第一部书籍是由墨西哥大主教撰写的《天主教教义简要》（*Breve y más compendiosa doctrina christiana*）。自此，西班牙出版业走向了更广阔的美洲市场。总体来看，15—16世纪，印刷技术在西班牙以及海外殖民地陆续传播开来，在塞戈维亚、瓦伦西亚、萨拉曼卡等经济较发达和文化活动集中的城市，印刷和出版活动发展迅速，但由于深受偏激的宗教主义影

---

[1] 何晓静：《西班牙新闻传播史》，人民日报出版社2019年版，第41页。

响以及苛刻的管制要求，良好的态势并没有持续下去，书籍的出版成为服务宗教、控制人民思想意识形态的重要手段之一。

二、17—18世纪出版业的发展

17世纪，由于西班牙的王位争斗以及王权与教权的分裂，西班牙出版业经历了短暂的发展。1625年，塞维利亚发行定期报刊《意大利、罗马、葡萄牙与其他地区的通告》；1631年，西班牙人豪梅·罗梅乌效仿法国报刊出版了第一份加泰罗尼亚语定期报刊《公报》（Gaceta）；不久后，在国王费利佩四世私生子胡安·何塞（Juan José de Austria）的推动下，出版了第一份西班牙语月刊《马德里公报》，其主要内容为宣传胡安的丰功伟绩。该报刊最终在1936年被定为西班牙国家官方公报（Boletín Oficial del Estado，BOE）。另外，当时荷兰采取宽容的出版政策，部分西班牙出版商来到荷兰创办了一些用西班牙语书写的报刊。因大多数出版的报刊、书籍都具有强烈的政治属性，可视为政治、思想意识形态的宣传工具。

直到18世纪，在欧洲思想启蒙运动的影响下，西班牙图书和报刊业再次迎来蓬勃发展，变得更具多元化、内容也愈渐丰富起来。如医学类报刊《马德里气压医学年鉴》、文学批评报刊《审查员》《思考者》《文学备忘录》等在此期间创刊。卡洛斯三世上台后推行更加开明、民主的政策，实现出版市场完全自由化，除了宗教和教育书籍外的其他类别书籍免收取赋费，取消出版物的官方定价，颁布关于保护书籍作者以及继承人知识产权的法令。但在不久后的1766年，由于言论自由引起的民众暴动、起义，迫使政府再次收紧对出版业的管制。如政府取消了大多数报刊的许可证，限制迷信色彩书籍以及其他民间出版物的出版，并在法国边境设置了防疫带（cordon sanitario），禁止官方报纸和图书以外读物的出版发行，防止民主思想渗透。总体来看，此阶段西班牙出版业仍未摆脱宗教封建主义的支配，在经历短暂的变革后，又回到不利发展的环境。

三、19世纪出版业现代化转型

19世纪，在法国自由主义社会思潮的影响下，西班牙颁布了《巴约纳宪章》承认出版自由。但出版业情况并没有因此好转，书籍需求量和生产量均没有明显增加，甚至有时还会出现下滑，而文盲率过高是主要原因之一。据统计，当时整个西班牙能够阅读的人数不到6万人，也就是说每100人中仅有6人有购买图书的需求，且多数读者居住在马德里、巴塞罗那等大都市，其他地区城市化进程十分缓慢。对此，印刷商改变了图书的呈现方式，在书中引入了许多用木头雕刻的文本，以使阅读更具吸引力[1]。同时，寻求廉价的纸张并通过减少页边距和使用小字体来节省印刷费用，进而促进图书销量以及提升人们接触图书的机会和购买图书的能力。此外，考虑到西班牙经济日

---

[1] Jean-Francois Botrel. *Historia del libro español-La edición moderna Siglos XIX y XX*. Madrid: Pirámide, 1996, 31–32.

渐恶化，特别是纸张资源的匮乏，没有大量资金支持很难维持图书出版。印刷商们决定采取预先订阅图书的交付方式，使得投入的资金在很短的时间内就得以收回。另外，允许读者通过分期付款的方式来购买昂贵精致的作品。

实际上，直到19世纪末西班牙出版业才真正开始向现代出版转型，迎来了结构化的改革。在政策上，1880年颁布了《出版政策法》，其主要特点体现在"旧版印刷体制"向"现代出版业"转变。就出版商形象而言，是从"印刷书商"形象向"出版商"形象的蜕变，个体或家庭的出版模式逐渐走向公司化[①]。其次，英国、美国以及法国的革命给西班牙带来了新思想，特别是在教育上，推行义务教育制度，规定初级教育要覆盖到所有人，从而很大程度上提升了西班牙人民的阅读能力。最后，在技术上，工业革命使出版商获得了更大的经济利益，弗里德里希·戈特洛布·柯尼希（Friedrich Gottlob Koenig）发明的平板印刷机，借助蒸汽动力自动运行，使原本的印刷速度提升了2倍，节省了大量的人工成本，因此图书价格大幅下降，这为西班牙出版业快速发展提供了根本动力。西班牙图书出版也由此更具专业性与多样性，如1875年创办的卡耶哈出版之家（Casa Editorial Calleja）开始从事儿童、青少年读物类书籍出版。总体而言，19世纪，西班牙的出版业已开始向现代化转型，技术和制度上的革命，为之后的

---

① https://www.cervantesvirtual.com/portales/editores_editoriales_iberoamericanos/edicion_en_espanya/.

高速发展奠定了基础。

四、20世纪是出版业的"黄金时代"

20世纪初,迎来了西班牙出版业的"黄金时代",由于在"美西战争"中西班牙惨败以及受国际舆论的影响,西班牙国内出现社会、经济以及政治上的危机,"98一代作家、14年一代的思想家、27年一代的诗人"也随之涌现,他们有感于国家现状及未来的忧虑,大力提倡城市化,推动教育的发展,并提出克劳泽主义,"阻碍深层社会的主要障碍是教育的落后和民主文化的缺失,因此急需提高民众文化水平"[1]。1900年,建立公共教育部(Ministerio de Instrucción pública)。1910年,建立马德里学生公寓(Residencia de Estudiantes)以及马德里文学会等各种形式的文学沙龙。在这种社会环境下,激活了西班牙出版市场。据记载,20世纪初西班牙出版业由以下26家出版机构组成:埃斯巴斯(Espasa,1860)、埃尔南多(Hernando,1828)、巴利-巴利埃(Bailly-Baillière,1848)、雷乌斯(Reus,1852)、蒙塔纳&西蒙(Montaner y Simón,1868)、卡耶哈(Calleja,1875)、索佩娜(Sopena,1896)、萨尔瓦特(Salvat,1897)、古斯塔沃-吉利(Gustavo Gili,1902)、塞克斯巴拉尔(Seix Barral,1911)、工党(Labor,1915)、新图书馆(Biblioteca Nueva,1917)、莫拉塔

---

[1] 何晓静:《西班牙新闻传播史》,人民日报出版社2019年版,第161页。

出版（Ediciones Morata, 1920）、安吉拉（Aguilar, 1923）、青年（Juventud, 1923）、卡尔佩（Calpe, 1918）、埃斯巴斯-卡尔佩（Espasa-Calpe, 1925）、伊比利亚美洲出版公司（Compañía Iberoamericana de Publicaciones, CIAP, 1925）、东方出版（Ediciones Oriente, 1928）、新历史（Historia Nueva, 1928）、战后（Post-Guerra, 1927）、赛妮特（Cenit, 1928）、尤里西斯（Ulises, 1929）、杰森（Jasón, 1929）、宙斯（Zeus, 1930）以及今日出版（Ediciones Hoy, 1931）[1]。尽管这些出版社大多数规模小、资本少，但却为西班牙出版业的发展提供了非凡的推动力。他们通过引进现代印刷技术，从而提高了生产能力。其次，书商、印刷商和出版商职业的分离巩固了该行业的现代化[2]。

然而，西班牙出版的增长遇到了严重的限制，狭窄的国内市场，无法满足众多出版商的需求。随后，西班牙出版商把眼光投向更广阔的拉丁美洲国家，如伊比利亚美洲出版公司分别在墨西哥、智利、乌拉圭、委内瑞拉和厄瓜多尔开设了分支机构。马德里出版社卡耶哈在拉丁美洲和菲律宾总共设立了18个代表团。但这样的国际化进程随着1936年西班牙内战的爆发戛然而止，西班牙出版业再次陷入了停滞状态。出版社处境艰难，加上众多作家流亡，对出版业造成了巨大的负面影响。缺

---

[1] María Fernández Moya. "Editoriales Españoles en América Latina.Un proceso de Internacionalización secular". *ICE*, 2009: 66.
[2] MARTÍNEZ RUS, A. "La política del libro durante la II República: socialización de la lectura. Madrid: Universidad Complutense de Madrid, 2001.

乏纸张、外汇短缺和电力限制阻碍了西班牙出版商的生产能力。在这种情况下，出口已变为不可能的事情。出版业除了要面对严峻的经济形势，还必须应对另一个敌人——官僚主义和佛朗哥政府的独裁专制。1938年，西班牙颁布了严格的预审查制度《塞拉诺苏涅尔出版法》（Ley Serrano Súñer），所有作品在上市前都必须经过审查，出版商还必须提前将6个月的出版计划送交批准，造成书籍出版时间被大幅延后。

直到1959年，佛朗哥最终在国际压力下被迫放松政治高压管制，西班牙经济获得高速发展并创造了"西班牙奇迹"（El milagro español），西班牙出版业也因此得到大力发展。西班牙出版商依托曾经作为拉丁美洲国家殖民宗主国的优势，重新获得西班牙语美洲图书市场的主导地位。佛朗哥政权也开始重视与不同国家在跨文化领域的合作，给予出版行业补贴，出台促进图书出版与出口的政策措施。如在西班牙境内通过审查的出版物允许在国外出版发行，减免出版物出口关税以及降低出版公司贷款利率，以此推进出版行业国际化进程。另一方面，20世纪50年代末西班牙经济改革，提升了人口的识字率，直接推动了书籍出版发行量的增加，在不到20年的时间里西班牙出版业从1959年全球第30位上升到1974年世界第5位。

20世纪60年代，西班牙科技、经济以及文化书籍的需求量激增，为更快适应读者市场，西班牙联合出版社（Editorial Alianza）的设计师丹尼尔·吉尔推出了"口袋书籍"，以更经济、更快捷的方式出版书籍。据考证，从1966年到1996年的30

年间，联合出版社总共印刷出版了7500万本书籍，涉及1800种图书。口袋版书籍的发行同时掀起了出版的热潮，出版商数量迅速从1960年的583家增加到1965年的754家。在国家层面上，1966年西班牙国会通过了新的《新闻与出版法》规定言论自由（consulta libre）。自此以后，西班牙出版市场更加自由化，各类出版物也变得更加多元化。为保障出版行业利益，西班牙成立行业协会，西班牙出版业与文化市场逐渐散发出新的活力。如致力于商业出版的行星出版社（Grupo Planeta）与致力于知识出版的塞伊克斯巴拉尔出版社（Seix Barral）、阿娜格拉玛出版社（Anagrama）等在这时期展开了激烈的竞争。

随着民主改革的不断深入，西班牙对出版业的监管彻底解除，与此同时，文化部开展了一系列的阅读活动，如在1979年举办的"与阅读共生"（Vive Leyendo）等来推动图书出版。普及教育对书籍翻译、出版产生的影响最大，学生数量快速增长（从1965年的450万人到1990年学生数量翻了近一番，达到870万人），西班牙语传统文学（包括西班牙以及拉丁美洲地区）、科学类书籍的出版数量也随之激增，出版书籍从1970年的2万种到1980年达到3万种。1984年，西班牙文化娱乐部开展了一项76页的出版市场调查，结果指出1984年总共出版了32000种西班牙语图书，印刷了两亿五千万本书籍，而这些书籍是由近500家西班牙出版公司刊发的，其中125家属于大型出版企业，推动直接就业2万人。到20世纪末，西班牙出版商受到"达尔文主义"的影响，呈现极端化。据统计，每24小时出版164种书籍，平均每日印刷量达到4200份。可以看出，20世纪西班牙出版业的发展经历跌宕起伏，但整体上呈现日渐向好趋势，无论是出版商数量还是图书的出版种类都取得了长足的进步。

五、21世纪出版业转型

2000年之后，数字化时代的传播方式、内容需求和市场格局给西班牙出版业带来了新气象。然而，2001年的"阿根廷经济危机"对国际化的西班牙出版业造成了沉重打击，西班牙出版社在拉美图书市场中投入的资金付之东流，导致一些出版社关闭，或被美国、英国等其他资金背景雄厚的出版集团并购。因此，西班牙20世纪在拉丁美洲出版市场所做的巨大投资努力以及制定的可持续性发展战略开始受到质疑。此外，随着世界著名出版集团大举进入西班牙出版市场，如意大利蒙达多里出版社（Mondadori）、德国贝塔斯曼出版社（Bertelsmann）、法国阿歇特出版公司（Hachette）等，出版业呈现集中化发展趋势，西班牙出版市场竞争进一步加剧。例如，自1982年起，企鹅兰登书屋先后收购了西班牙普拉萨哈内斯出版社（Editorial Plaza y Janés）、格里哈尔博出版社（Grijalbo，1993）、德巴得出版社（Debate，1994）、阿尔法瓜拉出版社（Alfaguara，2014）、出版B出版社（Ediciones B，2017）、萨拉曼德拉出版社（Salamandra，2019）等多家大型西班牙出版机构。从商业角度来看，西班牙的大型出版集团与小型出版商之间的极端化被彻底固化。

西班牙出版业主体在数字化时代尚处于缓慢的转型过程中。数字化时代电子书的出现作为出版内容的新形式、新载体,市场需求快速增长。根据西班牙国家数据统计中心公布的数据,西班牙整个图书出版品种从2000年至2006年的7年间一直保持在5万种左右,2008年超过了8万种;电子图书的出版品种数在2008年还不到5000种,而到了2016年就已突破了2万种,这表明电子书的出版规模一直在不断扩大。总体上看,西班牙出版业面对数字化对出版业革命性的挑战转型缓慢,广阔的拉美市场优势没有在数字化时代得到充分发挥,远远落后于美国出版积极拥抱数字化技术彻底改变的传统图书销售体系而诞生了全世界最大的网络平台亚马逊,也落后于德国、荷兰等专业出版在数字化时代迅速步入以知识服务平台为主的数据库出版、在线平台出版。

● 思考题

1. 西班牙出版业是如何形成的?
2. 西班牙出版业第一次进军拉丁美洲图书市场为什么会失败?
3. 哪些因素推动了西班牙出版业的发展?

第二节　西班牙出版业的特点

西班牙出版业虽然深受西班牙国家政治、经济、文化等多方面因素影响，但基于语言、文化背景相同，在拉美地区拥有人数众多、语言统一的天然图书市场，使其成为如今世界第四大出版国。总体而言，西班牙出版业的发展具有如下独特之处。

西班牙一直在试图重新定位与拉丁美洲国家的关系，即用兄弟般的家族关系取代过去的宗主国关系，并在1991年成立伊比利亚美洲国家首脑会议。而西班牙出版业凭借语言、文化等方面的优势，拓展在拉美地区的图书市场。总体来看，可以分为两个时期，第一个时期是西班牙内战爆发以前。尽管当时西班牙出版商在拉美地区有诸多优势，但是进军拉丁美洲的图书市场并非易事。19世纪末，法国的阿尔曼多·科林（Armand Colin）、德国的布罗克豪斯（Brockhaus）、美国的阿歇特图书集团（Hachette）等出版商已经垄断了拉丁美洲市场。这些国家的出版商比西班牙的出版商拥有更完备的商业与财务能力、更大的发行量以及更低的销售价格[1]。它们的图书目录和管理方法十分适应当地需求和消费习惯，并且提供了灵活的支

---

[1] GILI ROIG, G. *Bosquejo de una política del libro*. Barcelona: Impresora Hispano Americana, 1994.

付方式，尤其在广告投放方面，定期在目录和通信中展示其书目。为抢夺拉美图书市场份额，西班牙出版商开始学习和复制德国、法国以及美国等国家出版商在拉美地区的出版策略。并且随着他们对这些市场的了解不断加深，逐步建立了自己的商业和人脉网络[①]。其方式主要有以下三种，一是西班牙出版社负责人在访问拉美地区期间，与本土书店接触，建立密切联系。二是联合销售代理或独家旅行者共同推销图书目录，像萨尔瓦特、工党、索佩娜以及卡耶哈等出版社早期均采用了这个策略；三是在拉丁美洲直接投资，设立子公司。例如，埃斯巴斯-卡尔佩出版社分别在阿根廷、墨西哥和古巴开办了代表处。

除了来自其他国家出版商的竞争压力，运输也阻碍了西班牙出版商在拉丁美洲的拓展。当时，虽然邮政服务是最常用的运输方式，但西班牙出版商相对欧洲其他国家的邮政服务在价格上缺少竞争力。直到1920年11月13日，西班牙签署了《西班牙-美洲邮政协定》以及1921年加入了泛美邮政联盟，确立了邮资减免制度以及对西班牙出版商非常有利的税率体系，这个问题才最终得以解决。西班牙书籍在拉美传播存在的另一个问题是西班牙与拉美图书市场投放的图书种类一模一样，导致拉美书商并不知道西班牙出版的图书与其他国家相比有何特别之处。对此，1923年西班牙发行了第一本汇集西班牙出

[①] FERNÁNDEZ MOYA, M.Multinacionales delcastellano.La internacionalización del sector editorial español, Revista de Historia Industrial, 2009.

版商全球作品的目录集，以便出版的图书能够更符合拉美读者的喜好。此外，1935年，西班牙政府创建了西班牙图书学院（INLE），由政府出面，推动图书出口到拉丁美洲。这是促进该行业国际化的第一次"官方"尝试，但该学院仅维持了一年就关闭了。在没有政府支持的情况下，西班牙出版商分别在马德里和巴塞罗那组建了图书商会，并成立了两个财团，国家出口出版商财团以及西班牙图书出口联盟。这些组织旨在推动西班牙图书在拉丁美洲和菲律宾的传播，同时负责图书发行与宣传工作。通过以上的战略布局，据统计，1915—1918年，西班牙在拉美地区图书市场份额已增加到37%，尽管低于美国的45%，但超过了法国的13%。

第二次进入拉美市场是在20世纪50年代后期，西班牙的经济形势逐渐恢复，但西班牙出版商失去了前一阶段在西班牙语图书市场取得的领先地位，遇到与初次进入相同的问题，西班牙出版商吸取前车之鉴，很快便再次发展壮大起来。首先，西班牙出版商直接与干预主义的佛朗哥政府进行对话，要求废除1946年颁布的《图书保护法》，因为在20年的运作中，只有1%的图书出口从中受益。1971年，西班牙政府出台了一系列法令来促进图书出口，如豁免所得税、出口税收减免、降低融资条件以及出口保险政策改革等有效措施。其次，西班牙出版商与拉丁美洲出版商或分销商签署代理协议，来拓宽在本土的销售渠道。例如，安娜克拉玛出版社（Editorial Anagrama）通过与阿根廷的滨江代理机构（Riverside Agency）、智利的费尔南德斯卡斯特罗公司（Fernández de Castro Ltd.）、墨西哥的科罗丰出版社（Colofón）、乌拉圭的库斯书店（Gussi Libros）等公司签署代理协议，大幅提升了书籍在拉美地区的销售量，取得了非常好的效果。借助此种方式，西班牙出版商在不用花费大量人力、物力的情况下，就能够快速打入本土市场，并且可以自由选择他们认为最了解本土市场的公司进行合作开拓业务。

此外，西班牙出版商依然热衷于在不同地区设立分公司，不同于第一阶段的是，这些分公司不仅负责在本土发行西班牙出版的书籍，而且它们还开始着手在拉丁美洲直接出版图书。尤其在墨西哥、阿根廷、巴西和哥伦比亚印刷了西班牙出版商发行的大部分图书。这一战略使这些分公司能够在国外市场快速确立自己的地位，并且以十分低廉的成本生产图书，也使它们短时间内适应每个国家的读者需求，最终完全融入拉美地区公共和私人图书分销网络。在"美国化"战略的影响下，20世纪80年代和90年代，西班牙出版公司开始大规模收购和兼并本土出版商，使其成为子公司，进而拓展自己的业务范围和营销渠道。特别是在拉丁美洲拥有强大影响力的西班牙出版集团不仅收购了拉美地区的本土出版社，同时还并购了西班牙的中小型出版机构。例如，西班牙最大的传媒集团普莉莎旗下的桑迪亚娜在收购金牛座（Taurus）、阿尔法瓜拉（Alfaguara）以及安吉拉（Aguilar）等出版品牌后进入文学市场。据统计，21世纪初，桑迪亚娜在拉美至少拥有18家出版社。根据西班牙出版商协会联盟公布的最新统计数据[①]，2020年西班牙图书出口美洲（América）地区占图书出口总额的51.69%，发行册数累计有5073万册，总收入约20亿欧元。出口图书的主要类型有文学（34.9%）、宗教类书籍（25.2%）、儿童和青少年读物（14.9%）、教科书（18.5%）以及社会科学（10.63%）。由此观之，西班牙出版业在拉美地区实施的经营策略取得了巨大的成功，值得中国去借鉴。

● 思考题

1. 西班牙出版商如何在拉美地区与其他国家出版机构抢占图书市场份额？

2. 西班牙出版商在拉美地区获得成功的主要因素有哪些？

3. 中国主题图书在西班牙出版遇到过哪些障碍？

第三节　西班牙出版行业组织与主要出版机构

西班牙语出版行业组织作为基于西班牙出版者共同的利益要求所组成的非营利的社会团体，在维持西班牙出版市场秩序、推动西班牙出版业健康发展方面发挥着重要作用。尤

---

① https://www.federacioneditores.org/documentos.php.

其在出现重大危机时,能够发挥主导作用,带领西班牙出版机构走出困境。

一、西班牙出版业主要行业组织

在西班牙,出版行业的发展主要依靠行业组织的管理与支持,尤其通过行业组织,实现了与政府以及国际图书组织之间交流沟通的组织化和理性化,有效地克服了出版行业成员因个人交往带来的弱势化和非理性的缺点。西班牙出版行业组织主要包括西班牙书商行业联合协会(CEGAL)、西班牙出版商联合协会(FGEE)、西班牙图书出口中心(CELESA)、西班牙出版商协会联合会(FANDE)、西班牙期刊出版商协会(AEEPP)、西班牙纸浆、纸张和纸板制造商协会(ASPAPEL)、西班牙书商协会(FEDECALI)、西班牙图书图片出口商协会(AGRAEL)等。

西班牙书商行业联合协会(CEGAL)成立于1978年,领导着西班牙各地的1100家书店。协会的职责是维护书商合法权益以及监管西班牙境内的图书贸易。目前,该协会的重点任务是通过有效地传播图书来丰富西班牙的社会文化,同时为中小型独立书店以及文化与意识形态多样性的保护者提供支持。此外,还致力于提升西班牙书店结构的现代化以及加强书店员工的技能培训,并组织培训研讨会,对书店举办活动、对外宣传以及营销方法提供指导意见。其次,为拓展图书销售渠道,该协会积极与政府开展对话,并且坚持维护图书价格,保护书商的利益。在推动西班牙阅读方面，该协会建立"所有书都是你的（Todostuslibros）"图书平台，开展书目咨询、在线商务以及与公众互动等利于文化传播的有关服务。

西班牙出版商联合会（FGEE）是一个民间性质的专业协会，成立于1978年，旨在代表和捍卫西班牙出版业的共同利益。最高管理机构是由理事会和全体大会组成，联合会主席为该协会的主要负责人。主席每三年选举一次。为了遵守董事会和大会通过的协议，联合会设有一个总秘书处负责监督协会工作。该协会主要任务是，制定出版行业计划，组织西班牙出版商参与国际书展以及出版与传播西班牙出版商及出版书籍的宣传材料。同时，投身于推进西班牙语书籍的国际贸易，西班牙语的普及推广以及负责图书贸易和图书生产的监管工作。

西班牙图书出口中心（CELESA）隶属于西班牙教育和文化部，1986年设立在西班牙首都马德里，致力于推广、传播和营销在西班牙出版的书籍。在图书营销渠道方面，该机构为西班牙出版商提供了一个灵活高效的系统，用于分发在西班牙出版的所有书籍，以全面高效的服务覆盖全球任何地区。此外，特意为图书行业人士设计了一套专业工具，以提升他们的职业管理能力。特别是，通过它搭建的官方平台，能够访问世界上最大的西班牙语书籍数据库，可以找到出版商需要的大多数书籍信息。此数据库涵盖了超过3500家出版商的发行书目信息以及超过80万个图书标题和15万本图书可随时下载，并且数据会每天更新补充，如最新的畅销书、教科书、技术管理等多类书籍。其次，还拥有一支国际化代理团队，可协助出版商对其他国家图书市场进行考察。

西班牙出版商公会联合会（FANDE）是西班牙图书和期刊发行部门的代表机构。创建于1979年，目前该联合会拥有来自西班牙各地的150多家图书分销公司。这些公司是通过联合会下设的图书与出版发行商协会（ADILE）、全国出版发行商协会（ANDP）和全国出版发行商联盟（UDNE）三家协会加入其中。联合会主要致力于书籍、杂志、报纸和数字内容的发行与分销，并代表出版商与其他协会和图书行政部门以及国际图书组织联系，促进西班牙图书对外销售。

西班牙书商联合会（FEDECALI）是一个非营利性组织，由加泰罗尼亚、巴斯克和马德里三个地区的书局组成。联合会由董事会作为代表和政府的最高行政机构进行管理，董事会成员由西班牙出版商联合会（FGEE）、西班牙出版商公会联合会（FANDE）、西班牙书商行业联合协会（CEGAL）、西班牙图书图片出口商协会（AGRAEL）四个组织的主席构成。因此，该联合会在任何公共范围内包括行政部门、自治实体以及官方或私人性质的法人或自然人面前，可行使各个图书商会及国家图书协会统一联合代表的职能。其主要任务是协调和维护各图书商会和国家图书协会的共同利益，以及开展有利于西班牙出版业集体利益的活动与服务。

二、西班牙重要出版社

根据西班牙出版商联合会公布的最新统计数据，2008—2021年，西班牙出版机构数量常年保持在3000家以上，2019年已达到3169家，其中私人出版机构2864家，公共出版机构305家。主要的大型出版社有萨尔瓦特出版公司（Editorial Salvat）、普拉萨—哈内斯出版公司（Plaza&Janés）、行星集团（Grupo Planeta）、联合出版社（Alianza Editorial）、RBA传媒集团等。

西班牙行星集团（Grupo Planeta），自1949年成立至今，出版和营销渠道覆盖了25个国家，在拉美共有9家分支机构，分布在阿根廷、巴西、哥伦比亚、智利、厄瓜多尔、墨西哥、秘鲁、乌拉圭和委内瑞拉。根据2017年《出版周刊》（Publishers Weekly）的统计，行星集团位列全球出版传媒集团的第七位。值得一提的是，行星集团在阿根廷分社自1966年创建伊始至今，均是当地的领军出版社。出版内容涵盖小说、儿童读物、专业书、工具书等；与此同时，还推出一些具有当地特色的重量级书系，如博尔赫斯图书馆系列（Biblioteca Jorge Luis Borges）、卡萨雷斯图书馆系列（Biblioteca Adolfo Bioy Casares）、萨瓦托图书馆系列（Biblioteca Ernesto Sabato）、阿根廷作家书系（Escritores Argentinos）等；随着西班牙出版业的不断集中化，该公司总共收购了64家出版社。例如，在1991年收购的西班牙著名埃斯帕斯出版社（Editorial Espasa），旗下的图书之家（Casa del Libro）是目前西班牙最大的图书连锁店，遍布西班牙各大城市，仅首都马德里就有15家。除此之外，行星出版集团还拥有多位著名作者的出版权，其中包括奥克塔维奥·帕兹（Octavio Paz）、安吉蕾斯·马斯特雷塔（Ángeles Mastretta）、帕科·伊格纳西奥·泰博二世（Paco Ignacio Taibo Ⅱ）、劳拉·埃斯基维尔（Laura Esquivel）、弗朗西斯科·马丁·莫雷诺（Francisco Martín Moreno）、佩德罗·安吉尔·帕洛（Pedro Ángel Palou）、恩里克·塞尔纳（Enrique Serna）等。

萨尔瓦特出版社于1869年在巴塞罗那成立，是西班牙历史最为悠久的出版公司，目前隶属于法国最大出版集团阿歇特出版公司（Hachette Livre），业务覆盖葡萄牙语国家以及阿根廷、墨西哥、智利、秘鲁等美洲西班牙语国家。其专注于儿童图书领域，曾多次与漫威、迪士尼、凯蒂猫、贝蒂娃娃等动画公司联名创作漫画。此外，在20世纪，它以其出版的百科全书而广为人知。1906—1914年，萨尔瓦特共出版了9卷《萨尔瓦特百科全书通俗插图词典》（Diccionario Salvat Enciclopédico Popular Ilustrado）和12卷《萨尔瓦特百科全书词典》（Diccionario enciclopédico Salvat）。之后，在1958年出版了百科全书《儿童世界》（El mundo de los niños），1965年萨尔瓦特推出了第一部现代百科全书《监视者百科全书》（Enciclopedia Monitor），并于1969年出版了《通用百科全书词典》（Diccionario Enciclopédico Salvat Universal）。除此之外，它还与意大利著名出版集团德阿克斯提尼（De Agostini）

结盟，提高了其在法语、德语和英语图书市场的影响力，尤其在法国取得了巨大的成功。

● 思考题

  1. 西班牙都有哪些出版行业组织？其主要职能是什么？

  2. 西班牙出版商公会联合会（FANDE）是由哪几家协会组成？

  3. 西班牙总共有多少家出版社？请选择其中的一家进行简要介绍。

第八章
拉美出版业发展历史、现状与主要出版机构

书籍是人类进步的阶梯，出版则是建造阶梯的工匠。

拉丁美洲包括巴西、墨西哥、阿根廷、智利、秘鲁、牙买加、巴巴多斯、危地马拉、圣卢西亚、开曼群岛、英属维尔京群岛、特克斯和凯科斯群岛等[①]。又称美国以南的地区，包括33个独立国家和若干个没有独立的地区。印第安人是这一片土地的开拓者，曾经建立过光辉的印加文化。16世纪初，葡萄牙人、西班牙人开始进入美洲大陆。16世纪末，英国人、法国人和荷兰人经过激烈争夺，分割了圭亚那地区和近海一些岛屿。从此，全洲进入了长达300年的殖民统治时期，直到20世纪初才全部独立。

第一节　拉美出版业发展史

在印加文明和处于殖民统治的拉丁美洲，根据目前学术界的研究成果，只有零星的天主教传教文献的手抄本记载，基本没有本土的出版业历史。在拉丁美洲的殖民时代，图书都是从葡萄牙、西班牙等宗主国进口到该地区，直至1539年的墨西哥，第一次有了印刷作坊，印刷技术首次出现在美洲大陆。但是书籍流通、本土出版以及销售主要服务于宗教教会体系，并

[①] 参见拉美各国，载http://ilas.cssn.cn/kyziyuan/kylmgg/，最后访问日期：2024年12月20日。

掌控在殖民当局手中。

直到20世纪初拉丁美洲各国纷纷独立之后，本土出版业才开始萌芽。拉丁美洲国家独立后，作为世界上最大的发展中地区，在政治、经济政策方面一直处于左右摇摆阶段，政局变更激烈，导致本土社会文化发展依附性明显，迄今为止没有建立起独立的文化发展体系，这在出版机构的本土化水平维度上得到清晰的体现。20世纪50年代末60年代初，拉丁美洲社会迎来短暂的经济繁荣，高等教育招生规模扩大，图书需求激增，从而带动了人文社会科学的复兴及拉美文学的繁荣。在这一时期，拉丁美洲文学作品也经历了国际化的快速发展。图书产业吸引了大量外来投资者，导致大量本土出版机构被德国、西班牙等大型出版集团收购、兼并。拉丁美洲再次成为跨国出版集团的跑马场，这一现象至今仍然是拉美出版行业的一个显著特征[①]。

墨西哥作为出现印刷术最早的美洲国家，在20世纪初独立后，本土出版业逐渐发展，出现了宣传民族主义、民主思想的刊物和相关图书，特别是墨西哥政府出台了扶持政策，一些本土出版社纷纷成立，如墨西哥海洋出版社（Océano）、行星集团墨西哥出版社（Planeta Mexicana）、经济文化基金出版社（Fondo de Cultura Económica）等，出版了涵盖文学、科学、艺术等多领域的书籍。推出了如卡洛斯·富恩特斯等世界著名

---

① 参见苏悦：《阿根廷当代图书出版产业的发展特征与市场探究》，北京外国语大学硕士论文，2021年。

作家的作品，推动了墨西哥文学的国际传播；举办墨西哥国际书展，为国内外出版商、作家提供交流合作平台等。

阿根廷在16世纪中叶出现了最早的印刷品，主要是宗教内容和官方文件。18世纪末至19世纪初，随着民族意识觉醒，出现了宣传独立思想的刊物。阿根廷独立后，出版业迎来一个快速发展时期，布宜诺斯艾利斯成为出版中心，出现了一些本土出版社和报刊。如成立于1931年的南美出版社（Sudamericana）出版了众多阿根廷和拉美地区的经典文学作品；出版多种类型的书籍，涵盖小说、传记、历史等领域，代表企业为具有广泛读者群体的行星集团阿根廷出版社（Planeta Argentina）、1944年成立的主要出版儿童文学作品的埃梅塞出版社（Emece）等，推出博尔赫斯等世界著名作家的作品，这些作品被大量出版并译介到国外。自1982年开始举办的南美洲规模最大的书展之一的阿根廷书展，吸引了世界各地的出版商和书商，促进了国际文化交流与合作。阿根廷在西班牙语国家中继续保持着卓越的民众阅读传统，在布宜诺斯艾利斯平均每8000人就拥有一家书店，这一比例在全球范围内居于领先地位，该国的人口结构年轻，且普遍具有较高的教育水平。同时，阿根廷的人均手机拥有量达到1.4部，在西班牙语国家中居首位，这一指标反映出其通信行业的先进性，同时也预示着其出版业拥有巨大的发展空间[①]。但是阿根廷的图书市场主要

---

① 参见年度《国际图联趋势报告·澳大利亚 阿根廷分报告》，《中国出版传媒商报》，2017-08-22（015）。

由欧洲的出版巨头,如法国、德国和西班牙所主导,这些国家的出版物都是在欧洲本地印刷后,再运输至阿根廷。与此同时,西班牙的出版业通过建立一系列规范和法律,试图遏制拉丁美洲出版业的自主成长和文学传统的建立,以此确保其在拉美市场中的重要政治和经济影响力[1]。

在葡萄牙殖民统治期间至19世纪初期,巴西尚未建立起自身的出版行业,直到20世纪初,巴西依旧主要依赖葡萄牙和法国的进口书籍,国内出版物主要为书商和印刷商对外国作品的翻印。1925年,巴西拥有首家本土出版社。在第二次世界大战结束后,巴西出现了一些本土出版社,如萨赖瓦图书出版与发行公司、圣保罗梅尔奥拉门托斯纸业公司、技术图书公司、文明巴西出版公司等。得益于巴西政府出台的推动出版业发展政策,20世纪70年代,巴西出版业迎来了快速发展时期[2]。但是总体上发展步伐一直较为缓慢,且变化幅度较小。在1995—2005年的10余年间,受到巴西激烈变动的政治、经济影响,该行业大幅度衰退。图书销售量累计减少了约23%,年均下降率为2.7%,若不考虑政府购买数据,仅针对商业图书销售,同期下降率达31%,年均下降率为3.0%。1998—2003年,巴西出版公司的销售收入降低了33.82%,图书年均销售量下降了37.66%,根据巴西出版协会的调查结果,仅有三分之一的受

---

[1] 参见苏悦:《阿根廷当代图书出版产业的发展特征与市场探究》,北京外国语大学硕士论文,2021年。
[2] 参见潘国好:《巴西出版产业政策初探》,《出版发行研究》2014年第10期,第91—93页。DOI:10.19393/j.cnki.cn11–1537/g2.2014. 10.031.

教育群体一年阅读书籍超过一本,成人阅读者的比例仅为成人总数的33%[①]。自2006年起,巴西的出版行业逐步走出低谷,进入了复苏与发展的新阶段,目前巴西大约有530家出版社,2006年推出了36954种新书,主要经营指标取得明显增长,具体到销售数据:2005年图书销售量为2.7亿册,利润达到2.5亿雷亚尔(巴西币);相比之下,2006年的图书销售量增至3.1亿册,增长14.8%,利润达到2.9亿雷亚尔,增长11.9%,这表明巴西出版业已恢复至稳定的增长[②]。

● 思考题

1. 西班牙、葡萄牙对拉美地区的出版有什么影响?
2. 简析拉美出版业的依附性发展特征。

第二节　拉美出版业的发展特点

一、市场规模与增长趋势

拉美地区拥有庞大的人口基数,这为出版业提供了广阔的潜在市场。近年来,随着经济的发展和教育水平的逐步提高,该地区对各类出版物的需求呈现出稳步增长的态势。在图

---

① 参见饶亚:《巴西出版业如何走出困境(上)》,《出版参考》2009年第27期,第46、38页。
② 参见饶亚:《巴西出版业如何走出困境(上)》,《出版参考》2009年第27期,第46、38页。

书市场方面，巴西、墨西哥等大国的图书出版量和销售量在拉美地区占据重要地位。以巴西为例，其每年出版的图书种类丰富，涵盖了文学、教育、社科等多个领域，且图书销售额保持着一定的增长率。在教育出版领域，由于政府对教育的重视和投入不断增加，教材、教辅等相关出版物的市场需求旺盛，推动了教育出版板块的快速发展，阿根廷的一些教育出版社与学校紧密合作，根据教育改革的需求及时更新教材内容，取得了良好的市场反响。

尽管如此，拉丁美洲的出版行业一直在美国、法国、西班牙等大国的主导下发展，依附性发展十分明显，属于典型的发展中国家特征。加上拉美各国激烈变动的政治、经济影响，在经济状况良好的时期，消费者对于图书及其他文化商品的购买能力有所提升，从而带动出版行业的繁荣发展；相反，在经济不景气时期，消费者可能会减少对文化产品的开支，进而使出版行业的增长速度放缓。特别是在某些拉丁美洲国家遭遇经济危机之际，图书的销售额也出现了不同幅度的下降。不过，随着经济状况的逐步回暖，出版行业也逐渐恢复活力。

二、数字化转型

随着全球数字化浪潮的推进，拉美地区的出版业也在积极进行数字化转型。电子书市场在拉美地区逐渐兴起，虽然目前规模与传统纸质书市场相比还较小，但增长趋势明显。一些大型出版社纷纷推出电子书版本，并通过在线平台进行销售和推广，巴西的一些出版社与国际知名电子书平台合作，将其部分图书数字化，方便读者通过电子设备阅读。同时，移动阅读应用在拉美地区也越来越受欢迎，尤其在年轻读者群体中，他们更倾向于使用手机、平板电脑等移动设备阅读电子书和数字内容。

三、国际合作与交流

拉美地区出版业与国际出版界的合作与交流日益频繁，这为拉美出版业的发展带来了新的机遇和活力，拉美国家的出版社积极引进国外优秀的出版物，丰富了本国的图书市场，许多拉美出版社与欧美等发达国家的出版社签订版权引进协议，将一些畅销的小说、科普读物、学术著作等翻译成西班牙语或葡萄牙语在本地出版，满足了读者对国际优质内容的需求。同时，这些引进的出版物也为拉美本土的出版业带来了新的理念和技术，促进了其本土出版水平的提升。

此外，拉美地区的出版物也在积极走向国际市场。一些具有拉美特色的文学作品、艺术书籍等通过参加国际书展、与国际出版社合作等方式，在国际上获得了较高的知名度和影响力，譬如哥伦比亚作家加西亚·马尔克斯的作品在全球范围内的广泛传播，不仅提升了哥伦比亚文学在国际上的地位，也带动了拉美文学的国际影响力。拉美地区的一些出版社还与国际出版机构合作开展联合出版项目，共同开发具有国际市场潜力的出版物，实现资源共享和优势互补。

● 思考题

1. 拉美地区出版业发展有哪些特点？
2. 拉美地区出版业的国际合作与交流是如何进行的？

第三节　拉美主要出版行业组织与出版机构

一、主要出版行业组织

（一）巴西图书商会

巴西图书商会（CBL）是一个非营利性协会，代表出版商、书商、分销商及该行业的其他专业人士，巴西图书商会一直在多个方面开展工作，始终以促进全国范围内的图书获取和阅读民主化以及在国际市场上推广巴西文学为目标；自2020年3月起，CBL成为国际标准书号（ISBN）的国家机构，同期推出了一个数字平台，以综合且动态的方式整合其服务；该机构的另一项有力举措是与最广泛的公众和政府领域建立联系议程，以讨论该行业的重要指导方针和政策，其所有行动都秉持着对那些相信书籍对社会具有变革力量的人所具有的战略和敏锐眼光而精心策划[1]。

---

[1] 参见"About us"，载https://cbl.org.br/en/quem-somos/，最后访问日期：2024年12月20日。

在巴西，巴西图书商会创建并仍在举办该国一些最重要的文学活动，如圣保罗国际书展，此外还有巴西图书行业最大且最传统的奖项——雅布提奖；每年CBL都会发布一些研究报告，揭示该国图书市场的概况，如《巴西出版业生产与销售调查》及其历史系列，以及《巴西出版业数字内容》；巴西图书商会通过巴西出版商项目在国外推广巴西文学，这是与巴西贸易和投资促进局的合作项目，得益于该项目，巴西出版商在参加国际书展等活动中获得支持[1]。

（二）墨西哥全国出版业商会

墨西哥全国出版业商会代表其成员所从事活动的普遍利益，是国家在满足出版业各种活动需求方面的咨询机构，研究影响工业、商业或出版业推广活动的所有问题，参与捍卫出版业普遍利益及其成员的个别利益，向会员和盟友提供董事会设立、如何获得批准等咨询服务，便利他们参与商会与第三方签订协议，以获得对该商会成员的优先待遇，行使请愿权，向联邦、州、市级和联邦区当局提出必要的诉求，并根据情况请求他们颁发、修改或废除影响其成员活动的法律和行政规定[2]。

---

[1] 参见"About us"，载https://cbl.org.br/en/quem-somos/，最后访问日期：2024年12月20日。
[2] 参见ESTATUTOS DE LA CÁMARA NACIONAL DE LA INDUSTRIA EDITORIAL MEXICANA，载https://caniem.org/wp-content/uploads/2024/04/ESTATUTOSCANIEMAsamblea-21marzo2024.pdf，最后访问日期：2024年12月30日。

（三）阿根廷图书商会

阿根廷图书商会（CAL）是阿根廷出版行业的一个非营利性商业协会，成立于1938年，目前阿根廷图书商会代表超过500家国内出版社、书店和发行商，阿根廷图书商会负责管理阿根廷国际标准书号（ISBN）机构，该机构负责对阿根廷国内所有出版书籍进行识别和登记；它是国际出版商联合会、伊比利亚美洲出版商集团的成员，并且隶属于阿根廷图书基金会；它还是阿根廷商会、阿根廷工业联盟、阿根廷共和国进口商商会、阿根廷共和国出口商商会以及阿根廷中小企业联合会各委员会的成员及参与者；其使命是代表、推动和保护阿根廷出版业的利益，同时促进阿根廷书籍的传播和其国内外市场的增长[①]。

阿根廷图书商会的目标为：代表相关出版商、发行商和书商的利益；通过促进图书的生产、发行和贸易来推动阿根廷出版业的发展；捍卫出版权和知识产权，打击复印及非法盗版行为；促进行业联合发展并共同解决常见问题；通过组织培训课程、研讨会、讲座等激励专业成长；在国内举办与图书相关的书展、展览以及文化活动；推动阿根廷图书的国际化和出口；开展调研、问卷调查以及撰写相关文件，以增加有关阿根廷出版业的信息；成为图书行业交流互动的平台；与公共及私

---

① 参见ACERCA DE LA CAL，载https://www.camaradellibro.com.ar/institucional-acerca-de-la-cal/，最后访问日期：2024年12月30日。

人机构签订对本行业有益的协议[1]。

二、主要出版机构

（一）文献记录（Editorial Record）

文献记录是拉美地区最大的出版集团之一，拥有该领域最大的非教育出版社品牌，目前拥有约6000种图书，每月大约出版30本书，除了成立于1942年的记录出版社作为漫画和其他印刷服务分销商，该集团还包括伽耶拉（Galera）和伽耶芮亥（Galerinha）品牌、巴西贝林朗出版社（Bertrand Brasil）、罗泽·奥林匹亚出版社（José Olympio）、巴西文明出版社（Civilização Brasileira）、帕泽·提若亚（Paze Terra）、最佳袖珍出版社（Verus）、时光玫瑰出版社（Rosa dos Tempos）、新时代出版社（Nova Era），图书品牌多样化，集团出版小说、历史和科学叙事、文化、社会学、文学和哲学论文、报道、侦探和悬疑小说、儿童文学和漫画等。[2]

（二）经济文化基金会（Fondo de Cultura Económica）

经济文化基金会是一家西班牙语出版社，位于墨西哥，在拉丁美洲各地均有影响力，已出版超过10000部作品，其

---

[1] 参见ACERCA DE LA CAL，载https://www.camaradellibro.com.ar/institucional-acerca-de-la-cal/，最后访问日期：2024年12月30日。
[2] 参见QUEM SOMOS，载https://www.record.com.br/editoras/，最后访问日期：2024年12月30日。

中约5000部保持流通状态，其在海外有8家子公司，包括阿根廷、智利、哥伦比亚、厄瓜多尔、西班牙、美国、危地马拉和秘鲁[1]。

（三）纳兰霍（Ediciones El Naranjo）

纳兰霍是一家墨西哥出版社，成立于1994年，自2003年起出版儿童和青少年图书，已编辑超过100部叙事、诗歌、艺术、传统、历史、自然和古典文学作品，始终寻求一种游戏化的视角，其首要目标是构建一种独特的审美，通过激发读者对与自身认同或引发新好奇心的主题的敏感性和兴趣，来培养批判性和创造性的读者[2]。

在其发展历程中，纳兰霍出版社的图书不仅得到读者的认可，还得到了重要机构的认可。自2003年以来，超过20种图书被选入教育部"图书馆教室和学校"项目，并成为所有公立学校图书馆的组成部分。2022年，其在世界上最重要的儿童和青少年文学领域盛会——博洛尼亚国际儿童书展上，获得博洛尼亚最佳儿童出版社奖，成为中南美洲最佳出版社[3]。

---

[1] 参见https://www.fondodeculturaeconomica.com/，最后访问日期：2024年12月30日。
[2] 参见"Nosotros"，载https://edicioneselnaranjo.com.mx/nosotros，最后访问日期：2024年12月30日。
[3] 参见"Nosotros"，载https://edicioneselnaranjo.com.mx/nosotros，最后访问日期：2024年12月30日。

（四）阿尔法格（Alfagrama Ediciones）

阿尔法格是一家阿根廷家族企业，专注于信息科学书籍的编辑和发行，主要业务领域包括图书馆学、档案学、保存、教育、广告以及关于21世纪数字和人文趋势的书籍。20世纪70年代初，在阿根廷布宜诺斯艾利斯，通过书籍销售信贷的方式出售百科全书、手册和参考书籍，这种销售方式在当时非常流行，包括挨家挨户按门铃，提供书籍并收取已购买者的分期付款[①]。

阿尔法格是国内外不同大学、图书馆的图书分销商和供应商，通过与图书馆尤其是图书馆员的接触，逐渐转变为阿根廷主要的学术图书分销商，专注于图书馆学、档案学和文物保护。大约在2005年，阿尔法格作为阿根廷主要的学术图书分销商，专门从事图书馆学图书的分销。如今，阿尔法格是拉丁美洲主要的编辑和分销商，专注于信息科学、博物馆学以及文化遗产的保护和保存[②]。

● 思考题

1. 拉美主要出版行业组织有什么共同特征？
2. 拉美主要出版机构有哪些？

---

① 参见"Quiénes somos"，载https://alfagrama.com.ar/quienes-somos/，最后访问日期：2024年12月30日。
② 参见"Quiénes somos"，载https://alfagrama.com.ar/quienes-somos/，最后访问日期：2024年12月30日。

第九章
俄罗斯出版业发展历史、现状与主要出版机构

出版的意义在于让知识和思想跨越国界。

俄罗斯文化源于古斯拉夫民族的多神教文化，是在长期经受西方文化与东方文化的影响下形成的一种独特的文化形态，既有来自西方的拜占庭文化元素，也包含着来自东方的鞑靼文化元素，这也造成了俄罗斯文化具有明显的矛盾性特点。正如俄罗斯思想家恰达耶夫所言："俄罗斯处于文明的边缘，我们既不属于西方，也不属于东方。我们既无西方的传统，也无东方的传统。"尤其是彼得一世的欧化改革，促使俄罗斯进入了"现代化"与国家政权"专制化"的矛盾之中。在西方言论自由思想的冲击下，俄罗斯出现了与之对立的斯拉夫主义思想，其中具有代表性的是阿科萨科夫的"把话语权交给人民，把执政权交给沙皇"[①]，这种斯拉夫主义思想很大程度上影响了整个俄罗斯新闻出版业的发展方向。因此，俄罗斯的出版业在矛盾的文化、极端的政策、动荡变化的意识形态中求得生存与发展，其出版文化则形成于出版自由与政府管控此消彼长的动态平衡之中。

---

① Аксаков И.С. Наше знамя – русская народность. [M].: Институт русской цивилизации, 2008: 36.

第一节　俄罗斯出版业发展史

俄罗斯出版业是在德国印刷技术的影响下形成的，至今已有450余年的历史。15世纪中期，德国美因兹市的金匠古腾堡发明了金属字母活字印刷术，成为西方出版业的革命性事件，使西方世界由原来的手抄出版时代进入了印刷出版时代。活字印刷术于1552年传入俄罗斯，并在哥本哈根印刷商的帮助下，俄罗斯才开始建立印刷业①。纵观整个俄罗斯出版业发展史，它经历了16—17世纪的萌芽期、18世纪的改革与探索期、19世纪"黄金时代"的快速发展期、20世纪初的革命动荡期、苏联时期与当代俄罗斯联邦时期六个阶段。

一、16—17世纪俄罗斯出版业的萌芽期

1563年，在沙皇伊凡雷帝（Иван Грозный）的命令下，俄罗斯建立了第一个出版社——莫斯科印刷行（Московский печатный двор）②，标志着俄罗斯出版业的初步形成，该印刷行集出版、印刷业务于一体。1564年3月1日，俄罗斯第一位印

---

① 昂温（Unwin, G.）,昂温（Unwin, P.S.）著,陈生铮译：《外国出版史》,中国古籍出版社, 1988,第9页。
② Акопов А.И. Общий курс издательского дела. Учебное пособие для студентов-журналистов. Под ред.Проф. В.В. Тутупова.Факультет журналистики ВГУ.Воронеж, 2004: 13.

刷工伊凡·费德勒洛夫（Иван Фердоров）在莫斯科印刷行印制了《圣徒传》（Апостол），该书成为俄罗斯历史上第一部具有明确发行日期的印刷书。此后，莫斯科印刷行业主导了整个俄罗斯出版业，并于1565年和1568年分别出版发行了《钟塔教堂》（Часовник）、《圣经诗篇》（Псалтырь）等宗教类图书。据统计，整个16世纪俄罗斯共印刷出版了19种图书。

进入17世纪，莫斯科印刷行业开始逐步扩编，不断招收编辑、校对员等工作人员，形成了具有一定规模的出版机构。在此期间，莫斯科印刷行共计出版了750种图书，平均每种图书印数在1000份左右，包括了再版的《钟塔教堂》《圣经诗篇》，斯模特利斯基（Сморицкий М.）编著的《字母》（Азбука）、《识字启蒙》（Букварь）、《语法》（Грамматика），以及古代俄罗斯小说《什米亚卡的不公审判》（О Шемякином суде）等。其中五分之四的出版图书为宗教祈祷用书，造成这一现象的原因是当时俄罗斯出版业为宗教性的垄断行业。总体而言，整个16世纪与17世纪为俄罗斯出版业发展的萌芽期，虽然并未具有较大的图书出版量与印数，但其出版产业已初具规模，其特点主要体现在出版为教会服务。

二、18世纪俄罗斯出版业的改革与探索阶段

彼得一世（Петр Ⅰ）的改革使18世纪初的俄罗斯社会发

生了翻天覆地的变化，同时也促进了出版业的飞速发展，使俄罗斯出版业进入了全新的历史阶段。一方面，俄罗斯出版管理体制走向了集权化管理。18世纪前的俄罗斯出版业虽由各大国有机构印刷部门负责，但对出版印刷的业务管理十分松散且效率低下。1701年，彼得一世对修道院进行改组，责令修道院负责管理全部的印刷出版业务。1721年之后，所有印刷出版相关业务由东正教最高会议主教公会（Синод）统一管理。另一方面，大力兴建专业印刷出版厂，如1705年在莫斯科建立的民用印刷厂（Гражданская типография），成为俄罗斯第一家专业出版发行世俗书籍的机构。1711年在圣彼得堡成立了全领域印刷厂（Универсальная типография），按照彼得一世的指令，该厂的印刷机床设备与技工人员全部从莫斯科印刷行调转而来，主要从事报刊、书籍的印刷出版业务；1719年，参议院印刷厂（Сенатская типография）成立，该厂为权力机关的下属机构，主要印刷出版立法文件；1719年成立了亚历山大修道院印刷厂（Типография Александро-Невской лавры），主要出版用西里尔文书写的图书；1721年，海洋研究院印刷厂（Типография Морской академии）成立，主要对英国、荷兰的图书进行翻译与出版[①]。总体而言，彼得时期的出版业在欧化的改革与管理的专制中生存发展。该时期的俄罗斯出版业进入了专业化阶段，成立了大量的出版企业，改良了金属印刷

---

① Есипова В.А. История книги. Учебник по курсу «История книжного дела». Томск: Издательство Томского университета, 2011: 194—196.

字体，出版物的形式多样化，主要有图书、手册、报纸［1703年出版发行第一份报纸《公报》（*Ведомости*）］、杂志［1726年出版发行第一份杂志《科学院评论》（*Комментарии Академии наук*）］等，出版图书涵盖了文学、历史、政治、语言等领域，由外国翻译的图书出版数量较大，涉及法律领域图书的出版总量占比约为70%，在此期间，俄罗斯首次出现了图书贸易。

18世纪下半期，俄罗斯出版技术快速发展，图书贸易市场已日益成熟，此阶段被称为叶卡捷琳娜专制下的"启蒙时代"（век Просвещения）[1]。其间，俄罗斯国有出版机构的业务领域不断扩大，出版机构数量持续增多，私营出版机构相继出现，仅在圣彼得堡1779年前的国营和私营出版机构就有12家。而且，出版图书种类日益繁多、总量快速增长。据统计，18世纪后25年出版图书共计6585种，1761—1765年年均出版110种，1786—1790年年均出版362种[2]。值得一提的是，1783年1月，叶卡捷琳娜二世（Екатерина Ⅱ）女皇颁布了《关于自由印刷》的法令，允许俄罗斯人以私营身份从事出版活动。[3]该法令的颁布极大地激发了俄罗斯私营出版商的热

---

[1] Мандель Б.Р. Книжное дело и истории книги. Москва: Издательство Директ-Медиа, 2014: 483.
[2] Есипова В.А. История книги. Учебник по курсу «История книжного дела». Томск: Издательство Томского университета, 2011: 197.
[3] Мандель Б.Р. Книжное дело и истории книги]. Москва: Издательство Директ-Медиа, 2014: 518.

情，俄罗斯出版业在此阶段得到了空前发展。然而，大量的欧洲书籍译本进入俄罗斯，使叶卡捷琳娜二世担心欧洲革命思想的渗透，于是，在1796年颁布了《关于停止印刷自由并实施严格监管》的法令。由此可见，18世纪的俄罗斯政府尚未准备好放开对图书出版的全面控制。禁止自由印刷法令的实施，直接导致俄罗斯图书出版总量与种类的急剧减少。在禁令实施期间，由于地方城市缺少印刷设备与印刷技术，莫斯科与圣彼得堡的大型印刷厂不得不转移至地方城市来继续维持生计，此时的印刷厂只负责地方政府官方文件与相关书籍的印刷工作，出版发行不再是其主营业务。因此，这一时期俄罗斯的"出版"与"印刷"两大业务开始逐渐分离与独立①。

三、19世纪是俄罗斯出版业的黄金时代

经过了彼得一世的改革和叶卡捷琳娜二世的发展，19世纪的俄罗斯国家综合实力大幅提升，尤其在1812年反法西斯战争中的胜利，使俄罗斯一跃成为欧洲超级强国。与此同时，资本主义思想不断向俄罗斯社会渗透，俄罗斯农奴制开始逐渐瓦解，此时各种社会思潮相互激荡与碰撞，俄罗斯出版业在这种社会环境下变得十分活跃。亚历山大一世（Александр Ⅰ）于1802年颁布了重新开放印刷厂私营许可的法令，激活了俄罗斯出版市场。虽然于1804年建立了书刊审核机构，但较之以前，

---

① https://www.prlib.ru/history/618978.

俄罗斯的出版监管已弱化许多,出版企业拥有一定的出版自由。多年印刷经验的积累与印刷技术的日益成熟,使该时期的俄罗斯印刷业逐步由人工印刷进入机械印刷时代,先进的印刷机床大幅提升了出版效率。

1861年,俄罗斯废除农奴制,俄罗斯出版市场开始借鉴欧洲发展经验,出版企业开始同资本对接合作。此时的俄罗斯私营出版企业主要有两种类型:一种是合伙企业,包括了普通合伙企业(普通合伙企业由普通合伙人组成,合伙人对合伙企业债务承担无限连带责任)和有限合伙企业(有限合伙企业由普通合伙人和有限合伙人组成,普通合伙人对合伙企业债务承担无限连带责任,有限合伙人以其投资额为限对合伙企业债务承担责任);另一种是股份公司,即有限责任公司(股东按比例承担有限责任)[1]。其中,该时期出版社的业务都具有各自的主营领域,如沃尔夫出版公司(Товарищество М. О. Вольф)主要出版文学类图书(涵盖了儿童文学、俄罗斯古典文学、外国文学等领域)和杂志[如《新世界》(*Новый мир*)],社会之益印刷公司(Типография Товарищества Общественная польза)主要负责出版教育类图书,索伊金出版社(Издательство П. П. Сойкин)主要出版自然科学类图书,里克尔出版公司(Издание К. Л. Риккера)主要出版医学类图书,博尔纳特出版社(Издательство М. Бернард)主要出

---

[1] Есипова В.А. История книги. Учебник по курсу «История книжного дела». Томск: Издательство Томского университета, 2011: 197.

版音乐类图书等。

总体而言，19世纪既是俄罗斯文学的黄金时代，也是俄罗斯出版业的黄金时代。正如俄罗斯作家普希金所言："亚历山大时期是一个美好的开始。"[①]文学的发展与出版业的发展息息相关，文学作品是出版业的内容源泉，而出版业是文学传播的重要推力。19世纪的俄罗斯作家群星璀璨，如普希金、果戈理、列夫·托尔斯泰、契诃夫、屠格涅夫等，与此同时，俄罗斯也涌现出一批杰出的出版家，为俄罗斯出版事业贡献了巨大力量。耶斯波娃（Есипова В.А.）指出，该时期的出版家由两大类组成，一类是贵族赞助商（дворянские меценаты），他们不以营利为目的，从事出版行业只是个人爱好，并将大量财富投入俄罗斯出版事业之中，如别克托夫（Бекетов П.П.）、鲁缅采夫（Румянцев Н.П.）等。另一类是商人，他们通过市场化手段运营，促进了俄罗斯出版业的健康发展，如斯米尔京（Смирдин А.Ф.），他几乎出版了1820—1830年间所有知名文学家的作品，如普希金、果戈理、茹科夫斯基、克雷洛夫等，并且在俄罗斯出版历史中首次给予作者稳定的稿酬，用以支持作者的生计与创作，斯米尔京一生的图书售卖金额达1000多万卢布，其中支付给作者的稿酬高达150万卢布，被誉为俄罗斯最杰出的出版家。由此可见，19世纪的俄罗斯出版业发展已取得一定成就，其特点主要体现在出版机构规模化、出

[①] Есипова В.А. История книги. Учебник по курсу «История книжного дела». Томск: Издательство Томского университета, 2011: 390.

版商与作者的职业化、印刷设备机械化以及出版产业发展市场化等方面。

四、20世纪初革命动荡期的俄罗斯出版业

在1900—1917年期间，俄罗斯参与了1904年开始的日俄战争与1914年开始的第一次世界大战，同时国内共爆发了三次革命，分别为1905年革命、1917年的"二月革命"和"十月革命"。1905年革命的结果是俄罗斯末代沙皇尼古拉二世颁布了《十月宣言》，确立了国家杜马为立法机关，并赋予人民以信仰、言论、集会、结社、出版等自由权利，对出版业的发展产生了一定的影响。在战争与革命动荡期间，整个俄罗斯社会生产能力下降，而出版产品总量反而增长，其中140家出版企业年均营业额超过了2万卢布，股份制出版公司占比70%。在1905—1907年期间出现了350多家专门出版政治类图书的出版公司，而且出版发行量最大的主要为战争题材、爱国主义题材与历史题材，到1915年，上述题材图书在一年内共计出版了1991种，刊印了近2000万份，出版社由2000家缩减至1000家。尽管该时期被称为俄罗斯文学的"白银时代"，市场对文学图书的需求仍急剧下降[①]。

[①] Есипова В.А. История книги. Учебник по курсу «История книжного дела». Томск: Издательство Томского университета, 2011: 383.

五、苏联时代的出版业

"十月革命"胜利后,苏联出版管理体制发生了巨大变化。苏联政府发布的《出版令》(Директ о печати)内容指出:"大型印刷出版企业应收归国有",自此启动了苏联出版业的国有化整改进程。1917年底,成立了全俄中央委员会出版部、彼得格勒苏维埃出版部、莫斯科苏维埃出版部。1918年,在莫斯科成立了共产党人出版社。1919年5月,成立俄罗斯联邦国家出版社,它除自身出版业务外,还负有整顿全国出版业的任务。国内战争时期,红军所需的报刊和图书,均由红军、教育人民委员会、全俄中央执行委员会和苏维埃的出版部门承担,主要出版供农民、青年、妇女和红军阅读的宣传手册、传单、党刊、文教与保健期刊。1920年,原属教育人民委员会的世界文学出版社被划入国家出版社系统,俄罗斯联邦国家出版社垄断着古典文学著作的出版。至1928年,共出版俄罗斯作家著作822种、外国作家著作328种,总印量达2100万册。

1921—1930年为苏联的新经济政策(Новая экономическая политика)时期,该时期苏联政府允许私营出版机构从事出版业务,但不能占有巨大的市场份额,因此导致了这一时期国有出版社占据市场的主导地位。1921年,苏联政府通过了《私营出版社法令》,确立了国营与私营出版社的相互关系,即相互补充、相互独立、保持中立。在此期间,一部分私营出版社得到了国家的大力支持,一部分出版社则被政府叫停。1930

年，成立了俄罗斯联邦国家图书期刊联合出版公司。1930年，全苏联图书的印量为8.53亿册，其中俄文图书占出版品种的1/4。

1930—1985年，苏联出版体制转化为中央集权管理，并首次在出版领域实施"出版的五年计划"，绝大多数的私营和股份制的出版机构被关闭，国有垄断型的出版机构陆续成立。1941年，卫国战争时期，主要出版政治手册和读物，出版图书10.9万种，印量达16.9亿册。到1939年，苏联最后一家私营出版社"格拉纳特兄弟出版社"并入苏联百科全书出版社，单一的国有出版机构系统最终建立起来[1]。1940—1950年苏联出版产业在计划经济管理下进入了战后重建阶段。1963年苏联成立了国家报刊委员会，1978年改名为国家出版、印刷与图书发行委员会，负责指导和协调全国的出版活动。1980—1985年，苏联出版机构与管理机构运行效率降低，人民购买力也在不断下降，亟待出版业的整顿与改革。

1985年，戈尔巴乔夫开始进行所谓的"新思维"改革，在出版领域主要推行放权、自负盈亏等措施[2]。言论自由、舆论多元成为当时新闻出版业的核心运营理念，苏联出版业在此阶段朝着市场化方向发展，私营出版机构也随之迅速崛起。同时，1985年，苏联已拥有出版社229家，其中国家直属和部属出版社57家，共和国出版社172家。1988年5月颁布的《作者自

---

[1] Есипова В.А. История книги. Учебник по курсу «История книжного дела». Томск: Издательство Томского университета, 2011: 387-388.
[2] Андреева О.В., Волкова Л.Л., Говоров А.А. История книги. Москва: Светотон, 2001: 133.

费出版条例》开始允许自费出版。按出版类别，出版社包括了出口型出版社、社会政治出版社、科学技术出版社、文学艺术出版社四类。从隶属关系角度而言，出版社可分为国家出版、印刷与图书发行委员会直属，部属和社会团体所属，双重领导，新闻部门四类。加盟共和国出版社按级别划分，可分为共和国级、自治共和国级、州级三级。在共和国出版社中，有俄罗斯联邦共和国58家，乌克兰共和国25家，白俄罗斯共和国10家，乌兹别克共和国9家，哈萨克共和国6家，格鲁吉亚共和国12家，阿塞拜疆共和国8家，立陶宛共和国6家，摩尔达维亚共和国7家，拉脱维亚共和国6家，吉尔吉斯共和国4家，塔吉克共和国4家，亚美尼亚共和国7家，土库曼共和国3家，爱沙尼亚共和国5家。莫斯科、列宁格勒（今圣彼得堡）是苏联的出版中心。国家直属或部属出版社主要有：政治书籍出版社、世界出版社、阿芙乐尔出版社、科学出版社（苏联）、文学出版社、苏联百科全书出版社。在各加盟共和国中，俄罗斯联邦共和国的出版业最发达，每年用俄文和49种民族文字出版各种图书7000多种，发行8亿多册。自改革之后，国外资本开始进入苏联出版业，截至1990年，苏联与加拿大、法国、德国、西班牙等国家建立了10余家合资出版企业[①]。

1990年6月，苏联颁布了第一部《新闻出版法》。然而，苏联出版业进入市场化阶段后，出现了国家资助力度不足、书刊价格急剧上涨、出版市场管控不力等现象。此外，侨民出版

[①] 余敏：《前苏联俄罗斯出版管理研究》，中国书籍出版社，2002，第6页。

社在整个俄罗斯出版业发展史中具有重要的地位。俄罗斯侨民文化作为一种独特的文化现象形成于20世纪20年代，俄罗斯侨民出版社是随着俄罗斯侨民文学的产生而形成的，侨民出版社主要活动在德国柏林、法国巴黎、捷克布拉格、中国哈尔滨、美国纽约等城市。总体而言，苏联出版业经历了国有化整顿、计划经济管理、市场化改革等阶段，建设了基本完善的出版产业与印刷产业，为后期俄罗斯的出版业发展奠定了重要基础。

六、当代俄罗斯出版业

20世纪90年代初，苏联解体，俄罗斯出版业与其他产业一样直接继承了苏联时期的出版遗产，并在原有的基础上发生了一定的变化。

首先，从出版的法律制度上，俄罗斯在《苏联新闻出版法》的基础上，于1991年12月17日通过了《俄罗斯联邦新闻传媒法》，并在1995—2014年间进行了数次的修订与补充，既以新闻出版自由为指导思想，同时也强调新闻出版应为国家服务。

其次，就新闻出版的管理体制而言，苏联时期的行政管理机构依然存在，只不过多次更名，如1991年，全俄中央执行委员会出版部更名为俄罗斯新闻出版部，1994年更名为俄罗斯出版委员会，1999年，俄罗斯广播电视局与俄罗斯国家出版委员会合并改组为俄罗斯出版、广播、电视和大众传媒部。新闻出版管理机构的职能发生了改变，其中较为重要的改变是俄罗斯出版行政管理机关只负责管理、技术支持与政策执行，不再负责意识形态方面的监督与指导工作。

再次，就出版业的发展状况而言，21世纪初的俄罗斯出版业发展变得缓慢，俄罗斯国有出版市场份额开始下降。一方面，俄罗斯纸张、印刷价格与国际接轨，书价大幅上升，职工工资下降到原来的1/10，社会经济低迷，读者购买力相对较低。另一方面，受1991年《俄罗斯联邦私有化法》的影响，俄罗斯出版企业开启了私有化进程，至2000年，俄罗斯共有12000多家出版社，国有出版社仅有1000多家，其他均为非国有出版社。虽然出版社数量增加，但是俄罗斯出版能力大大下降，在俄罗斯政府部门注册的12000多家出版社，只有6000余家真正从事图书出版活动。私有化改革后俄罗斯政府开始提高税率，特别是2001年，俄罗斯联邦政府给图书出版和销售制定了20%的增值税率，直接导致整个图书行业的萧条，如每年出版图书6种以上的出版社有270家，出版100种以上的有26家，出版200~1000种图书的出版社仅有埃克斯摩（Эксмо）、阿斯特（ACT）等5家[①]。自2006年起，俄罗斯政府在新闻出版领域陆续出台了相关扶持政策，以改善俄罗斯出版的疲软市场，如2006年推出的《国民阅读扶持与发展纲要》，2012年根据俄罗斯联邦第186号政府令启动了《俄罗斯文化2012—

---

① 余敏：《前苏联俄罗斯出版管理研究》，中国书籍出版社，2002，第17页。

2018》发展纲要，2016年出台了《俄罗斯联邦各民族文学作品扶持计划》等。

● 思考题

1. 俄罗斯出版业何时形成？其形成的背景与标志是什么？
2. 彼得一世的改革对俄罗斯出版业产生了哪些影响？
3. 叶卡捷琳娜二世执政期间俄罗斯出版业发生了哪些变化？
4. 20世纪苏联出版业发展具有哪些特点？
5. 苏联解体后，俄罗斯出版业发生了哪些变化？

第二节　俄罗斯出版业的发展特点

通过前文内容可知，俄罗斯出版业在450余年的发展过程中经历了沙俄时期的封建农奴制社会、苏联时期的社会主义社会和当代俄罗斯资本主义社会，每种社会制度对出版业的管理政策都存在着差异。总体而言，俄罗斯出版业的法律法规与管理政策主要涉及了机构属性（即国有与私有）、资本属性（即国内资本与国外资本）、出版自由与出版管制、出版贸易（即图书进口与出口）等方面内容。

一、俄罗斯出版法规与出版政策特点分析

从历史角度分析，自出版业形成伊始，俄罗斯近200年没有进行出版立法或设立监察机构，其主要原因是在出版业形成初期，整个出版业掌控在国家和教会手中，而且当时对莫斯科印刷行业所有出版物的监察主要由法官和教会代表执行，直至1687年，俄罗斯成立了斯拉夫—希腊—拉丁语研究院（Славяно-греко-латинская академия）来执行监察功能，但它并不属于专业从事监察事务的政府机构。

1721年，彼得一世下令成立专门的政府监察机构，即由东正教最高会议主教公会（Синод）负责管理全俄出版事务。1756年，俄罗斯成立了莫斯科教会监察机关（Московская духовная цензура），根据法令，莫斯科教会监察机关由教会代表和3名精通某种科学领域和外语的专家构成，由主教工会直接管理[①]。该机构成立的主要目的是为彼得一世的改革与维护专制统治服务。

叶卡捷琳娜二世执政期间，俄罗斯出版业历史上第一次针对出版自由立法，即1783年推出的"自由印刷出版法"（Заон о вольных типографиях），该立法具有两个特点："一是俄罗斯出版业首次开始实施出版前审查；二是首次从法律层面允许以个人名义开设私营出版印刷厂。"然而，由于叶卡捷琳娜

[①] Есипова В.А. История книги. Учебник по курсу «История книжного дела». Томск: Издательство Томского университета, 2011: 179.

二世担心欧洲革命思想的渗透,于是在1796年颁布了《关于停止印刷自由并实施严格监管》的法令。1778年,俄罗斯政府在各大口岸设立了图书监察部门,专门监察国外运进俄罗斯的图书,至1800年,俄罗斯完全禁止了图书进口。

进入19世纪,俄罗斯的出版管控力度在亚历山大一世执政期间得到了缓解,1802年出版法令的实施重新开放了出版印刷的私营许可,促进了私营出版业的发展,在该时期俄罗斯出版业同资本合作模式已日趋成熟,股份制出版公司、合资出版公司陆续成立。虽然于1804年为限制出版自由设立了书刊监察机构,但较之以前,俄罗斯的出版监管能力已弱化许多,该时期的出版企业拥有一定的出版自由。

20世纪,俄罗斯出版业的发展在不断变化的管理政策下波澜起伏。1917年颁布的《出版令》(Директ о печати)内容明确指出:"大型印刷出版企业应收归国有",俄罗斯出版业开始了国有化整改之路。然而,1921—1930年,苏联开始实施新经济政策,并于1921年颁布了《私营出版社法令》,转而开始允许私营出版机构从事出版业务,但是不能占有巨大的市场份额。

1930—1985年,政府对出版进行了中央集权化管理,其间首次在出版领域实施"出版五年计划"。从该阶段出版业发展的实际情况看,苏联政府实为继续实施出版业的国有化政策。在此期间,绝大多数私营和股份制的出版机构被关闭,国家垄断型的出版机构陆续成立。至1939年,苏联最后一家私营出版社"格拉纳特兄弟出版社"被国有出版机构苏联百科全书出版社合并。

严格的出版管理制度使出版业出现了管理权限集中化、出版业务机械化、出版内容单一化等问题。1985年，为解决上述问题，戈尔巴乔夫开始进行新思维改革。其改革的主要内容包括：主张党政分开，出版管理机制发生了变化，直接管理机构下放至宣传部门的出版委员会；提倡自负盈亏、自筹资金、劳动集体制、独立核算等市场化运营方式；加强出版国际合作，与国外资本对接，1987年1月，苏联出台了一系列关于合资企业的政策文件，截至1990年，苏联同外国资本合资建立了10余家出版社；将原有的出版审批制改为出版注册制，简化出版流程。1990年6月12日，戈尔巴乔夫签署了苏联第一部《新闻出版法》，1991年颁布了《俄罗斯联邦私有化法》，此后许多苏联出版机构逐渐被金融寡头收购与控制。

苏联解体后，俄罗斯在原有的《新闻出版法》基础上颁布了《俄罗斯联邦新闻传媒法》并进行了数次补充与修订。总体上，俄罗斯联邦政府尊重新闻出版自由，但必须具有为国家服务意识。新的俄罗斯新闻传媒法规定俄罗斯出版企业的外资比例不得超过50%，而在2014年修订的新闻传媒法中，外资在俄新闻出版企业的持股比例变为不得超过20%。由此可见，21世纪的俄罗斯联邦政府在出版领域对外资具有较高的警惕性。

二、俄罗斯图书出版的主要内容

根据2008—2018年的数据统计，俄罗斯教材、文学艺术类图书和参考类图书所占出版种数和印数比重基本一致，分别为30%～50%、15%～30%和1%～3.5%。少年儿童类图书和学术类图书所占出版种数和印数比重反差较大：少年儿童类图书的印数比重（20%左右）约为出版种数比重（10%）的2倍，学术类图书的出版种数比重（20%左右）约为印数比重（2%左右）的10倍。此外，俄罗斯的再版图书出版数量稳定。在俄罗斯出版业11年的发展中，出版的新版书与再版书的总量比例大致为8∶2，就出版印数而言，新版书与再版书的印数比为7∶3[①]。从数据分析可知，俄罗斯出版市场对再版书的需求稳定，并呈现出增长之势，2008—2018年，再版书印数所占比重由26.2%增至32%。

图书翻译出版数量实现持续增长。在出版指标整体缩水的背景下，除印数指标尚未超过2008年水平，俄罗斯翻译图书出版种数、印数均实现增长，是唯一一个两项指标均实现增长的类别。2018年，俄罗斯出版翻译图书16765种，同比增长10.9%，较2008年增长18.1%；印数7140万册，同比增长1.7%，较2008年减少23.2%。该类图书出版量所占比重，占总出版种数的14.3%，占总印数的16.5%，较2008年增加3～4个

---

① 夏海涵、王卉莲：《俄罗斯图书出版状况与趋势（2008—2018年）》，《出版发行研究》2020年第9期，第70—71页。

百分点。翻译图书一般包括译自外语和民族语言的作品、以外语和民族语言出版的作品。2018年，译自英语的作品10277种，印数5210万册，约占翻译图书总出版种数和总印数的60%～70%。译自法语、德语的作品分别占8%和5%～6%。译出语种最多的是英语，出版2114种，印数170万册，由于2018年俄罗斯足球世界杯的举办，其出版种数是2017年的近2倍，但印数减少了约30%。

数字出版占比增大。俄罗斯数字出版市场由B2C和B2B两部分构成。B2C领域涵盖电子书和有声书，电子书市场快速增长，有声书市场很有发展潜力。B2B领域涵盖电子图书馆系统，该市场呈缩减态势。根据《书业》杂志、利特列斯公司数据统计，2018年俄罗斯数字出版市场总量为48.1亿卢布，是2013年的4.4倍，同比增长34.7%。其中，电子书市场总量35亿卢布，是2013年的8.3倍，同比增长41.7%；有声书市场总量8.5亿卢布，是2013年的10.6倍，同比增长30.8%。电子图书馆系统市场总量4.6亿卢布，同比增长2.2%[①]。

● 思考题

1. 在俄罗斯出版业450余年的发展史中，出版政策变化的最大特点是什么？

2. 俄罗斯图书出版选题分布特点是什么？

---

① 夏海涵、王卉莲：《俄罗斯图书出版状况与趋势（2008—2018年）》，《出版发行研究》2020年第9期，第72—79页。

第三节　俄罗斯图书销售网络与主要出版机构

俄罗斯出版业在独特的发展历程中形成了两大图书销售中心与出版中心——莫斯科与圣彼得堡。俄罗斯图书市场主要包括批发和零售市场两类，销售渠道主要包括线下与线上两种，其中图书批发市场主体由图书批发公司与出版机构构成，零售市场主体主要由普通书店、连锁书店、网上书店、非专业图书零售机构以及报刊亭构成。在俄罗斯，超过一半的大型出版机构都集中在莫斯科与圣彼得堡，据2018年数据统计，位于莫斯科和圣彼得堡的出版书种占总出版种数的66%，占出版总印数的89%。

一、俄罗斯图书销售网络

目前，在俄罗斯有20多家大型批发公司，其中一些公司兼做零售、馆配或网上书店业务。其中，四成大型批发公司位于莫斯科。此外，中小型批发企业主要集中在各联邦主体的首府或主要城市，其中一些企业与莫斯科和圣彼得堡的出版机构保持直接联系，大部分企业主要从大型出版机构在各地设立的批发企业获取图书。俄罗斯的图书批发公司主要有三类：一是单纯从事发行业务的独立批发商，如"36.6图书俱乐部"；二是出版机构自办批发公司，如"因夫拉—姆"；三是兼做出版业务的批发商，如"欧米伽-尔"等。

俄罗斯图书零售发行渠道主要涉及书店、连锁书店、网上书店、报刊亭、非专业图书零售机构五大部分。苏联解体前，有书店8455家。苏联解体后，出于盈利的考虑，很多书店转变了经营方向，俄罗斯书店数量和营业面积不断减少。2005—2011年，全国书店数量在3000~3500家（含连锁书店）。2013年，据书业专家估算，俄罗斯有1000~1500家实体书店。但是，根据俄罗斯统计局发布的数据，2013年俄罗斯有书报刊、文具及办公用品零售机构410家（不含小型企业）。

俄罗斯的连锁书店大多隶属图书出版机构。2005年，排名前三的连锁书店为畅销书股份有限公司旗下的"图书世界"（共212家）、阿斯特出版集团旗下的"字母"（134家）、莫斯科图书之家联合中心旗下的"莫斯科图书之家"（38家）。畅销书股份有限公司缔造了近年来俄罗斯连锁书店发展的鼎盛时期。该公司位于西伯利亚，成立于1995年，是一家从事批发、零售业务的全国性的图书贸易企业，自2004年起进入俄罗斯零售商前50强的行列，2008年旗下连锁书店超过600家，2010年公司亏损超过1亿卢布，2011年11月西伯利亚州仲裁法院判决确认该公司破产。

随着互联网技术的迅速发展和电子商务的日益普及，俄罗斯网上书店获得了长足发展。网上书店"俄罗斯图书"，号称俄罗斯第一家网上书店，1996年8月由计算机图书出版社"象征-加号"建立，最初名为"象征"，后更名。近年来，网上书店"奥逊"和"林荫道"成为俄罗斯互联网图书贸易市场上的两大巨头。网上书店"奥逊"号称俄罗斯最大的网上书店，2013年占市场份额的24%，拥有图书配送点2100个，覆盖俄罗斯、哈萨克斯坦和拉脱维亚的255座城市，2015年图书平均售价约287卢布，顾客购书每单平均为1300卢布。据专家评估，奥逊的头把交椅被迅猛发展的林荫道所取代。2013年林荫道网上书店占市场份额的6.7%，2014年占市场份额的25%，2015年所占份额在39%以上，林荫道的主要优势是图书品种丰富、推荐服务水平较高、物流服务免费快捷（平均5天送达）、有累积消费折扣系统（老顾客购书最高能享受七五折），2013年在俄罗斯境内拥有380个配送点。

近年来，俄罗斯报刊亭数量不断减少，这一渠道的图书发行情况不太乐观。因为出版机构对这一渠道的准入门槛较高，要求出版机构降低图书售价，并提高图书配送物流效率。与俄罗斯出版机构合作的报刊亭运营商主要有：阿里阿-证据与事实、铁路普列斯-格普、普列斯-物流、罗斯印刷等。非专业图书零售机构一般位于超市、儿童用品连锁店等，用于售书的卖场面积占比低于10%。图书品种主要为低价位的成人文学作品、儿童图书、烹饪与休闲类图书等。目前，俄罗斯大中型出版机构一般通过大型图书批发商与欧尚、麦德龙、马格尼特、纽带等非专业图书零售机构合作。2013—2015年，根据埃克斯摩出版社提供的在欧尚、地铁、OK、纽带、第七大陆等卖场的销售数据，在图书销售额中，成人文学作品约占40%，儿童图书约占30%，实用类图书约占20%[①]。

二、俄罗斯主要出版机构

据2020年数据统计，俄罗斯出版企业在出版种数与印数排名前十的有埃克斯摩出版社、阿斯特出版社、教育出版社、字母–阿提库斯出版社、里波尔–经典出版社、鹿出版社、西姆巴特出版社、德罗法出版社、知识实验室出版社、罗斯曼出版社（见表1）。

表1　2020年俄罗斯出版社出版种数与印数榜单[②]

排名	出版企业名称	品种数	印数（万册）
1	埃克斯摩（Эксмо）	7733	3666.692
2	阿斯特（ACT）	7204	3304.99
3	教育（Просвещение）	4829	8625.765
4	字母–阿提库斯（Азбука-Аттикус）	2756	1476.515
5	里波尔–经典（РИПОЛ-Классик）	2132	134.687
6	鹿（Лань）	1769	11.927
7	西姆巴特（СИМБАТ）	1436	1121.50
8	德罗法（ДРОФА）	1131	1257.08
9	知识实验室（Лаборатория знаний）	969	706.837
10	罗斯曼（РОСМЭН）	885	634.653

---

① 王卉莲：《俄罗斯出版业：在变革与重塑中谋求新发展》，《出版参考》2019年第8期，第10—14页。
② 陆云、王卉莲：《2020年度国际出版趋势报告·加拿大/俄罗斯分报告》，《中国出版传媒商报》，2021-09-14（11）。

埃克斯摩（Эксмо）公司成立于1991年，是俄罗斯大型出版企业之一。成立之初主要从事图书贸易，1993年开始进入图书出版领域。公司发展至今已在4个国家10个城市中设立分公司和代表处，所在城市分别为莫斯科、圣彼得堡、下诺夫哥罗德、罗斯托夫、萨马拉、叶卡捷琳堡、新西伯利亚、乌克兰的基辅、白俄罗斯的明斯克、哈萨克斯坦的阿拉木图。公司于2012年收购了另一家俄罗斯大型出版公司阿斯特，并成立了埃克斯摩-阿斯特出版集团（Издательская компания Эксмо-Аст）。截至2019年，公司年均出版图书总量超过8000万本，发行图书总量超过1.1亿份。在2020年，埃克斯摩公司出版图书共计7733种，发行印数为3000～600万册。

阿斯特（АСТ）公司成立于1990年，是俄罗斯大型出版企业之一。出版图书包括了俄罗斯文学、外国文学、教材、工具书等，每年出版图书超过6000种，发行印数超过4000万册。在2012年同埃克斯摩公司联合成立了埃克斯摩-阿斯特出版集团。2020年，阿斯特公司出版图书共计2756种，发行印数为8000～600万册。

教育（Просвещение）出版公司成立于1930年，至今已有90余年的发展历史，是苏联与俄罗斯教学用书出版的龙头企业，专业从事学生用书、教师用书、工具书等教育领域图书的出版。1964年，教育出版社兼并了苏联国家教育出版社（Учпедгиз）与全俄师范科学院出版社（Издательство Академии педагогических наук РСФСР），截至1992年，教育出版社基本垄断了苏俄教育出版市场。2020年，教育出版集团并入了俄罗斯学子出版社，并开始提供线上学堂和媒体课堂等线上教育与数字出版服务。在2020年，教育出版公司出版图书共计7204种，发行印数为3000～300万册。

字母-阿提库斯（Азбука-Аттикус）出版集团前身是1995年成立的字母出版公司，是俄罗斯大型出版企业之一，主要出版文学图书（如俄罗斯文学、外国文学、古典文学、当代文学、儿童文学等）。2008年，字母出版公司同外国文学出版社（Иностранка）、蜂鸟出版社（Колибри）、金凤蝶出版社（Махаон）组建了字母-阿提库斯出版集团。2020年，字母-阿提库斯出版集团出版图书共计2756种，发行印数为1000万余册。

里波尔-经典（РИПОЛ-Классик）出版公司于1996年在莫斯科市成立，是俄罗斯文学图书大型出版企业之一，年均出版图书2000余种，旗下子公司有T8印刷厂（负责书籍印刷和提供电子书制作服务）、欧米伽-L出版社（主要负责教材和法律图书出版），此外还包括RUGRAM出版社、Delibri出版社、图书门户贸易公司（Терминал-Книга）等。2020年，里波尔-经典出版集团出版图书共计2132种，发行印数为130万余册。

鹿（Лань）出版社于1993年在圣彼得堡成立，主要负责高等教育所需图书的出版，主要涉及数学、物理、工程技术科学、化学、兽医、畜牧、农林和林业工程等领域。旗下设有"鹿"电子图书馆公司（Лань Электронная библиотечная система）和全球F5（Global F5）线上直营书店。2020年，鹿出版公司出版图书共计1769种，发行印数近12万册。

德罗法（ДРОФА）出版公司成立于1991年，主要从事高中与大学教学用书、儿童文学、历史、小说等图书的出版。2012年，德罗法年均出版3500种图书，印数超过4000万份，年均有400种新书上市出版。2020年，德罗法出版公司出版图书共计1131种，发行印数1000~600万册。

知识实验室（Лаборатория знаний）出版公司成立于1990年，主要从事化学、医学、数学、物理、生物学等领域的图书出版，出版图书主要面向高中、大学等科研机构。知识实验室出版公司长期与俄罗斯门捷列夫化学协会（Российское химическое общество имени Д.И. Менделеева）、俄罗斯科学院斯捷克洛夫数学研究所（МИАН）、俄罗斯纳米技术协会（Нанотехнологическое общество России）进行合作。2020年，知识实验室出版公司出版图书共计969种，发行印数700万余册。

罗斯曼（РОСМЭН）出版公司成立于1992年，是俄罗斯唯一一家专门从事儿童图书与青少年图书出版的大型出版社。旗下品牌有罗斯曼-力卡（Росмэн-Лига）、罗斯曼-传媒（Росмэн-Пресс）、罗斯曼-出版（Росмэн-Изд）、罗斯曼-联盟（Росмэн-Союз）。据罗斯曼出版社公布数据显示，2005年出版的图书总发行量超过1100万册，在全俄图书市场份额占比为5.5%。2020年，罗斯曼出版公司出版图书共计885种，发行印数634万余册。

● 思考题

1. 如何理解俄罗斯图书销售市场结构与销售渠道？

2. 俄罗斯哪家出版社占有的市场份额最大？

3. 除了本书中提到的俄罗斯出版社，你还了解哪些俄罗斯出版社？

第十章 印度出版业发展历史、现状与主要出版机构

书籍是沉默的老师,出版则是让这些老师发声的力量。

印度，全称印度共和国，位于南亚次大陆。印度国土面积约为298万平方千米，位列世界第七，也是亚洲第二大及南亚地区最大的国家。印度人口众多，位列世界第二，根据世界人口统计数据，截至2020年4月，印度拥有人口13.24亿，仅次于中国，但其人口增长速度比中国快，预计到2030年印度将成为世界上人口最多的国家。印度民族众多，包括印度斯坦族、马拉地族、孟加拉族、比哈尔族、泰卢固族、泰米尔族等在内的100多个民族，其中印度斯坦族约占印度总人口的46.3%，是印度人口数量最多的民族。此外，印度还曾遭受长达3个多世纪的殖民统治，深受英语文化的影响。长期的殖民统治以及多民族、多语言等复杂状况造成了印度出版业独特的一面。

第一节　印度出版业发展史

印度出版业的历史，可以大致划分为三个阶段：1947年以前，1947—20世纪末，21世纪以来。

一、1947年独立以前

印度是先有印刷和售书，然后再有图书出版的。印度独立前，印度出版业十分落后，为数不多的出版社基本由英国资本控制。16世纪下半叶,基督教传教士将印刷术引入印度。在18世纪末以前出版的书多属宗教方面的,到了19世纪图书出版才成为商业性活动[1]。当时,殖民政府为了实行现代教育统一制度,这就需要按新的教育制度出版教科书,同时一个人数众多的受过教育的中产阶级出现在印度的历史舞台上,他们既是书稿的撰稿人,又是书籍的消费者、购买者。尽管经销的多是进口的图书和杂志,但图书销售网还是逐渐形成了。

二、1947—20世纪末

1947年独立后,政府大力支持中小学教科书国有化运动,并鼓励出版民族文字书刊。多数商业出版社都经历了先出版中小学教科书,然后扩大出版品种的发展过程。1968年,中小学教科书出版基本国有化。1975年,印度年度出书13000种,进入世界主要出版国家行列。

在独立后的30年中,据粗略统计,印度全国共有11000家图书出版商,其中40%有自己的印刷厂[2]。有的出版商还自办发行。大多数出版商直接向图书馆和研究机构供应图书。而这部分销售额占一般图书销售总额的75%。图书的零售业不太稳定,通过图书俱乐部邮购图书的规模也不大。当时,印度人口占世界总人口的15%,而出版的图书种数仅占世界图书种数的3%。按主题分类,文学书占总种数30%,其次是政治经济方

---

[1] 《印度的图书出版概貌》,《编创之友》1984年第3期,第239—241页。
[2] 周文:《印度图书出版业的危机》,《编创之友》1982年第1期,第244—245页。

面占18%,自然科学、医学和技术约各占2%。除教科书外,平均每种书印1000~2000册。就廉价纸皮书来说,每种印数可高达5000~1万册。按人口计算,印度人均购书32页,远低于出版业发达的国家人均购书2000页的指标[①]。

20世纪90年代末,儿童图书的独立出版商在印度这片土地上蓬勃发展。卡拉狄童话(Karadi Tales)、图里卡(Tulika)、塔拉(Tara)、年轻祖班(Young Zubaan)以及卡萨(Katha)等书商就是代表。同时,印度学者出版社、海燕出版社以及一些其他的跨国出版商,都在出版儿童类读物并以此作为进入印度出版市场的桥梁。

在出版法律法规方面,1957年,印度政府制定了《版权法》。版权保护期一般是作者的有生之年加死后50年。根据版权法,印度成立了版权委员会,解决版权及其有关问题的纠纷。根据社会形势的变化,印度政府多次修改《版权法》,其中一次重要的改变就是2000年实施WTO相关要求完全与国际接轨的新《版权法》及相关法律。除《版权法》之外,印度政府还制定了《国家通用语言文字法》作为印度新闻出版的法律依据。而《出版管理条例》《印刷业管理条例》《版权法实施条例》等法规,《图书出版管理规定》《图书质量管理规定》《期刊出版管理规定》《音像制品管理规定》等重要规章,《图书、期刊、音像制品、电子出版物重大选题备案方

---

① 《印度的图书出版概貌》,《编创之友》1984年第3期,第239—241页。

法》等规范性文件，与《版权法》等法律相辅相成，共同规范印度的新闻出版市场[①]。

为了发展图书业，印度中央政府采取了一系列措施。如所有出版商可免所得税，将图书出版业列入大学课程，为书业人员举办讨论会和培训班，优惠供应教科书用纸，降低小包图书邮费等。

三、21世纪以来

进入21世纪以来，印度出版业获得了长足进步，近年来更是发展迅猛。目前，印度已经是全球图书出版的重要市场之一，其图书出版业在世界上排名第七，印度的英语语种出版业在世界上排名第三，仅次于美国和英国[②]。

2015年，印度海外出版商协会（API）和印度出版商联合会（FIP）委托尼尔森公司（Nielsen BookScan）对印度出版市场进行了详细的调查。根据《2015年尼尔森印度图书市场报告》，包括图书进口在内的印度纸质图书市场价值约为2959亿卢比（约合39亿美元）；其图书市场规模在2011—2012年与2014—2015年间的复合增长率（CAGR）为20.4%。目前，印度市场上有9000多家出版商，而非此前行业机构引用的190家，其中大众出版商有930家；预计到2020年，印度民众的识

[①] 周利群：《印度的新闻出版发展现状及其与中国的合作》，《出版发行研究》2016年第10期，第89—92页。

[②] Press Trust of India. "Indian book market to touch 739 billion by 2020:Survey".

字率将达到90%,此时印度图书市场市值将达到5.61万亿卢比（约合739亿美元）;印度教育图书市场增长迅速,由印度国家儿童文学中心（FCI）管理的K12市场在2007—2008年营收725.31亿卢比（约合9.56亿美元）,2013—2014年这一数字增长为2125亿卢比（约合28亿美元）,同时高等教育图书销售额也从之前的183.62亿卢比（约合2.42亿美元）增长到644.13亿卢比（约合8.49亿美元）。2010—2015年,印度图书进口复合增长率基本达到19%,在2014年有所下降;印度图书市场上图书零售商达2.1万家,大部分为教育书商,大众图书销售中心1800处;图书市场在印度零售市场份额中占比不到1%,但近年来有逐年增加趋势。

国际出版商协会年报数据显示[1],2010年印度出版商净收入1389.63亿卢比,市场价值2073亿卢比（约合24亿美元）,2013年印度图书市场总价值达1393.78亿卢比,2014年印度图书市场产值为2610亿卢比（约合31亿美元）。在印度教育类图书的推动下,印度出版业以19.3%的年均复合增长率一直增长至2020年。

2010年,根据印度国家图书信托基金会（National Book Trust of India）做的一项全国调查,青年人口的四分之一,将近8300万人确认自己为图书读者。其中,58%的人处于或者低于大学入学考试的水平,这说明印度的青少年图书产业是全球

---

[1] http://www.internationalpublishers.org.（数据来自国际出版商协会年报）。

该类型市场中的最大市场之一。这意味着儿童类和青少年类的图书市场巨大，至今还没有被完全发掘出来。

> ● 思考题
>
> 1. 在印度独立以前，印度出版业是什么状况？
> 2. 目前印度出版业处于世界什么水平？
> 3. 2015年尼尔森印度图书市场报告说明了什么？

第二节　印度出版的特点

印度的现代出版业开端于殖民时期，发展于独立之后。长期的殖民地历史，多民族、多宗教、多语种的复杂状况是形成今日印度出版业特点的关键因素。中印两国自古毗邻而居，在民族、语言状况以及近代发展历程上有很多相似性，但印度的出版业呈现出了其独特之处。

一、英国文化的遗产

印度遭受殖民侵略和统治的历史长达300多年，尤其在英国殖民印度时期，更是对印度的民族和国家发展进程产生了深刻影响。而这一点对于印度出版业有着显著而深远的影响，甚至可以说印度的现代出版业源于英国殖民印度时期的文化的遗产。

现代意义上的印度新闻出版行业，奠基于英国殖民时代的印度[①]。1600年，英国侵入加尔各答建立东印度公司。1757年开始成为英国殖民地，1876年维多利亚女王正式加冕为"印度女皇"，标志着英国对印度的全面统治。1947年8月15日，印巴分治，印度独立。1950年1月26日，印度共和国成立，为英联邦成员国。从1600年到1947年近三个半世纪内，英殖民统治者试图培养印度精英成为政府的忠实文官，在学校推广英语教育，使用英语出版书籍报刊。印度民族国家独立到现在不过70多年，之前300多年的英式教育给人口众多的印度烙下了不可磨灭的印记。[②]

1780年《孟加拉报》(The Bengal Gazette)开始出版发行，它的出现标志着印度现代报业的开端。此外，其他出版时间长达百年左右的报纸都诞生于英殖民时代，如英语日报《印度教徒》《印度斯坦时报》等；印地语报《新婆罗多》；马拉雅拉姆语报《喀拉拉月光报》；孟加拉语报《阿难陀巴扎之父》。上述多家报纸编排体系完备，出版发行系统成熟，使当时印度报业呈现百舸竞流、百花齐放的局面，而这都受益于英国人当年移植英式社会系统到印度。印度知名出版社，如莫提拉·班那西达斯公司是1903年开始创办的出版社，在梵语和印度学书籍出版方面享誉国际，其成熟的排版、出版、零售体系也受惠于英国人所留下的遗产。

---

① 李斌：《印度数字出版的勃兴与启示》，《出版科学》2017年第1期，第106—109页。
② 王娟：《迅速崛起的印度图书出版市场》，《今传媒》2018年第2期，第77—78页。

二、英语及多语言出版

印度是多民族国家，有着丰富多样的语言和方言，因此印度有"语言博物馆"之称。印度是印地—雅利安语和达罗毗荼语的发源地，其国土范围内的其他语言来自南亚语系和藏缅语系，这些语言的种类十分庞杂，据相关统计，印度语言和方言总计有1600多种。印度宪法中认定的语言有22种，分别是：印地语、阿萨姆语、孟加拉语、博多语、多格拉语、古吉拉特语、卡纳达语、克什米尔语、孔卡尼语、迈蒂利语、马拉雅拉姆语、曼尼普尔语、马拉地语、尼泊尔语、奥迪亚语、旁遮普语、梵语（Sanskrit）、桑塔尔语、信德语、泰米尔语、泰卢固语和乌尔都语。因而，与中国拥有全国通用语言——汉语这一点不同的是印度没有全国通用语言，只有官方通用语言。

在官方认定的22种语言当中，印地语是使用最广泛的语言，约有41%的人以印地语为母语。再加上印度曾在历史上长期处于英国的殖民统治之中以及英语作为世界语言的地位，英语与印地语同为印度的官方通用语言。印度的这种多语言的复杂状况造成了印度出版业的一个典型特征——英语及多语言出版特色。

英语和印度多种本土语言的交叉使用是印度出版业的特色。英语在印度是官方交际语言之一，同时还是商业用语，特别是在印度的南方。熟练掌握英语对学业和商业上的成功帮助很大。据估算，大约有数亿印度人将英语作为第一语言。英语在私立学校和大部分的高等教育课程中是作为教学语言使用的，因此在教材出版方面，相当多的情况下使用英语。在法兰克福书展、巴黎书展、伦敦书展、莫斯科国际书展、北京书展等出版界的盛会上，印度出版商的精彩表现也令人刮目相看。印度出版商近2万家，每年用24种语言出版8万多种图书，虽然品种不多，但由于用各自联邦语言出版，因此读者群稳定。在印度出版的图书中，英语图书约1.6万种，占20%左右。印度已成为仅次于美国、英国的第三大英语图书出版国家。不过，在新配发的ISBN国际书号中，只有40%的书号用于英语图书的出版，这也反映了印度其他语言图书的出版也是相当强的。

由于印度的互联网产业发达，加上英语优势，全球主要的国际出版商和日报出版商，如牛津大学出版社、剑桥出版社、麦克米伦等出版公司，向印度外包了大量数字出版业务，如报纸、期刊、图书的设计、排版、印刷，专题数据库加工、互联网在线销售服务及客户售后服务等。众所周知的亚马逊书店网络后台服务，均由印度通过互联网提供。而大多数英国的出版商十分熟悉印度图书市场，他们同这个地区打交道已经有十几年了。有几家英国出版公司已经在当地设立了公司，其中包括培生、哈伯考林斯、里德·艾尔塞维尔、牛津大学出版社和麦克米伦等。一些公司发现，在印度私立学校市场上取得成功的唯一途径就是在当地进行出版，牛津大学出版社和麦克米伦已经在印度本土干得非常成功了，其他公司目前在向大学生销售教材和学术图书，同时向图书馆销售期刊。

与此同时，英语语言优势也为印度本土语言作品在全世界推广带来了极大的便利。如在推动印度梵语文学、梵语经典的全球推广以及诸如泰戈尔等大师级作品在全世界范围内的翻译出版传播等方面发挥了巨大作用。总体来看，印度新闻出版业将民族语言文化推向全世界的经验，值得中国新闻出版机构充分借鉴。

三、行业数字化

印度的互联网产业十分发达，拥有丰富的人才资源，每年约有50万名信息工程师毕业，根据国家软件和服务公司协会（The National Association of Software and Service Companies）调查，印度互联网产业创造的产值占全国GDP的6.4%，占出口总额的26%[1]。聚集在号称"印度硅谷"的班加罗尔、金奈、海得拉巴和浦那的数百家数字化企业正在成为数字出版的主力，它们提供了包括文字识别、ePub格式转换、设计服务在内的数字技术服务，并且已涉足电子商务。这些互联网公司成为欧美出版商出版产业链的关键环节。2010年的一项调查显示，66%的来自美国和英国的出版商承认他们的试制工作是外包给印度的阿姆奈特（AMNET）、阿普塔拉（Aptara）和威

---

[1] 李斌：《印度数字出版的勃兴与启示》，《出版科学》2017年第1期，第106—109页。

尔（VEL）等软件公司的，这些公司的客户中不乏世界顶尖的出版社。印度政府把这些公司看作促成国家全面繁荣的重要动力。随着互联网公司的兴盛，数字出版产业也逐步发展起来。

数字技术为印度出版提供了新的机遇和平台。奥德赛360（odyssey360）书店就通过电子邮件提供有关营销、健康等主题的PDF电子书的免费下载链接。位于马拉的布克甘达（bookganga）号称"印度文学的网上书店"，除收有近14000册纸质书籍外，还提供了139册电子书和54册电子杂志。这些数字出版物的成本不过2美元，可在微软和苹果设备上阅读，为此，布克甘达已经开发了自己的阅读软件。艾哈迈达巴德的英菲比姆（Infibeam）公司在印度电子书出版界比较有名，它由前亚马逊员工薇莎梅塔（Vishal Meht）于2007年创建，销售的纸质书籍超过1000万册，堪称印度最大的书店。它从外在特征（如logo和网页设计）到商业模式都仿效了美国的亚马逊。2010年1月，英菲比姆公司宣布推出配备电子墨水和触屏的电子阅读器PI，售价220美元，引起当地和国际媒体的关注。除了相对亲民的价格和长寿命的电池外，PI相较亚马逊的电子阅读器Kindle的优势在于：提供印地语、梵语和其他13种印度语言的应用。奥斯瓦（Oswal）认为PI对印度学校产生了很大影响："它的电池可持续1周，4～5名学生可共用一台。在资源、电力短缺的农村地区非常实用。"几个月后，它又开发出PI的第二代版本，配备了Wi-Fi连接和更多的存储空间。它甚至还推出了与iPad竞争的平板电脑Phi。

除英菲比姆公司外，从事印刷、广播、旅店经营活动的印度著名实体书店迪西布克斯（DC Books），控股了一家2009年成立于班果拉的信息技术公司益西媒体（EC Media）。2010年8月，EC Media推出了配有电子墨水、虚拟键盘和包含英语及15种印度语言的操作界面的电子阅读器Wink，Wink6英寸版本的价格约200美元，5英寸的XLite版本价格约180美元。为此，益西媒体提供了超过200000册ePub和PDF格式的电子书和电子杂志，一些能够免费下载，其他的则要花费最高200美元，电子阅读器为它昂首进入数字阅读市场提供了有力支持。

印度数字出版还重视对本土文化的尊重和开发，以此作为抵抗欧美数字出版产品的特色武器，如富布利西（Fublish）平台就专门提供泰米尔语书面和音频格式的书籍下载。莫高数字公司也积极占领移动出版领域，推出可以通过发送短信下载手机漫画，这些漫画大多与印度神话有关，发挥传播印度文化的作用。2004年成立于金奈的出版社新地平线传媒公司，在短短几年已把1100册存书数字化并配有3种不同的语言（英语、泰米尔语和马拉雅拉姆语），还在网站上提供了免费下载工具，便利印度本土消费者的方言写作。许多门户网站也开始开发适应印度众多方言区的语言软件，如网站一个印度（Oneindia）支持手机访问并配有英语、印地语、卡纳达语、马拉雅拉姆语、泰米尔语和泰卢固语版本。英菲比姆公司开发的电子阅读器PI就内嵌了多种印度方言，便利本土消费者的阅读，这一点完胜竞争对手美国亚马逊开发的电子阅读器Kindle，因为后者无法提供面向印度消费者的多种印度语言，以满足多样化的语言需求为契机，印度数字出版逐渐开辟出稳固的本土市场。

四、政府对图书出版的管理和扶持

《印度版权法》（The Copyright Act of India）是于1957年制定，并于1958年1月正式施行的图书、音像等相关出版物版权法。该法律施行至今，一共做了6次修订，分别是在1983年、1984年、1990年、1991年、1994年和2012年。

2013年印度政府发布《版权条例》（Copyright Rules），这是针对1957年《版权法》第78条和1958年《版权规则》规定的相应权利而订立的一系列规则。

印度政府对图书出版采取登记制管理，在印度境内生产的图书一律免征货物税，政府还通过出版图书和支持经济上独立的出版公司来扶持图书出版业。统计数字显示，在印度大约有1000家政府机构和自治机构与图书出版相关。因此，公共部门是图书生产行业的一个重要市场参与者。在印度，政府控制着大部分的中小学教科书的生产并为其出版及读者提供财政补贴。同时，政府还为那些无法在私营企业中找到出版方的研究论著和学术作品提供出版基金和补贴。在图书生产行业中发挥主要作用的国家机构有三家：一是国家教育研究培训委员会（National Council for Education Research and Training, NCERT），它作为一个特殊的公共部门，负责进行研究，准备合适的教科书以及提供教科书范本供各省政府和私营出版商来效仿。二是国家图书发展委员会（The National Book Development Council, NBDC），该委员会经过三年时间被改组为国家图书推广委员会（National Book Promotion Council, NBPC）。三是国家图书托拉斯（The National Book Trust, NBT），它在图书推广领域是最高级机构，针对社会所有领域的所有年龄群体出版一般读物。

此外，印度政府是对所有进口图书的性质或数量不设限制的，对外资进入图书出版和发行市场比较开放。目前，印度政府允许外资在印出版企业控股上限为75%，远高于电视、广播、报刊等行业，而对于从事专营图书出口的企业，印度允许建立外商独资企业。大型的跨国公司在印度设立商店，并为印度出版业带来了资金和技术。对国外投资的开放也意味着，国际出版商们开始注意到这个大国的出版市场需求和创造性的资源，印度成为全球出版产业的一个重要市场。

五、政府对于报刊的管理

截至2001年，印度报刊大多属私人所有，与管理图书出版不同，印度政府设立了专门的报刊管理机构——印度报刊登记处（The Office of Registrar of Newspaper for India, RNI）[1]。在法定职能方面，承担如下工作：①编辑整理和保管报刊登记

---

[1] 姜晓娟：《印度出版业发展状况》，《出版发行研究》2005年第2期，第72—76页。

册。②给发布了有效出版声明的报刊颁发注册许可证。③检查和分析报刊出版公司每年根据《1867年图书报刊登记法》第19条D款提供的年度报告，这些报告中包含发行量和所有权等方面的信息。④通知地区行政长官可供的刊物目录，以便要求出版公司提交出版声明。⑤保证报刊根据《1867年图书报刊登记法》及其有关规定进行出版活动。⑥根据《1867年图书报刊登记法》第19条F款对报刊出版公司年度报告中提供的发行量数据进行检验。⑦在每年12月31日之前（含当日）准备一份报告，内容包括所有能够获得的印度报刊的有关信息和数据，以及对发行量趋势和民办报刊发展趋势的特别提示等内容，提交给政府。RNI的非法定职能有两项，一是制定新闻纸的分配政策，审查报刊出版公司资格并给它们颁发新闻纸使用许可证，使其有资格进口和使用本土生产的新闻纸；二是评估和认定报刊出版公司对于进口印刷，制版机器以及相关器材的基本需求。

对于在印度运营的出版社来说，从图书出版转营杂志出版并不容易。如果这些出版社中的任何一家计划出版外文期刊和杂志的话，它们必须遵守政府对于这一领域国内外直接投资的管理办法。目前，印度政府允许出版企业外国投资占75%，对以出口图书为主的贸易公司可占100%。但是如果这些公司要进入杂志出版领域，它们必须获得另外的批准。政府允许外资在非新闻时事类杂志中占有75%的股份，而在新闻时事类杂志中只占有25%股份。对印刷媒体的海外直接投资，政府的指导方针是在详细的审查之后根据每个案例进行个别界定和解释。

● 思考题

1. 印度出版特征形成的主要原因是什么?
2. 印度数字出版的发展有哪些具体的表现?
3. 谈谈多语言对印度出版发展的利弊?

第三节 印度出版的行业组织和重要出版机构

一个行业在其发展过程中,会形成众多行业组织。一方面,是政府为有效管理和促进行业的健康发展而专门设立的。另一方面,是行业在发展进程中,为维护本行业利益,推动行业有序发展而自觉形成的。

一、主要行业组织

在印度,新闻出版领域有着众多行业组织,指导和规范着行业的发展。主要包括印度报业协会(NAI)、印度广告商协会(ISA)、印度新闻工作者联盟(IJU)、全印度自由记者协会(AFJA)、印度杂志协会(AIM)、印度图书馆协会、国家图书托拉斯(NBT)、全印印刷商联合会(AIFMP)、印度出版商联合会(FIP)、印度海外出版商协会(API)、雷蒙·胡恩·罗伊图书馆基金会(RRRLF)等。

国家图书托拉斯（National Book Trust，NBT），又译为"印度国家图书基金会"，是印度政府于1957年成立的最高图书机构，又译为"印度国家图书基金会"。它是印度最大的出版业组织，由众多出版社和书店联合组成。国家图书托拉斯隶属于印度教育部，完全由印度政府资助。设有董事会和执行委员会，总部设在新德里，在加尔各答等城市设有图书中心。

该基金会鼓励出版商以适中的价格出版优秀的文学作品；用英语、印地语等宪法承认的语言出版印度经典文学著作、翻译作品及为大众传播现代知识的优秀读物，如《印度—国土与民众》（India-the Land and the People）、《印度民俗》（Folklore of India）和《大众科学》（Popular Science）等；负责协调全国出版发行单位的工作，规定书价；举办书展和行业研讨会，包括亚非地区最大书展之一的新德里世界图书博览会（World Book Fair）；在印度各地开办图书出版培训课程，组织、发起与图书编写、翻译、出版、传播相关的研讨会；在海外推广印度文学，组织印度出版商参加国外书展等图书推广活动；向出版商和作家协会组织提供补助金，用来组织研讨会、培训等图书推广活动。

该基金会出版了小说、社会科学、医学和介绍先进技术的图书，这些图书面向社会各阶层和所有年龄段。为了培养训练有素的出版业专业人员，基金会每年在新德里举办为期一个月的图书出版培训课程；建立了国家图书基金会经济援助计划（NBT FAP），旨在将印度图书翻译成外语，并开展了全国青年读者阅读调查（National Action Plan for Readership Development among the Youth，NAPRDY），制定了《全国青年读者能力发展行动计划》（National Action Plan for Young Readers, Ability Development），以期到2025年使15～25岁年龄段的所有青年成为阅读爱好者。基金会于1993年成立了国家儿童文学中心（National Centre for Children's Literature，NCCL），以监测、协调、计划和协助出版各种印度语言的儿童文学。迄今为止，印度各学校已建立了约3.5万个读者俱乐部。

由基金会组织的一年一度的新德里世界图书博览会，是亚非地区最大的图书活动之一。基金会还通过全国各地的移动货车开展了一项新颖的图书展览计划，帮助偏远农村和贫困地区的广大民众都能阅读图书。自1992年这项"移动书展"启动以来，在印度所有州（包括东北各州）已组织了1万多场此类展览。

印度报业协会成立于1993年，是一个非营利性的商业组织，代表着印度媒体界、出版商和印度地方及国家编辑的利益。协会的使命是保护、促进和增强印度报业的繁荣。如今，拥有8000名成员的印度报业协会是全国第一大报业组织。协会的工作重点是发展独立、优质的新闻业，以支持民主、社会、经济、农业、基层新闻业等的发展。该协会也与政府官员紧密合作，以创造有利于报纸业发展的法律法规环境。此外，还提供商业和教育项目与服务，以提高全国报纸业的质量、覆盖面和相关性。

全印度印刷商联合会（AIFMP）于1953年在马德拉斯登记成立，它是印度政府承认的、代表全印度印刷业的唯一组织，是印度印刷业的最高机构，在全国各地拥有57个下属协会和数千名会员，并在国内和国际上担当本行业的代言人。AIFMP围绕"为印度印刷商服务"的目标，组织了很多地区性、全国性及国际性的活动，并积极参与各个主要的国际印刷及相关设备展会。该协会每两年在印度的不同地区召开全印度印刷商会议，举办印刷及相关设备展会（PAMEX），设立全国印刷精品大奖，以及组织召开各种研究会等会议。为了更好地促进地区以及全球合作，AIFMP同很多国家的协会签署了紧密合作协议。这些协会有：斯里兰卡印刷商协会，美国NPES协会，意大利印刷设备制造商协会，墨西哥印刷业商会和中国印刷及设备器材工业协会等。

印度图书馆协会（Indian Library Association）。印度图书馆协会于1933年在加尔各答成立。主要任务：推动全印度的图书馆事业；促进图书馆学和目录学研究；加强人员培养；改善与提高工作人员社会地位；促进图书馆立法和建立文献情报中心等。该协会主要通过执行委员会和13个业务委员会发挥作用。该协会除召开年会、专题讨论会外，还举办书市和书展等活动。由协会倡议，确定每年的9月14日为全国图书馆日，以扩大图书馆的影响。该协会出版有《印度图书馆协会通报》（季刊）。此外，该协会1955年在加尔各答成立了印度专门图书馆和情报中心协会，1966年在昌迪加尔成立了印度图书馆协会联合会。

二、重要出版机构

印度出版社林立，从事着多语种文献的整理出版工作，以印度悠久的历史文化传统为特色，大量有关瑜伽、吠陀、佛教、泰戈尔、奈保尔等具有"普世价值"的印度学、佛学、文学方面的书籍琳琅满目。据印度出版商协会估计，目前印度约有2万家图书出版商，其中包括著名的跨国出版公司，他们每年用24种语言出版8万多种图书。下面重点介绍几家影响较大的图书出版机构。

印度图书是印度最大的书刊发行机构，创立于1952年，属于Amar Chitra Katha&Tinkle专业品牌出版公司。印度图书广泛发行印度国内和国际上的图书和杂志，是印度市场有代表性的前100多种杂志的独家发行商，代表性刊物有《国家地理》、印度版ELLE、《亚洲福布斯》等。印度图书还代理印度国内和国际上约50家出版社的图书发行，如行甘露语出版社（Amar Chitra Katha）、印度知识大厦出版社（Bharatiya Vidya Bhavan）、泛麦克米伦出版社（Pan Macmillan）、阿歇特出版社（Hachette）、哈勃柯林斯出版社（Harper Collins）等。

印度图书在全国9个城市建立了发行中心，分别是孟买、新德里、钦奈、班加罗尔、海德拉巴、加尔各答、艾哈迈达巴德、浦那、特里凡得琅。印度图书在全国有广泛的发行网络，包括组织零售连锁店如Crossword、Land Mark、Oxford、Starmark、Higginbothams等和许多小的正式零售店。同时，印度图书也与印度网络销售的书商合作，如Flipkart、亚马逊、Rediff等。印度图书借助自己的庞大网络，为商业伙伴提供高质量的信息管理系统。

阿难陀出版社是阿难陀巴扎集团的一个分支。后者是总部在加尔各答的一家大型媒体公司，创立于1922年，业务涉及报纸、期刊、书籍、电视台等多个领域。阿难陀出版社建立于1957年，发行了很多知名作家撰写的孟加拉语书籍。知名作者包括获得诺贝尔文学奖的泰戈尔，创作了大量孟加拉语作品。仅泰戈尔的作品，就保证出版社能够具有长久持续的利润。

阿难陀出版社的目标是为读者提供最好的创意文学和学习孟加拉语的条件，它现今已是最大的孟加拉语出版商。它以满足各种人群的阅读需求为第一目标，出版虚构作品、非虚构作品、成年人作品、儿童作品等。近年，该出版社努力吸收最新出版技术，成为全世界孟加拉语出版市场的领导者。

莫提拉·班那西达斯公司（Motilal Banarsidass）是印度德里出版梵语和印度学的重要出版社。该社在1903年由耆那教徒拉拉·莫提拉·简在拉合尔（Lahore）创立，以他的长子莫提拉·班那西达斯·简命名。该社出版发行期刊、论文集及其他学术作品，涉及亚洲宗教、哲学、历史、文化、艺术、建筑、考古、语言、文学、音乐、神秘主义、瑜伽、坦特罗、神秘学、医药、天文、星占和相关学科的书籍数千种。其中比较知名的有100卷的《大往世书》（Mahapuranas）、马克斯·穆勒主编的50卷《东方圣书》（Sacred Books of the East）、30卷的《佛教文库》（Bibliotheca Buddhica）、《罗摩功行之湖》（Ramcharitmanas）、《摩奴法论》（Manusmriti）、《梵语词典》、《印度哲学百科全书》（Encyclopedia of Indian Philosophies）等。该社也出版一些机构的研究著作，如印度历史研究委员会（ICHR,Indian Council of Historical Research）、英迪拉甘地国家艺术中心（IGNCA,Indira Gandhi National Centre for the Arts）、印度文化关系委员会（ICCR,Indian Council for Cultural Relations）等。2002年，该社营业额达到6000万卢比，其中75%来自出口图书的贡献。该社的网站可以向全世界销售图书，用Visa、万事达等卡支付即可。

妇女迦梨出版社于1984年由乌尔瓦西·巴塔利亚和里图·梅农在印度新德里创办。它是印度第一家女权主义出版社。其图书出版包括三个不同的领域：学术和一般书籍、小说、小型小册子和小册子，相继出版了范达娜·希瓦（Vandana Shiva）、乌玛·查克拉瓦蒂（Uma Chakravarti）、维娜·马祖姆达尔（Vina Mazumdar）、拉达·库马尔（Radha Kumar）等众多著名女性作家和活动家的相关作品。此外，妇女迦梨出版社与泽德出版社、美国维索出版社（Verso Books）、美国女权主义出版社（Feminist Press）、英国妇女出版社（Womens Press）等众多海外出版机构都曾保持着密切合作。

● 思考题

1. 印度出版领域有哪些重要的行业组织？并举一例详细说明。

2. 除了本节介绍的印度出版社，你还知道哪些印度出版社？

3. 你看过哪些印度出版社出版的书籍，并说说你购买的渠道？

第十一章

日本出版业发展历史、现状与主要出版机构

出版是思想的解放者，书籍是心灵的避难所。

日本作为世界上的出版大国之一，形成了风格独特又极具竞争力的出版体系。从最初的模仿欧美出版模式，到逐渐探索出符合日本国情和文化特色的出版道路，日本出版业是全球出版业的重要组成部分，不仅在国内市场占据重要地位，也在国际市场上享有盛誉。

第一节　日本出版业发展史

日本出版深受中国出版的影响，最早的出版形式是汉字手抄本，最初的书籍主要是汉字图书、宗教经典，如佛教经典等。奈良时期（710—794年），佛教经典的传播促成了印刷的早期形式。平安时期（794—1192年），书籍的生产仍然依赖手工抄写。随着中国雕版技术的引入，到江户时期（1603—1868年），人们开始通过木板雕刻文本并印刷。江户时期是日本出版史中的重要时期，图书从精英群体走向大众，雕版印刷成为主要的出版方式，其时出版的书籍种类繁多，包括文学作品、历史书籍、手册等。

明治时期，日本引进了西方机械印刷技术，这大大提高了出版物的生产效率，降低了成本，书籍和报纸得以大规模印刷和传播。同时，明治政府实施教育改革，提高了国民的识字率，也扩大了出版物的读者群体，促进了出版业的发展，日本出版业走上现代化的道路。从明治时期到昭和初期，日本的出版业基本处于繁荣发展的时期，各类出版物数量大幅增加，但随着日本侵略战争的开始，日本政府对出版物的内容进行严格审查和管制，许多作品被禁，出版自由受到限制，行业凋敝。随着"二战"结束，以日本战败为界，出版业迎来新时期。由此，本书把日本的出版业发展划分为四个时期：战后初期出版业的重建与恢复；高速增长期的快速发展与繁荣；泡沫破灭后的急转直下；新时期的数字化与新媒体挑战。

一、战后初期出版业的重建与恢复

1945年，日本战败。出版业在战争的废墟中艰难重建。由于战争期间大量出版机构和设施被毁，人才流失严重，出版业面临着巨大的挑战。但尽管条件恶劣，战后人们对出版物的需求激增，对知识和文化的需求迅速增长，随着美国占领军对日本进行一系列民主改造，日本的出版业逐渐走向正轨。

1946年，《每日新闻》等主流报纸相继复刊，标志着日本新闻出版业逐步走向复兴。在这一时期，许多新兴出版社如雨后春笋般涌现，而在战争期间饱受摧残与出版管制的传统出版机构，也在战后得以迅速恢复与发展。有资料显示，"在1931年时，日本共有出版社1759家，但在日本发动对华侵略战争以后，由于出版业受到国家的监控，出版社减少到不足300家"[①]，而在1944年，日本出版社数量为1199家，到了1948年，日本的出版社数量则达到了4581家。当然，这种复苏与战后美国占领军对日本实施的民主化政策密切相关，日本政府推行言论自由和新闻自由，促进了出版业的繁荣发展。但由于此时纸张资源短缺，美国占领军和日本政府实行纸张配给制度，严格控制各出版社用纸，1951年的出版社数量随即减少至1881家，此时，文库本以其小开本、轻巧的特点受到民众的广泛欢迎，其便携性和价格优势，满足了战后民众对阅读文化的迫切需求，出版社纷纷推出文库本系列。

战后初期，日本经济正处于重建与复苏阶段，出版业同样面临严重的困难。民众购买力低下，出版市场一度处于萎靡状态。这种情况在20世纪50年代初期有所改善，特别是随着朝鲜战争爆发为日本社会带来的经济"特需"，日本经济加速复苏，出版业也逐渐恢复活力。1952年《旧金山和约》生效后，日本摆脱了美国占领的全面控制，出版行业迎来了更加自主和多样化的发展，最终在20世纪50年代中期进入全面复苏和快速增长的阶段。

二、高速增长期的快速发展与繁荣

20世纪六七十年代是日本从战败国一跃发展成为世界第二大经济体的经济高速增长期，这一现象被称为"经济奇

[①] 诸葛蔚东：《战后日本出版文化研究》，昆仑出版社2009年版，第89页。

迹"。池田内阁推出"国民收入倍增计划",民众收入得到大幅提高,人们在"有闲、有钱"的宽松氛围下普遍拥有了更高的精神追求,文化消费的需求与日俱增。

此时,日本出版业也迎来了快速发展和繁荣的黄金时期。随着社会稳定和教育水平的普及,读者的兴趣更多转向百科全书、实用书籍和教辅教材,以满足教育和实际生活需求[1]。出版业的规模化和现代化也获得重大发展,大型出版社崛起,物流与发行体系进一步完善。这一繁荣得益于战后日本经济的高速增长、教育普及带来的知识需求、城市化进程中的大众文化兴盛,以及印刷技术和企业管理的现代化。

在这一阶段,日本出版业开始腾飞,大众文化得到蓬勃发展,出版总量与种类显著增长,漫画、杂志、通俗小说等满足了中产阶级和城市居民日益扩大的文化消费需求。但在"石油危机"(1973年)之后,日本出版业再次面临资源短缺的问题,出版成本高昂,此时,文库本又一次获得生机。

三、泡沫破灭后的急转直下

20世纪80年代初,受第二次石油危机影响,日本出版业的增长率未能延续70年代的高增长态势,骤降至1.9%,随后连续三年持续下滑。然而,80年代被视为日本杂志出版的鼎盛时期,各类时尚、生活和文化类杂志极大地丰富了市场内容,满

---

[1] 诸葛蔚东:《战后日本出版文化研究》,昆仑出版社2009年版,第186—187页。

足了多元化的消费需求。与此同时，漫画成为出版业的另一重要支柱，漫画书与连环画的销售额占据日本出版总收入的20%以上。其中，《周刊少年Jump》《周刊少年Magazine》和《少年Sunday》等漫画杂志及单行本销量屡创新高，显现出了日本漫画出版的强大活力。20世纪80年代的日本出版业虽然没有像创造奇迹的日本经济那样实现跨越性发展，但是也在经济增长的带动下稳扎稳打。

1990年以后，泡沫经济破灭带来的经济衰退，对出版行业造成了显著冲击。"20世纪90年代可说是'混乱的十年'。出版业为维持再版制度的最大目标耗费了不少精力，但出版社却遭到前所未有的连续4年的负增长"[①]，许多出版社面临经营困难。根据日本出版科学研究所发布的2023年版《出版指标年报》，1996年，日本的纸质出版物销售额合计达26564亿日元，创下了日本出版业历史上最高销售额，但之后便连年下滑，2022年，日本纸质出版物的销售额为11292亿日元，已不足1996年的一半。其中下滑严重的当属杂志，从最高销售额15633亿日元（1996年）狂跌至4795亿日元（2022年），2008年5月，创刊近百年的妇女杂志《主妇之友》正式停刊，这标志着日本"四大妇女杂志"（此前，《妇女生活》《妇女俱乐部》《主妇与社会》已相继停刊）的时代画上了句号。

此外，20世纪90年代的出版业还面临来自数字化浪潮的初

---

① 中町英树、张觉民：《日本出版社近十年的变化及展望》，《出版与印刷》2001年第4期，第8—14页。

步冲击。随着个人电脑的普及以及互联网的兴起，信息的获取方式开始转向电子化和网络化，传统出版模式逐渐失去原有的竞争力。年轻一代更加倾向于从网络和电子设备获取信息，这进一步压缩了传统纸质出版的市场空间。

四、新时期的数字化与新媒体挑战

进入21世纪，日本出版业未能重塑昔日的辉煌，相较以前可以说长期处于低迷状态，并且随着读者兴趣的多样化，市场竞争越发激烈，传统出版物销量不断下滑，电子出版物和网络阅读转而逐渐兴起，呈逐年增长趋势。

2010年是电子书元年，新媒介登上历史舞台。日本出版科学研究所从2014年开始将电子出版市场规模纳入统计，在2014年至2022年这9年间，电子出版从占出版物总销售额的6.7%扩大到30.7%，尤其在2019年以后，由于受新冠疫情的影响，日本民众居家阅读的需求大大增加，这三年的增幅也是最大的。

日本的电子出版业经历了漫长的发展过程，自20世纪90年代中期以来，伴随着互联网和手机的普及，社会逐步迈向数字化，媒介形式日益多样化。这一数字化浪潮从根本上改变了日本出版业的传统媒体格局。同时，数字化的进程对图书和杂志的编辑、制作与印刷等环节带来了革命性的变化，为行业注入了新的活力和可能性。

但是，新技术手段普及的同时，也给日本出版业带来挑战。电子书和在线出版的快速普及导致纸质出版物销量下滑，传统盈利模式受到严重冲击，出版社如何重新定位以应对数字化带来的结构性变化成为一大难题。另外，读者习惯向碎片化、移动化阅读转变，传统长篇纸质内容需求下降，出版社如何适应这一趋势，提升自身的市场竞争力也亟待解决。

● 思考题

1. 日本出版业在各个时期展现出了怎样的发展趋势？
2. 日本的政治和经济环境是如何影响出版业的？

第二节　日本出版业的发展特点

日本出版业的发展具有鲜明的阶段性特征，出版文化产业一方面仰赖政府的大力支持，另一方面，业内也自发地形成了相应的规章制度和行业规范，此外，日本独特的国情孕育了其独特的出版结构特点。第一，国家助力出版文化产业的成长，政府不仅在政策层面给予扶持，还通过各种措施鼓励出版业的创新与发展；第二，日本出版业独特的行业规范是委托销售制度与固定价格销售制度，委托销售制度确保了出版社与销售渠道之间的稳定合作关系，固定价格销售制度则维护了市场的公平竞争，避免了价格战导致的行业乱象，这两项制度共同构成了日本出版业稳健发展的基石；第三，"杂高书低"的出版结构成为日本出版市场又一特点,是日本出版业在特定历史阶段的一种典型现象,反映了杂志行业的快速发展及其在出版业中的主导地位。

一、国家助力出版文化产业的成长

日本政府很早就意识到了文化产业对国民经济和国民素质的重要性,高度重视知识产权保护,尤其在出版领域,政府通过制定相关法律法规,保障作者的权益,促进出版业的健康发展。同时,政府还通过设立出版基金、资助文化活动等方式,鼓励出版业的创新与多元化发展。与欧美国家的市场推进型模式不同,日本则是政府推进型模式发展文化产业的典例[①]。

《日本国宪法》第二十一条规定,出版行业在商务和内容方面都属于"完全自由的出版活动",并禁止政府对此进行审查或干预。"二战"后,日本政府忙于恢复经济和基础设施建设,到20世纪60年代经济高速发展期,片面发展经济带来的负面影响逐渐显现。1966年,日本文部省成立了文化局,其职责涵盖文化艺术、国语、版权、宗教行政以及文化普及等领域。《著作权法》自1970年颁布以来,经过多次修订,为出版业提供了强有力的法律支持。这不仅保护了创作者的权益,也促进了出版产业的健康发展。20世纪80年代,随着日本经济的

[①] 金晓彤、李茉:《日本文化产业发展路径分析》,《现代日本经济》2013年第4期,第69—76页。

进一步发展和文化产业的兴起,政府对文化的财政支持也显著增加。1996年7月,文化厅正式提出了《21世纪文化立国方案》,日本"文化立国"的战略正式确立。"日本政府为促进文化企业主体健康、有序、高效发展,较早设置了有关文化产业发展的职能部门,实现双重管理。在日本政府的职能部门当中,经济产业省和文部科学省是负责管理文化产业的最主要的两个部门。"①

进入21世纪,日本审时度势,将文化战略提升至国家发展层面。2002年,日本政府通过了《知识产权基本法》,强化了知识产权的保护力度,还为文化产业,特别是出版产业提供了更为广阔的发展空间和法律保障。日本政府还设立了"知识产权战略本部",负责制定和执行与知识产权相关的国家战略,确保文化产业的持续繁荣。此外,日本政府意识到内容产业和创意产业的重要性,从2010年开始酝酿,历经2011年由知识产权战略本部计划委员会提出的关于推进"酷日本"的基本方针,再到2012年日本经济产业省提出"酷日本"战略,安倍晋三执政之后,该战略得到深化并形成体系,其中,漫画和动漫是日本文化输出的重点内容,这一战略成功使日本漫画、动漫走出国门,广泛地传播到世界各地,并成为日本经济的一个强有力的增长引擎。

此外,政府还对出版业进行财政支持,通过设立专项基

---

① 庄严:《日本文化产业发展的多重创新及其启示》,《社会科学战线》2014年第3期,第148—155页。

金、提供税收优惠等措施，鼓励出版企业加大创新力度，提升出版物的质量和竞争力。这些政策的实施，为日本出版业的持续发展注入了强大的动力。

二、委托销售制度与固定价格销售制度

日本出版业的委托销售是其市场运作中的核心机制之一，是日本出版业中一种特殊的销售方式，书籍、杂志等出版物在零售端通过代理商配送至书店后，由书店根据实际销售数量向流通商支付费用，而最终未售出的出版物可以退回。

委托销售制度具有较为灵活的特点。通常，书店以"订货—销售—退货"的方式与出版社进行交易，这意味着书店对于库存管理的压力相对较小，同时可以避免因大量图书积压带来的财务负担。但该制度存在高退货率问题，日本出版市场的退货率很长一段时间维持在30%~40%，这样会导致成本增加、资源浪费等。并且，随着互联网平台、网上书店的崛起，这一制度也受到了很大的冲击。

目前，日本国内最大的两家图书代理商分别是东京出版贩卖株式会社（简称"东贩"）和日本出版贩卖株式会社（简称"日贩"），这两家公司分别与日本约2500家出版机构和供应商有业务往来，在日本的出版物流通体系中发挥着纽带般的作用。

在定价制度方面，日本出版社实行固定价格销售制度（也称"再贩制"），在出版物上标明定价，经销商必须按照

定价销售，不得随意打折。该制度形成的社会背景是，20世纪初期，日本的出版业迎来了繁荣发展，然而，由于缺乏相应的法律法规进行规范，导致了出版市场出现了无序竞争的局面，一些经销商为了争夺市场份额，不惜以极低的价格销售图书和杂志。这种低价倾销的行为虽然短期内吸引了消费者，但长期来看却对整个行业的生态造成了破坏。

为了解决这一问题，出版界自发地建立了一套针对出版物的固定价格销售体系，即所谓的固定价格销售制度。[①]该定价制度不仅有效地遏制了市场无序竞争的恶性循环，同时也为中小企业提供了保护。然而，随着物价上涨和经济衰退的出现，该制度也遭到了一些批判，公平交易委员会（FTC）曾试图废除这一制度，认为它限制了市场公平竞争。尽管如此，图书作为一种具有传承文化特殊功能的商品，最终获得了特殊保护。然而，随着互联网平台和电商平台的兴起，这一定价制度也出现了松动，其执行方式也变得更加灵活。

三、"杂高书低"的出版结构

日本出版业经历了20世纪70年代的高速增长，20世纪80年代初，日本经济进入泡沫经济时期，人们消费水平提高，对娱乐和信息的需求增加，这进一步刺激了杂志市场的扩张。杂志市场在这一时期呈现出欣欣向荣的发展势头是因为随着生活节

---

① 高昊、陈佳沁：《日本图书固定价格销售制度及对我国的启示》，《出版发行研究》2017年第2期，第93—96页。

奏的加快，人们更倾向于快速获取信息和娱乐，而杂志以其短小精悍、更新迅速的特点满足了这一需求。然而，这并不意味着书籍在日本出版业中的地位被完全削弱，相反，书籍在深度阅读、专业学习和文化传承方面仍然发挥着不可替代的作用。因此，"杂高书低"的出版结构实际上反映了日本出版业在满足不同读者需求方面的灵活性和多样性。

进入20世纪80年代，杂志市场的迅速发展改变了整个出版行业的出版结构。除了本身以杂志起家的出版商，众多出版社也纷纷将重心从书籍转向杂志，甚至专门设立了杂志部门。产生这种变化的一个关键因素，是日本杂志市场对广告收入的高度依赖。由于日本企业极其重视广告宣传，杂志成为主要的广告载体之一，吸引了大量资本投入杂志内容生产与设计，从而进一步推动了杂志市场的繁荣。

日本社会的多元化需求促进了出版物的细分发展，杂志针对不同的受众群体进行精细化分类，如少男少女、上班族、家庭主妇、老年人等，满足了不同群体的兴趣偏好。除前文提及的少年漫画和妇女杂志之外，还有针对年轻女性的如《安安》（*an·an*）杂志，对日本年轻女性的时尚观念有着重要影响；针对男性的杂志，例如《男士非非》（*MEN'S NON-NO*），是独具特色的流行趋势指南；针对老年女性的 *Halmek* 杂志等，提供着时尚、健康、食谱等实用信息。这些杂志有着高度精细化的特征，不仅内容丰富多样，而且设计精美，注重与读者的互动，使杂志成为日本社会中不可或缺的文化消费品。

在"杂高书低"的阶段,杂志的销售额显著高于书籍,大型出版社对杂志行业的依赖程度加深,许多出版社以杂志为主要盈利来源,市场集中程度较高。1975年,日本图书与杂志的销售比例为50.1%比49.9%。次年,这个比例变为48.9%对51.1%,此后杂志的销量一直领先[1]。到20世纪80年代中期,杂志的销量进一步扩大,成为出版市场的重要组成部分,1983年,角川书店、学研社、讲谈社、集英社等均有创刊新杂志,这一年共发行了257种杂志,超过了被视为历史上最好的一年的1980年[2]。1996年杂志销售额为15633亿日元,而图书销售额为10931亿日元,可知,杂志销售额几乎是书籍的1.5倍。

然而,日本出版业的销售额自1996年达到峰值后便急转直下,杂志市场开始走下坡路,随着互联网和智能手机的普及,许多杂志纷纷停刊或休刊,市场份额大幅缩水。直到2016年,日本出版业结束了"杂高书低"的局面,尽管书籍市场的销售额也有所下滑,但相较于杂志市场,其下滑速度较为缓慢。这一特征不仅是日本出版业独特发展的结果,也反映了日本社会文化消费偏好的转变和产业结构的深刻变化。

---

[1] Kazuhiro Kobayashi, "Japan's Publishing Industry: Boom or Recession", *Journal of Japanese Trade & Industry*, 1984(6).

[2] 『50年史』編集委員会:《日本雑誌協会日本書籍出版協会50年史: 1956→2007: 50》,日本雑誌協会:日本書籍出版協会,2007年,第22页。

● 思考题

1. 日本的哪些法律对其出版业产生了较大影响？
2. 在互联网和电商平台崛起的背景下，日本的固定价格销售制度应如何适应新的市场环境？

第三节　日本出版行业现状及主要出版机构

一、行业现状

日本作为一个东亚岛国，虽然仅有约37.8万平方千米的国土面积，1.245亿的人口总量，但日本却是名副其实的文化产业强国，"文化产业对日本GDP的贡献率仅次于制造业"[①]，日本出版业的整体市场规模在全球排名前五位，仅次于美国、中国、德国和英国。其中，漫画与动漫业务的国际传播尤为亮眼。自2006年实施"动漫外交"以来，日本的动漫产业在全世界获得了极大成功，"目前日本已是世界上最大的动漫创作输出国，世界60%的动漫作品来自日本，其产值占全球动漫市场产值的89%。很多作品在全世界产生了空前的

[①] 庄严：《日本文化产业发展的多重创新及其启示》，《社会科学战》2014年第3期，第148—155页。

影响力"①。

2021年，日本的出版机构共计2907家，但是，据日本一家民间综合信息服务公司"帝国数据库"于2025年1月份发布的调查，日本在2024年发生的出版社停业、解散的案例高达62件，日本已经连续两年有超过60家出版机构倒闭。传统出版行业近年来面临着持续的市场萎缩。尤其纸质出版物的销售额呈现出逐年下降的趋势，这一现象在很大程度上反映了读者消费习惯的改变。但电子书市场的增长弥补了部分下降趋势。特别是以漫画为核心的电子出版领域，其市场份额持续扩大，已成为出版业转型的重要动力。

实体书店也是日本出版业发展的重要一环，从江户时期的书肆，到明治时期日本社会开始现代化转型，书店作为传承文化的重要场所，再到20世纪70—90年代实体书店的飞速增长，书店数量由此达到高峰。但是，从21世纪以来，尤其近年来，互联网的普及和电子商务的兴起使日本图书业饱受"闭店潮"的困扰。日本出版科学研究所统计显示，2023年日本的实体书店数量为10918家，这一数字与2003年的20880家相比，20年间锐减了近一半。2024年，"不包含二手书店和大学书店，日本全国的实体书店数量为7973家，比上一次调查减少了609家"②。为此，日本的书店、经销商都在积极寻找

---

① 张雅妮：《平成时代日本文化海外输出战略的特点及其启示》,《日本研究》2020年第1期，第20—34页。

② 荆晶：《日本实体书店大量消失》,《文汇报》2024年，第4版。

出路，例如日本两家企业宣布将在2025年4月开始在部分公共图书馆售卖新书，探讨转型路径。

此外，随着日本少子化和老龄化的加剧，日本的读者结构也发生了变化，老年人依然钟爱纸质书，而年轻一代则更倾向于电子书和数字化内容，因此，日本出版市场面临着振兴传统出版业与进行数字化转型的双重需求。近年来，在技术发展的推动下，日本出版业的数字化进程显著加速。电子书和在线出版平台的普及，使出版机构能够以更低的成本覆盖更广泛的读者群体。特别是在年轻读者中，移动设备上的数字内容消费逐渐取代传统纸质出版物。这种趋势不仅为出版机构提供了新的增长点，也在一定程度上改变了行业竞争格局。以角川集团（KADOKAWA）为代表的一些大型出版商，在数字化出版和跨媒体IP开发领域表现突出，为行业的可持续发展提供了典范。

二、主要机构

日本出版社的一大特色是家族企业，许多"百年老店"都是从小作坊式的经营模式逐渐转向科学管理、体系规范的现代企业，并向集团化、资本化发展。然而，行业内的高度集中化也导致了市场竞争加剧，少数大型出版商占据了绝大部分市场份额，中小型出版机构则需要在细分市场中谋求生存。在此简要介绍几家具有代表性的日本出版社。

1. 讲谈社

讲谈社是日本最大的综合性出版社之一。1909年，野间清治创立了"大日本雄辩会"，开始出版辩论杂志《雄辩》并正式进入出版行业。1911年，他创办了讲谈社，并推出了《讲谈俱乐部》等杂志，将编辑方针确立为"有趣、有益"。讲谈社发展迅速，现在已成为日本最大的综合性出版社之一。

讲谈社以多样化的出版物闻名，书籍种类涵盖普通图书、学术专著、豪华版、文库本丛书，以及从全集到单行本的全系列出版物。讲谈社享有"杂志王国"的美誉，其中《国王》杂志的发行量在昭和初年已达150万册，显示了强大的市场号召力，后来虽由于各种原因停刊，但在杂志出版史上留下了浓墨重彩的一笔。

目前，作为音羽集团的核心成员，讲谈社的出版领域广泛，涵盖漫画、小说、新闻报道、时尚、童书等多种类型。讲谈社旗下拥有多种知名杂志和漫画作品，2022年出版新书约1597种[1]。近年来，讲谈社出版的《中国的历史》系列图书广受中国读者的关注，在出版界、学术界甚至普通读者中引起了巨大的反响。

讲谈社还积极拓展国际市场，成为日本首家与海外出版社建立合作关系的出版机构。讲谈社在全球范围内设有多家子公司，包括讲谈社（北京）文化有限公司。凭借多样化的出版物

---

[1] 讲谈社官方网站：《事业内容》，https://www.kodansha.co.jp/ourbusiness/.最后访问日期：2025-01-26。

和国际化的视野，讲谈社在全球出版业中占据重要地位。

2. 集英社与小学馆

集英社以其在漫画出版领域的卓越成就而著称，其历史可追溯至1926年。当时，它从小学馆的娱乐杂志部门独立出来，1949年，集英社正式注册为株式会社，开启了独立运营的篇章。创立之初，集英社主要致力于娱乐杂志的出版。然而，随着日本漫画市场的蓬勃发展，集英社逐渐将业务重心转向漫画出版领域。1968年，集英社创办了《周刊少年Jump》，该杂志迅速崛起并成为日本最具影响力的漫画周刊之一，以连载多部经典漫画作品而闻名，如《龙珠》《海贼王》《火影忍者》等。这些作品不仅在日本国内取得了巨大的成功，也在全球范围内拥有广泛的读者群体。

集英社在市场策略上注重品牌建设和多元化经营，除出版漫画杂志之外，还涉足小说、时尚、生活等多个领域，形成了多元化的产品线。此外，集英社还积极推动作品的跨媒体发展，通过动画、电影、游戏等形式，将漫画作品延伸到其他领域，进一步扩大作品的影响力和市场价值。在国际化方面，集英社积极拓展海外市场，通过与国外出版社的合作，将旗下的漫画作品翻译成多种语言，向全球推广。这种国际化战略不仅扩大了集英社的市场份额，也促进了日本漫画文化在全球的传播和影响力的提升。

与集英社、白泉社等共同组成一桥出版集团的另一家知名出版机构是小学馆。小学馆成立于1922年，最初，小学馆主要面向小学生出版教育图书,后逐渐发展为综合性出版社。小学馆的出版作品类型广泛,涵盖词典、文学作品、漫画等领域。其中尤以漫画称道,《名侦探柯南》《哆啦A梦》《犬夜叉》等作品在国内外读者中广受欢迎。2006年,小学馆的总销售额曾一度超过讲谈社,成为日本最大的出版社。目前,小学馆在日本出版界占有重要地位,与讲谈社、集英社并称为日本出版界的"漫画三雄",这三家出版社也被称为"三大社"。

3. 岩波书店

与以上几家出版机构基本由杂志起家不同,岩波书店则是一家出版图书的百年出版社。岩波书店的创始人岩波茂雄创办岩波书店之初,以经营旧书为业。后来,岩波与夏目漱石相识并成为朋友,并于1914年首次出版了夏目漱石的小说《心》,这是其出版事业的开端。随后,在1917年,岩波书店出版《漱石全集》共14卷,此举取得了巨大的成功,为其奠定了坚实的商业基础。岩波书店以其高格调和高质量的出版物闻名于日本出版界,尽管它是一家综合性出版社,却始终坚持"提高国民文化教养"的核心原则。这种理念使岩波书店在出版实践中摒弃浮华外表,专注于内容的深度与质量。正因如此,它在日本书业界被广泛誉为"认真的、有良心的硬派出版社",成为出版领域内品质与文化的象征[①]。岩波茂雄用其远见卓识开创了

---

① 李苓:《世界书业概论》,四川大学出版社2008年版,第241—242页。

岩波书店的辉煌，使之成为日本出版界的重要一员，同时他也以独特的经营理念影响了整个行业的发展方向。

岩波书店的两大主打产品是"岩波文库"和"岩波新书"。"岩波文库"于1927年创刊，其灵感源自德国的《雷克拉姆文库》，岩波书店的创始人岩波茂雄深受《雷克拉姆文库》的启发，汲取了其"内容丰富、小巧经济"的核心理念，从而创立了"岩波文库"。这一系列主要致力于出版经典文学、哲学、历史等领域的作品，夏目漱石的《心》、幸田露伴的《五重塔》以及托尔斯泰的《战争与和平》等不朽之作均是该系列的代表。"岩波新书"创刊于1938年，其目标受众是普通读者，书籍语言简练易懂，适合具有一定文化背景的人群，但又避免过度学术化，使其兼具普及性与专业性。书系涉及主题较为广泛，从哲学、历史、文学到经济学、自然科学等，涵盖学术界与大众关注的热门话题。如丸山真男与加藤周一的《翻译与日本的近代》、高桥昌明的《武士的日本史》等都是该书系广受欢迎的作品。

● 思考题

1. 除了以上几家日本出版社，你还了解哪些？
2. 日本的出版机构是如何权衡社会效益与经济效益的？

第十二章

韩国出版业发展历史、现状与主要出版机构

每一本书都是一扇窗,出版则是打开这扇窗的手。

韩国出版业发展可以追溯至"二战"后朝鲜半岛分治的1945年，1948年8月15日韩国成立，1948年9月9日朝鲜建国。韩国在美国扶持下建立了一套仿照欧美的现代出版体系，相应的制度体系较为完备，文化市场的法制管理体系较为完善，这不仅保障了国民的合法权益，还推动了韩国文化产业的可持续发展[①]。韩国出版业在全球出版市场中占有一席之地，近年来展现出一定的发展活力。在数字化出版背景下，韩国出版业通过政府政策支持和市场创新，实现了一定程度的增长。特别是在数字化和网络销售渠道方面，韩国出版业显示出较强的适应能力和发展潜力。此外，韩国出版业的多样性和数字出版优势逐渐凸显，政府也在积极推动出版业的数字化和国际化发展。当前，韩国出版业在适应新的市场环境和技术变革中，正在寻找新的发展机遇和增长点。

第一节 韩国出版业发展史

韩国的出版发行业大体上经历了四个发展阶段：解放之初和李承晚独裁统治时期；朴正熙军事独裁统治时期；全斗

---

① 李艳：《韩国出版业宏观环境分析》，《商业观察》2022年第7期，第44—47页。

焕、卢泰愚、金泳三执政时期；金大中执政时期。

一、解放之初迅猛发展阶段，以及李承晚独裁统治下，出版发行踏步阶段

1945年，日本战败，韩国结束了日本的殖民统治。随后，韩国社会民众的政治热情和变革欲望高涨，要求恢复民族语言和文化。在出版自由的背景下，韩国出版物和印刷品数量迅速增加。爱国知识界和文化人，纷纷自筹资金办起出版社。从1945年8月15日韩国解放到大韩民国建国李承晚当选总统时，出版社数量从4家增长到792家，出版图书品种增加到1136种。

但是，在日本殖民统治结束后，韩国面临了一系列挑战。韩国经济基础薄弱，民众生活水平低下，生产活动停滞不前，纸张供应出现短缺。这些因素导致印刷行业陷入困境，出版社面临经营困难甚至倒闭的风险。此外，李承晚政权实行独裁统治，对言论和出版自由施加了严格的限制。同时，朝鲜战争的爆发进一步加剧了出版行业的困境，导致其几乎陷入停滞状态。

在战争爆发前，韩国已经出现了专门从事图书发行的机构，即朝鲜图书供给株式会社和朝鲜出版贩卖株式会社。1953年，图书批发商的数量增加至10个会社，在图书发行方面形成较大的规模。大约在1947年，韩国出版文化协会（简称"出协"）成立，该协会在出版界扮演了重要角色。随着时间的推移，出协的成员单位逐渐增加，目前已成为韩国规模最大的出

版协会。出协曾多次组织韩国出版商参与在中国举办的"北京国际图书博览会"。出协的核心职能包括调节和监督出版业内部的非理性价格竞争、低价倾销行为，以及协助解决资金短缺和生产规划等问题，并为此制定出相应的规章制度，以确保成员单位的合规执行，并逐步建立了"出版社—批发商—书店"的发行体系。这些措施旨在维护出版行业的健康发展，确保行业内的公平竞争和可持续发展。

二、朴正熙军事独裁统治下始受限制，后来在"振兴出版"的号召下，出版发行业有了较大的发展

20世纪60年代初，韩国处于朴正熙的军事独裁统治之下，言论和出版自由受到限制。在这一时期，一些持有左翼立场的出版社被取缔，这对出版业的整体发展造成了较大影响。20世纪60年代初期，韩国的出版业没有得到较大发展，水平大致维持在50年代后期的水平。

朴正熙在担任总统期间，采取了一系列发展经济的措施，促进了韩国经济高速发展。在其任职的后期，适度放宽了对言论和出版自由的限制，并提出了"振兴出版业"的口号。为了支持出版业的发展，政府出台了一系列新政策，包括允许出版界向国际金融机构申请贷款和融资、减免税收，以及成立图书金库等措施。

因此，韩国的出版发行业在朴正熙后期得到了较大的发展。在这一阶段，出版内容不仅包括一般性图书（如教科

书），还涵盖了大型丛书、套书、世界名著的翻译作品，以及大型工具书、科技图书、经济理论书籍和哲学著作等。1960—1969年，韩国出版社的数量从602家增长至1362家；出版图书品种从1618种增加到2633种，出版的图书数量超过40万册。与此同时，印刷行业也有了较大的发展，印刷技术得到了显著提升。

三、全斗焕、卢泰愚、金泳三总统执政，出版发行业快速发展

20世纪70年代，全斗焕军事政变后，继续执行朴正熙时期的经济发展策略，这进一步加速了韩国的经济增长，使韩国跻身亚洲强国之列。在政治领域，韩国逐步推进民主化进程，相对放宽言论自由，出版业因此变得更加活跃。此外，韩国还实行了出版文化的民族化政策，实现出版语言和文字的韩国化，消除日本殖民时期在语言文字上的影响，并减少汉字的使用频率。在韩国出版文化协会及相关组织的积极推动下，韩国对出版发行业进行整顿，严格执行图书价格政策，并重申了与图书价格相关的规章政策。此外，韩国首次举办了全国性的图书展览会，此后每两年还举办汉城国际图书展览会。

因此，韩国的出版发行业步入了快速发展的新阶段，实现了从编辑、印刷、装订到发行、销售的产业化发展。随着经济的增长，出版业获得了更加稳定的资金支持，印刷业引进了先进的技术设备，图书印制技术显著提升，彻底扭转了日本殖民

统治时期留下的技术落后局面。

在1980—1990年这10年间，韩国出版社的数量从2078家增长至5684家，书店的数量从3690家增加至4730家。出版图书的品种从23933种上升至41712种，图书数量从6461万册上升至24184万册。自20世纪90年代起，韩国经历了从卢泰愚总统至金泳三总统执政时期，韩国经济进入了信息革命的时代。在这一时期，电子工业已成为经济的支柱产业之一。

四、金大中总统执政时期，出版业在金融危机后恢复性发展

1997年亚洲金融危机爆发，对韩国经济造成了重大冲击，同样也对韩国出版业产生了深远影响。这场危机导致许多中小型出版社面临财务困境，最终走向倒闭和破产，不少书商也遭受重创，整个出版业因此经历了一段萧条时期。

金大中总统执政后，很快克服了金融危机，出版业也随之逐步恢复。然而，根据1999年的统计数据，图书品种尚未完全恢复至危机前的水平。具体而言，出版图书品种为36961种，仅相当于20世纪90年代初41712种的83.8%；图书的总印数为11294万册，为20世纪90年代初24184万册的48%。

从历史上看，韩国的出版业发展起伏较大。在危机发生之前，随着政府的更迭和政策的变动，每年都有数百乃至上千家出版社倒闭，同时也会有相同数量级的出版社新设立。韩国出版业的发展在很大程度上受到政治因素的影响，只有在言论自

由得到保障、出版自由得以实现的时期，出版业才取得了较为显著的发展。

在韩国出版业中，韩国出版文化协会和韩国书店组合联合会之间的合作较为紧密，这两个组织在韩国出版行业中具有较大的影响力。它们共同制定了一系列行业规范和规章制度，促使成员单位共同遵守，以维持行业的正常商业秩序。这两个组织每年都会举行年会，进行研讨和总结，解决图书流通过程中出现的问题，并同政府的文化教育部门交涉，解决图书流通中的相关问题。此外，这两个组织每两年会进行领导机构的改选，成员单位需要缴纳一定的会费或赞助费，以支持组织的日常运作和活动开展[①]。

● 思考题

1. 韩国出版业在不同时期有什么样的发展趋势？
2. 韩国的政治、经济环境是如何对出版行业产生影响的？

第二节　韩国出版业的发展特点

韩国对出版行业十分重视，并且通过各种方法提高出版产

---

① 陈海珠：《几经起伏的韩国出版业》，《出版参考》2001年第6期，第27页。

业的影响力。在不断改善的过程中，形成了其自身独特的产业发展特点。从三方面来看，首先，韩国政府将文化产业视为国家软实力的关键，通过宏观政策推动其发展。韩国注重文化立法，出台相关法律确立文化产业发展的战略和方向。其次，在出版产业方面，韩国强调内容创新和多元化发展，实施"一源多用"策略，将文化资源转化为出版物，并利用新媒体为其他产业提供内容。韩国出版业通过电子图书和网络出版扩展到高潜力领域，形成多元化出版模式，并积极参与国际图书展，扩大国际影响力。此外，韩国还重视民族传统文化的挖掘和保护，传播正确的民族价值理念，实现传统与现代的有机结合。

一、国家宏观政策导向性明显

文化产业的繁荣程度被视为衡量一个国家或地区综合国力及其软实力的关键指标。在韩国文化产业的发展中，政府的作用不可或缺，扮演着核心的推动者和领导者角色。韩国政府将文化产业的发展提升至国家战略的高度，通过政府的引导作用与专业管理机构的协同效应，结合社会各界及企业的积极参与，形成了一个系统化的文化产业"国家体系"。这一体系的建立，不仅推动了文化产业的跨越式发展，也显著提升了韩国在全球范围内的文化影响力和软实力[1]。

---

[1] 张丽英、胡茂永：《"一带一路"背景下韩国出版对中国出版业发展的启示》，《传播力研究》2018年第25期，第144—145页。

1998年亚洲金融危机之后，韩国政府正式提出了"文化立国"的战略方针。明确将文化产业作为21世纪国家经济发展的战略支柱产业，该方针关注文化产业的经济效益和政治效益，并提出了"韩国文化世界化"的口号。2013年，朴槿惠总统提出了"创造经济"的增长理念，旨在将韩国文化和信息技术相结合，以文化产业作为韩国经济新的增长点，逐步增加韩国在全球文化产业中的市场份额，推动韩国文化产业在全球范围内的出口和传播，最终将韩国建设成为21世纪的文化大国和知识经济强国。目前，韩国的文化产业已经成为提升国家文化软实力的重要经济支柱[1]。

此外，韩国一向重视文化立法，在图书出版领域已出台了多部产业法，基本做到了出版监管的法治化。1999年，韩国发布《文化产业振兴基本法》（2007年修订），2010年又公布《创意产业振兴基本法》，这两部基本文化法，确立了文化及其相关产业的发展战略和方向。2000年以来，出版业已逐渐成为直接的立法领域。2002年，韩国颁布《出版与印刷振兴法》（2007年修订），2018年，韩国第3次全面修改《著作权法》，对出版社、印刷厂等出版业的主体及其行为予以规定，并在人才培养、资金支持、市场监督、组织管理等方面为图书出版业的发展确定了方向[2]。

---

[1] 李新：《韩国文化产业发展对我国出版产业的启示》，《出版发行研究》2015年第7期，第79—82页。
[2] 李华成、刘远军：《有的放矢与宽严相济：韩国图书出版业监管启示》，《长江大学学报（社会科学版）》2021年第3期，第101—106页。

在立法方面，韩国政府还对学术期刊的出版予以立法支持。韩国文化部通过韩国研究财团（NRF）于1988年开始推行"国内/国际学术期刊发行支援事业"，并且从2013年开始，韩国政府对于开放存取期刊实行优先支持政策，但开放存取中如果与海外出版社签约合作的，著作权必须转移到国内。虽然政策导向是这样的，但政府不干预过程，由各学会自行进行。此外，韩国政府还对韩国复写传送权管理中心的执法工作进行立法支持，通过了《文化观光部例规第六号》。政府的政策法律支持对学术期刊出版的发展极为重要，对学术期刊的发展起到指向作用[①]。

二、多角度全方位提高出版产业竞争力

在韩国文化产业的销售规模中，出版产业占据了最大份额。传统新闻出版、图书出版与新兴数字出版的结合构成了韩国文化产业的核心部分，韩国正致力于将出版业发展成为一个国际化的产业。韩国在出版产业内部从出版内容、手段和推广等多个方面提升其竞争力，强调民族特色和创意的重要性，实施"一源多用"的策略，即一个素材通过多种模式和不同载体进行跨界出版，这不仅涉及将本土文化资源转化为出版物，还包括利用新媒体为旅游、影视、广告、动漫和网络游戏等产业提供脚本资源，实现其商品化。例如，《魔法千字文》一书在

[①] 吴雪莹：《韩国学术期刊出版制度研究》，长安大学论文，2016年。

文字教学的基础上融入了韩版漫画，市场畅销后，又被改编成电影、音乐剧、电视动画和网络游戏，成为儿童学习汉字的热门教材。韩国的出版集团之间正在探索打破壁垒，以产生多维立体、众声合唱的效应，实现传播效益的最大化。

在出版手段方面，韩国实现了多样化发展，电子图书与网络出版相结合，在线与无线方式相结合，以传统纸质媒介出版为主线，将出版产业的范围扩展到互联网信息、手机内容等高潜力和高附加值的领域，整合多种数字化多媒体资源，形成了多元化的出版手段和模式。在出版发行与营销推广方面，韩国注重国际化发展。例如，在政府的支持下，2008年5月，国际出版商大会在首尔举办，韩国出版界借此机会向国际出版界人士宣传韩国文化和出版物，以巩固出版物的出口基础，并逐步构建国际出版营销网络。同时，韩国出版业积极参与各种国际图书展，仅在2012年，韩国就参加了在英国、意大利、德国、中国和墨西哥等5个国家举办的国际图书博览会，以扩大韩国出版的国际影响力[1]。

三、重视民族传统文化

历史上朝鲜半岛长期依靠渔业为生，这与其独特的地理位置相关，长此以往，逐步形成了吃苦耐劳、勤奋朴实的性格特点。从公元前古朝鲜时期，到5世纪的三国与加耶，到8世纪统

---

[1] 李新：《韩国文化产业发展对我国出版产业的启示》，《出版发行研究》2015年第7期，第79—82页。

——新罗和渤海王国，到11世纪的高丽王朝，到15世纪的朝鲜王朝，到1910年日本对韩国进行强行吞并，直到韩国独立，这一特点一直被传承延续[①]。

韩国对文化的重视体现在文化遗产保护上。在这些文化遗产保护项目中，图书馆在保存和文化传播方面发挥了重要作用。韩国图书馆通过对大量馆藏资源进行数字化保存、管理和利用，形成了内容丰富、特色鲜明的文化遗产数字资源库。韩国图书馆文化遗产数字化保护项目主要集中在历史、民俗、文学等领域，同时也会对音乐、战争、医学、饮食文化等内容加以关注并构建特色数据库资源，以此来确保对韩国文化遗产资源的全面记录[②]。

韩国在儿童图书出版领域同样注重融入传统文化元素。韩国注重对孩子自幼进行传统文化教育，因此童书中还有一类比较受欢迎的是韩国本土童话故事，如《兴夫传》《老虎与柿饼》《檀君神话》《勇儿和中秋》。很多韩国儿童书还成为外国人学韩语的热门参考书，很多语言学院的老师都会推荐学生购买语言简单、生动活泼的童书帮助学习[③]。

在韩国，文化产业承担着双重使命：促进国家经济增长和传播本国的文化价值观。文化产品的独特性在于它们既包含有

[①] 吴雪莹：《韩国学术期刊出版制度研究》，长安大学论文，2016年。
[②] 徐彤阳、赵昶：《韩国图书馆文化遗产数字化保护项目探析及启示》，《图书馆》2023年第8期，第47—56页。
[③] 《参考消息》，《韩国对儿童注重传统文化教育 本土童话书受欢迎》，https://news.sina.com.cn/w/2015-04-02/153231675370.shtml。

形产品，如图书、影视、游戏和动漫等，也包含无形产品，如理念、价值观和道德规范等。这些无形产品对消费者的影响是深远且持久的。文化产品一旦内化为无形产品，其影响的深远性和持久性往往是隐性的，由此产生的社会效应也常常难以估量。例如，电视剧《大长今》不仅重现了韩国的历史饮食文化，还传递了健康向上、良善宽容和永不言弃的现代精神。韩国文化产业在发展过程中，特别注重挖掘民族传统文化的丰富内涵，其文化产品深植于民族的文化根基之上，传播正确的民族价值理念与现代理性精神，努力实现"传统"与"现代"的有机结合[①]。

● 思考题

1. 韩国的哪些法律对其出版业产生了较大影响？
2. 韩国如何通过出版活动保护其传统文化？

第三节　韩国出版行业现状及主要出版机构

一、行业现状

自1953年朝鲜战争结束以来，韩国的现代出版业取得了显

---

① 李新：《韩国文化产业发展对我国出版产业的启示》，《出版发行研究》2015年第7期，第79—82页。

著的发展,特别是在近期内,韩国政府将文化产业列为21世纪社会经济发展的关键战略性产业之一,强调其经济和社会价值。21世纪以来,韩国文化产业的迅猛增长已引起全球关注,其出口量的增长速度尤为显著,年增长率约为14.7%。在韩国的外汇收入行业中,文化产业已成为继汽车产业之后的第二大产业。与此同时,在韩国文化产业中,出版业的销售规模位居首位。其中,传统新闻出版、图书出版与新兴的数字出版共同引领着韩国文化产业的发展。韩国政府正积极推动出版业的国际化,以进一步促进韩国社会经济的持续增长。韩国出版社实行注册制,截至2015年底,注册的出版社有近5万家。

近年来,韩国出版业积极拓展国际市场。韩国文化产业振兴研究院在亚洲多个国家设立了办事处,并在美洲和欧洲探索布局机会,以加强市场调研并有针对性地开发文化产品。特别是在"中韩自由贸易协定"签署之后,韩国对中国的市场给予了更多关注。由韩国文化体育观光部、韩国文化产业振兴研究院以及韩国中小出版协会共同资助和组织的"韩中图书版权贸易洽谈会"每年在中国举行,已在西安、济南、长春和南昌等多个城市成功举办,取得了显著的版权贸易成果[1]。

此外,为了进一步提升韩国出版业在国际市场上的竞争力,韩国采取了一系列战略措施。首先,韩国出版业以亚洲为立足点,放眼全球市场,致力于扩大自1995年起创办的首尔国

---

[1] 张丽英、胡茂永:《"一带一路"背景下韩国出版对中国出版业发展的启示》,《传播力研究》2018年第25期,第144—145页。

际书展（SIBF）的国际影响力。首尔国际书展已成为韩国最重要的出版文化活动之一，每年吸引来自世界各地的出版商、作家、学者等齐聚一堂，推动文学与出版行业的发展。该展会不仅是展示韩国出版成就的重要窗口，也是全球出版商了解亚洲市场的桥梁[1]。

其次，韩国对海外图书市场进行详细的分析研究，努力扩大韩版书的出口规模。韩国政府通过设立分公司和品牌专业化，开始走向集团化，以应对全球化的挑战[2]。此外，韩国出版业计划普及、扩大按需出版，统合纸质书与电子书的流通方式，建立更为健康的出版流通秩序[3]。

二、主要机构

韩国出版社的地域分布极不均衡，以首尔为代表的大城市吸引了众多出版社；其他大城市比如京畿道、仁川，由于离首尔不远，经济较发达，出版社也很多；而偏远地区则鲜见出版社[4]。

以是否追逐商业利润为依据，可以将韩国的出版社分为两类：一类是商业性的出版社，它们绝大部分是私营的，以追求

---

[1] 2025年韩国首尔书展览会SIBF，https://www.zhanhuiquan.com/info/show/?id=158321.

[2] 《年度国际出版趋势报告·韩国分报告》，https://www.cbbr.com.cn/contents/506/41297.html.

[3] 刘忠波、李贞玉：《韩国数字出版产业发展的战略布局与实施方式》，《出版科学》2017年第5期，第109—113页。

[4] 沈柳：《韩国图书出版管理体制研究》，南京大学论文，2015年。

经济效益为根本目标；另一类是事业性的出版社，以做出有意义的事情为目标，并不为追求商业利润而产生，有时还承担出版政府出版物的任务，因此其资金来源主要是政府的经济补贴与资助。

1. 熊津出版集团

韩国熊津出版集团（Woojin ThinkBig co., Ltd.）成立于1980年3月，于1994年11月在韩国证券交易所上市。作为韩国发行量最大、规模最大的出版集团，熊津同时占据着韩国教育集团的首位[①]。

熊津出版社，最初以"Heim International Publishing"（禾木国际出版）之名成立，后于1995年创立熊津·思必达（Woongjin ThinkBig）品牌，并在2005年正式更为现名。这家出版社总部位于韩国坡州市，由尹锡金创立，他曾是美国不列颠百科全书公司韩国分公司的推销员。历经40多年的发展，熊津已扩展成为一个包含14个子公司的大型集团，业务领域从图书出版拓展至食品、化妆品、电器等多个行业。在2020年全球出版50强中，熊津ThinkBig位列第35位，年营业收入约为5.5亿美元。熊津出版社秉承"超前十年"的理念，为儿童提供卓越的出版物和教育服务产品。其业务涵盖图书出版、会员制练习册服务、阅读俱乐部以及全科学习的数字人工智能伴学系统。

---

① 《中国出版集团与韩国熊津出版集团建立战略合作伙伴关系》，《出版参考》2008年第27期，第22页。

熊津图书出版在韩国图书市场占据领先地位，出版内容覆盖文学、历史、经济、商业管理、自我发展、儿童教育、生活方式等多个领域，并积极拓展海外市场。2003年，熊津在美国纽约设立分公司，每年向海外市场输出100多个选题。2008年，熊津与企鹅出版集团合作成立企鹅经典韩国分社，并与中国出版集团建立战略合作关系。多年来荣获多项业内大奖，如1998年的《21世纪熊津学习大百科》获得由韩国出版商协会颁发的第二十届韩国童书奖，2004年获得博洛尼亚童书展年度插画奖，2004年及2010年获得博洛尼亚童书展最佳童书奖。

熊津思必达会员制练习册服务自1996年推出，整合数千位韩国教师资源，提供一对一会议、主要科目深入辅导、学习室、视频课程等多样化的移动学习服务。该服务根据用户学习方式和表现以及多年积累的大量数据，量身定制学习解决方案，并与学校课程同步制订阅读计划，服务超过44万名用户，涵盖74万多个主题。

熊津阅读俱乐部是一个会员制的智能数字阅读/学习融合项目。始于2014年，主要面向儿童和青少年，由数千名阅读策划师提供个性化阅读设计方案。其数字平台提供来自韩国和其他国家/地区的近200家出版商的1万多种图书，鼓励学生按照平台的年龄分级建议进行阅读，并开设读书报告活动，帮助学生深入思考和分析所读内容。截至2016年底，熊津阅读俱乐部拥有37万名订阅用户。

熊津全智是一款提供全科学习的数字人工智能伴学系

统。该系统提供学生所需的各种材料，包括与学校科目相关的内容和创意内容，陪伴学生学习，帮助学生养成良好的学习习惯，并提供专业教师的指导[1]。

2. 韩吉社

成立于1976年的韩吉社（Hangilsa）是韩国颇具声誉的出版社，由金彦镐创立[2]。金彦镐在韩国出版界占据着举足轻重的地位，除了担任韩吉社的总裁外，还兼任全球规模最大的图书出版产业园区——坡州出版城（Paju Book city）的文化财团理事长。他的影响力不仅限于韩吉社，1998年，金彦镐还创立了韩国出版人会议，并连续两届担任会长。

在韩国民主化运动中，韩吉社发挥了不可忽视的作用，启迪了众多青年，成为促进韩国社会转型与发展的关键力量。金彦镐曾指出，在1980年民主化运动期间，韩吉社无疑是站在最前沿、占据核心地位的人文出版社。在强权统治时期，韩吉社连续出版了一系列引起社会强烈反响的图书，被当时的知识分子视为抵抗强权的知识堡垒，成为时代的象征。

韩吉社的出版物广泛涉及文学、人文社科、经济管理等多个领域，尤其在儿童和教育类图书出版方面表现突出。金彦镐认为，书籍不仅是传递知识的媒介，更是推动社会发展的动力。他表示，出版应紧跟社会潮流，持续关注社会问题，并致

---

[1] 孟辉：《熊津ThinkBig公司》，https://www.zgbk.com/ecph/words?SiteID=1&ID=566980&Type=bkzyb&SubID=60705.
[2] 豆瓣读书：《书店东西作者简介》，https://book.douban.com/subject/30401697/.

力于寻求这些问题的改善与解决之道。韩吉社出版的《偶像与理性》《民族经济论》《对解放前后史的认识》《咸锡宪全集》《韩国史全集》等书籍,对韩国年轻人的思想和行动产生了深远的影响,促进了韩国社会的转型与发展。

金彦镐的生平与韩国现代史紧密相连,体现了鲜明的时代特征。他的出版事业不仅推动了韩国社会的进步,也为韩国出版界的发展作出了显著贡献。韩吉社的出版物和金彦镐的努力,共同记录了韩国从军事独裁国家向民主社会的转变历程[①]。

3.YBM 出版社

韩国YBM出版社(YBM Sisa-yong-o-sa)是一家拥有超过50年历史的教育出版集团,其发展历史与韩国英语教育的演变紧密相连。YBM出版社成立于1961年,最初以出版活动起家,发行了以国际新闻、信息、英语学习知识为主要内容的杂志《时事英语研究》,并开发了具有韩国特色的英语教科书。YBM出版社的业务不仅局限于韩国国内,还将连锁英语学习实验室YBM engloo扩展到中国、日本。20世纪60年代,YBM通过出版活动促进英语教育,为学习者提供了当时最新的英语学习材料和海外新闻。20世纪70年代初,YBM开发了"English 900"——韩国第一个有系列录音的英语听力音频产品,并且成立了韩国第一个外语教育学院(New World

---

① 《好奇心日报》,《韩国资深出版人金彦镐:书籍如何推动了韩国社会的转型与发展?|访谈录》,https://www.sohu.com/a/299326175_139533.

Language Institute）。到了20世纪80年代，随着韩国全球化的发展，YBM将语言能力测试带到韩国，并且开设了国内第一个专门雇佣母语为英语的教师的专业英语会话学校。进入21世纪后，随着互联网的发展，YBM开展了英语在线教育业务，并引领了新的口语和写作考试模式走向成功，以多样化的形式满足不断变化的学习需求[1]。

YBM的成长是由过去半个世纪中积累的经验和声誉所形成的。为了适应教育的快速发展，YBM通过各种媒体渠道提供优质的教育产品和服务，包括传统的渠道、互联网以及移动设备里的应用软件。YBM出版社的子公司YBM NET专门从事数字内容服务，利用YBM丰富的内容库来生产制作各种数字产品，如电子词典和在线学习程序[2]。

YBM的董事长兼CEO闵善植表示："自成立以来，YBM一直处于韩国英语出版市场的前列。我们利用专注于研究和创新这个领先优势，成为全国语言学习市场数一数二的引领者。数以万计的韩国人通过我们的语言机构和高端出版物，以及广受认可的考试准备材料和管理服务实现了职业目标并达到了较高的英语水平。相信所有这些都能变为可能，因为我努力工作的目的就是让YBM成为韩国英语教育的领导者。虽然我们现在的业务拓展到其他语言、其他科目和其他国家，但我们永远不

---

[1] YBM：《发展史》，http://global.ybm.co.kr/zh-hans/history/index.html.
[2] YBM：《服务概览》，http://global.ybm.co.kr/zh-hans/services-at-a-glance/index.html.

会忘记我们的初心。YBM将继续帮助我们的学生更有效地学习英语，直到每一个人都能流利地用英语交流。我们也会一直通过努力和创新站在韩国的英语教育行业的最前沿。"[1]

总体来看，YBM出版社作为韩国最大的教育出版集团之一，其业务范围广泛，涉及教育出版、语言教育、网络教育及考试服务等多个领域，为韩国乃至全球的英语学习者提供了丰富的教育资源和优质的服务。

4. 教保文库（Kyobo Book Centre）

据相关文献介绍，教保文库（Kyobo Book Centre）于1980年12月成立，由教保生命创立。教保文库作为教保集团旗下企业，依托教保集团的资源和支持发展成为韩国规模最大的大型连锁书店，以图书销售业务为主，但也从事出版业务，出版图书种类广泛，包括文学、历史、哲学、艺术、教育等多个领域，在韩国文化传播和推广方面发挥着重要作用。

5. 文鹤洞（Munhak Dongne）

据相关文献介绍，文鹤洞（Munhak Dongne）创立于1993年12月，位于韩国京畿道坡州市。起初以出版文学作品为主，如今业务涵盖文学、人文社科、艺术、生活方式、漫画等多个领域。曾经出版了《资本论在21世纪》《资本与意识形态》《八字真言》《书是斧头》《个人主义宣言》等众多人文社科类畅销书，还推出了文鹤洞韩国文学集、世界经典作品集、诗

---

[1] YBM：《立志成为韩国英语教育长久的领导者》，http://global.ybm.co.kr/zh-hans/message-ceo-2/index.html.

歌集以及获奖青年作家选集等。通过文鹤洞小说奖和文鹤洞新人奖，发掘了金英夏、尹希京、千明官、金润书、赵南柱等众多韩国优秀作家。在2017年和2019年韩国出版社销售额排名中均位列第一。

6. 民音社（Minumsa）

民音社（Minumsa）创立于1966年5月，创始人朴孟浩在韩国首尔钟路区清进洞10多平方米大小的阁楼上创立了民音社，"民音"意为"承载人民的声音"。第一笔生意是将日本作家冈正弘关于印度瑜伽的作品翻译成韩文，销量超1.5万册。此后逐渐致力于推广韩国国内作家作品。20世纪70年代掀起诗集出版热潮，出版了金洙暎的《巨大的根基》等众多韩国经典作品。1976年推出文学季刊《世界文学》，1977年倡建"今日作家奖"，1981年参与设立"金洙暎文学奖"，1983—1999年推出《大宇学术丛书》。2016年出版的《82年生的金智英》，成为韩国图书市场近十年来最畅销的作品，版权销售到33个国家。

● 思考题

1. 除了首尔国际书展，你还了解其他的国际书展吗？
2. 韩国的出版机构是如何权衡社会效益与经济效益的？

第十三章

东南亚地区出版业发展历史、现状与主要出版机构

出版的价值在于让思想不再孤独,让知识不再沉寂。

第一节　东南亚地区出版业发展史

东南亚出版市场由东南亚国家联盟（以下简称"东盟"）的出版市场构成，即包含马来西亚、印度尼西亚、泰国、菲律宾、新加坡、文莱、越南、老挝、缅甸和柬埔寨这10个国家的出版市场。在数千年的亚洲发展历史进程中，东南亚地区与中国大陆密切、频繁的人员、经贸往来，将中国的汉字、书籍以及诗词歌赋等儒家文化带到了东南亚地区，因此东南亚地区的出版业发展深受中国大陆出版文化的影响。比如"四书五经"的刻板书籍的流通，"四大名著"以东南亚地区民族语言进行翻译、改写（包括书中族谱、家谱的刻印），华文报纸的发行以及华语学校的建立、普及等，东南亚地区深深打上了中华文化的印记。因此，学术界也将东南亚地区的文化出版纳入"儒家文化圈"或者"中华文化圈"的市场。

进入20世纪中叶，受到美苏东西方两大对立阵营的"文化冷战"格局影响，在意识形态上，中国大陆与东南亚大多数国家分属两大阵营，彼此互不来往、各怀敌意。但是因为地缘优势，人际交流不断。1991年"冷战"结束后，中国与东南亚国家开始恢复政治、经济、文化关系，并与东盟组织正式建立对话关系。2010年，中国—东盟自由贸易区启动，双边关系进入了历史最好时期。凭借中国大陆日益强盛的政治、经济、军事力量，中国在东盟地区逐渐形成强大的文化影响力，重新恢复在数千年间作为亚洲文化中心的地位。因此，东南亚地区出版发展历史充分体现了这种中心与边缘的互动历史特征。

总体上看，东南亚地区的出版业属于区域性的文化市场，国家多、语言多、不同语种的新闻出版物均有一定的受众，在整个东南亚地区仅有英语、汉语两种语言出版物能够在该区域占据主导地位。在出版内容方面，具有儒、释、道等中华文化圈思想价值观的内容，包含历史典籍、传统民俗、中医药等内容的出版物能够占据较大的市场份额。

在东南亚国家中，越南、印度尼西亚、新加坡、泰国等国家的出版业相对较为发达。而东南亚地区的报社、出版社、连锁书店等大部分新闻出版机构，除部分国营主管的机构之外，大部分都由华商投资或者华人华裔主办。

一、越南出版业发展史

1945年，越南民主共和国成立。这一时期，出版业的首要任务是出版识字教材以减少文盲数量。1952年10月10日，越南国家印刷厂的建立标志着该国出版业进入新的发展阶段。国家印刷厂的主要职能是集中管理全国的印刷业务，承担印刷党和政府文件、进行思想宣传等职责。随后，时事出版社、救国文化社、越南国家印书局、救国劳动社等印刷和发行机构也相继成立。这一时期的越南出版业为国家的革命事业作出了显著的贡献。

随着1975年越南战争的终结和国家的统一，越南的社会经济面临重重困难。这一时期，越南的出版行业同样面临着众多难题与考验，出版业在此阶段的运作都依赖于中央计划经济体制。出版社的出版活动遵循其政治任务来开展，出版内容、数量以及分销策略均由党和国家机关规定，发行渠道也必须通过国有单位的体系进行。因此，出版市场对外相对封闭，即便在国际层面有所扩展，也主要限于社会主义国家之间的文化交流，且这种交流不涉及贸易往来。

1986年，越南共产党在第六次全国代表大会上提出革新开放政策。随着越南经济实行市场经济和对外开放政策，越南经济体制向社会主义市场经济体制转换，出版行业在私有团体的参与下也逐步有了新的表现，私有团体开始参与出版业。这一时期，私有团体主要参与出版物的输出环节，众多私营企业和代理商迅速而广泛地将出版物推向市场，使图书的发行渠道更加多元化。为了适应新时代的发展要求，越南政府对出版行业的法律法规进行了相应的修订。这一阶段，越南出版业不仅成功完成了其政治宣传任务，而且在满足民众文化精神需求的同时，对国家的改革和发展事业也作出了显著的贡献。

截至2019年，越南共有55家出版社，其中中央级出版社43家，省级出版社12家。此外，越南出版业的行业组织也纷纷成立：2001年10月，越南出版印刷发行协会成立；2005年，越南印刷协会成立。这些行业组织的成立对越南出版业的专业化发展起到了积极的推动作用①。

二、老挝出版业发展史

13世纪前，老挝先后在扶南、真腊和吴哥王朝统治下，除极少数的碑铭外，几乎没有什么传世的书面文学作品。

14世纪中叶，属于泰语系的佬族首领法昂建立了统一的封建国家澜沧王国，并且把南传上座部佛教作为国教。维苏纳腊王时期（1502—1520年），国王将《三藏经》从巴利文翻译成老挝文，在当时老挝大的佛教中心得到普遍使用。这一时期出现了老挝最早的一部文献，即《坤博隆传》，是老挝琅勃拉邦文献中最著名的，书写在棕榈叶上而得以保存至今。其内容后经重新编辑，并在1967年出版，共110页。

随后在法国殖民统治的50多年中，老挝经济和文化建设几乎没有任何发展。直到1945年老挝宣布独立时，全国只有1所中学和5所小学。从官方文件、学生课本到书籍都不是用老挝文印刷出版的。全国报纸寥若晨星，小城镇看不到报纸，连老挝政府以法文和老挝文出版的《老挝新闻》，仍然采用油印方式，每期发行量仅数百份。

20世纪50年代末至70年代中期，中国等社会主义国家援助老挝修路搭桥，建设医院、学校、广播电台及印刷厂、纺织厂、汽车修理厂等工矿企业，对老挝的工业起步和经济文化建

---

① 匡文波、武俊：《越南图书出版业发展的现状与趋势研究》，《新闻论坛》2020年第6期，第25—28页。

设发展起了很大作用。而后在中国的帮助下，老挝的新闻出版行业逐渐发展起来，截至1995年，老挝共有印刷厂10家，包含中央企业2家、地方企业7家、私营企业1家[①]。

三、柬埔寨出版业发展史

1970年以前，柬埔寨的出版印刷业比较发达并已具有相当规模。当时金边有许多大大小小的印刷厂，如柬埔寨知识出版社、高棉书店印务局、拉丝美印务局、布特·昌书店印务局、金吉书店印务局、阿查拉克书店印刷所等。它们不仅多次出版并再版了由佛教学院编纂的最具权威的大型工具书《柬文词典》，还出版了不少诸如《柬—法词典》《法—柬词典》《英—柬词典》《柬—华词典》之类的中小型工具书；同时，还出版了柬文的《柬埔寨民间故事集》、小说《珠山玫瑰》《甘露降霖》《东刁的故事》《乡村教师》以及中国译著《毛泽东》《毛泽东主席的生平》《鲁迅》《刘胡兰》《董存瑞》《雪花飘飘》《大灰狼的故事》、苏联译著《会学习会工作》、越南译著《从监狱到冬瓜岛》等。报刊也是非常丰富，如中文的有《柬埔寨知识月刊》，柬文的有《民族主义周刊》《高棉语化周刊》《民社同盟报》《团结报》《礼貌报》及柬中友协出版的柬文《柬中友好杂志》，法文的有KAMBUJA杂志等。

[①] 王以俊：《老挝新闻出版印刷业概况》，《印刷世界》2005年第7期，第50—53页。

而后，柬埔寨经过多年的战争，出版印刷业遭到严重破坏。截至20世纪初期，柬埔寨绝大多数印刷厂都还没有恢复[1]。截至21世纪，柬埔寨经过多年的恢复发展，目前国营出版、传媒体系都已经建立起来，形成了一定的规模，但总体上仍不如前。

四、泰国出版业发展史

从泰国的报纸出版发展历史来看，泰国报纸业的发展历程呈现出从外国势力主导到贵族阶层主导，再到普通民众参与的逐步演变。随着近现代历史的推进，泰国的政治变迁和动荡不安对泰文报纸业产生了深远影响。报纸业经历了从快速发展的新阶段，到受到严格管制的低迷时期，再到政治压制中的曲折发展，最终在政治环境宽松时迎来了黄金发展期。泰国报纸业的兴衰与国家的政治、经济和社会环境紧密相连。到了20世纪末，随着经济的发展和民众对报纸需求的增加，报纸业的重要性日益凸显。同时，报纸业也面临着新兴媒体的竞争和冲击[2]。

目前，中国学术界对于泰国出版史的研究较少，但从报业的发展阶段来看，泰国出版业也经历了从严格管制到今天宽松发展的阶段。

---

[1] 彭晖：《柬埔寨出版印刷业及报刊发行现状》，《东南亚》1996年第4期，第50—52页。
[2] 唐翠妃：《初探泰文报纸发展史》，https://www.zzqklm.com/w/yl/13396.html。

五、缅甸出版业发展史

缅甸的印刷出版业起源与佛教传入该国的历史进程紧密相连。在纸张尚未被发明并广泛使用之前，文字记载多以石刻或贝叶形式存在。随着佛教从印度传入缅甸，当地文字体系从贝叶文逐步演化为碑铭文字，并最终发展成现代缅甸文字。这一时期，印刷活动主要聚焦于宗教文献的复制工作，包括蒲甘时期的碑铭和贝叶经书的转录。随后，西方传教士抵达缅甸，引入了现代印刷技术，并由此建立了印刷业。这一时期，印刷产出的文献主要局限于词典编纂和宗教文本的出版。

19世纪时，随着英国殖民者的入侵，印刷出版业开始受到西方文化的影响，英语逐渐在官场中取代缅甸语。同时，缅甸爱国作家和出版物开始发表作品，以唤起民族自尊心和民族精神，这一时期的文学作品开始摆脱宗教轮回的题材，为现代白话文小说开辟新路。

在争取民族独立的过程中，缅甸出版业发挥了巨大作用。特别是"红龙书社"的成立，它出版了大量关于政治理论、独立斗争、文学著作和名人传记等书籍，激发了民族主义精神。这一时期，印刷出版业与民族独立运动紧密相连，成为传播反对殖民统治和社会主义思想的重要工具。"二战"后至独立前，缅甸印刷出版业面临重建和内战的挑战。独立后，缅甸文学以小说为主要创作形式，反映了人民的斗争生活。政府鼓励创作和出版有利于社会主义建设的作品，但同时也存在内容和质量的问题。这一时期，印刷出版业在政府的控制下，经历了从封闭到逐渐开放的过程。

20世纪80年代以来，缅甸印刷出版业经历了显著的技术进步和市场扩张。电脑打字替代了铅字排版，印刷质量提高，彩色印刷和快速旋转印刷机的出现，使印刷出版业得到了快速发展。军人政府执政后，实行改革开放政策，新闻出版事业得到发展，图书品种和门类日益丰富，质量不断提高。这一时期，缅甸印刷出版业开始向现代化转型[1]。

六、马来西亚出版业发展史

马来西亚的图书出版历史丰富，跨越了数个世纪的文化、社会和技术变革。从早期的传统手抄本到现代数字化出版，该行业经历了数次转型和创新，这些变化塑造了图书的生产、分销和消费模式。

在马来西亚，图书出版的初始形态可能是手抄本，这些文本通常被记录在棕榈叶或其他当地可获得的材料上，其功能在于保存和传播知识，以及记录重要的历史事件和文化传统。随着国家的发展和现代化进程，传统的图书生产方式逐渐被更为高效和经济的印刷技术所取代。

19世纪，马来西亚引入了首批印刷机，带来了批量生产书籍和其他印刷材料的新方法。印刷业的发展和演变促进了图书

---

[1] 刘利民：《缅甸印刷出版业的历史演变》，《东南亚》2002年第4期，第51—55页。

市场的扩张,本土出版社的成立和国际出版商的介入,增加了图书的种类和供应,使得图书向大众普及。

20世纪,随着教育出版的兴起以及儿童文学和通俗小说等新文学类型的出现,马来西亚图书业进一步扩张。数字技术的发展对图书行业产生了深远的影响,电子书和在线平台的兴起彻底改变了图书的分销和消费模式。

如今,马来西亚的图书出版业呈现出蓬勃发展的态势,汇聚了众多本土与国际出版商。从传统纸质图书到数字媒体,马来西亚图书市场提供了多样化的格式和类型,以满足不同读者的阅读偏好。尽管面临多年的挑战和变化,马来西亚图书出版业的历史是一部关于进步、创新和多样性的叙事,反映了该国丰富的文化遗产及其在全球图书产业中的前沿地位[1]。

七、新加坡出版业发展史

新加坡作为一个历史悠久的移民国家,自1819年开埠以来已逾190年。在当前超过500万的人口构成中,华人占据了超过75%的比例。这些华人群体,无论是移民的后裔还是新近移民,不可避免地面临着对自身母族语言、文化、传统和习俗的传承与选择。新加坡华文书业的兴起,对新马乃至整个南洋地区的华文教育事业起到了至关重要的推动作用。若无华文书业

---

[1] Alpha Book Publisher "The Fascinating History of Book Publishing in Malaysia: From the Traditional to the Modern",https://www.alphapublisher.com/post/the-fascinating-history-of-book-publishing-in-malaysia-from-the-traditional-to-the-modern#google_vignette.

持续供应的教科书及其他各类书籍，儿童的启蒙教育、学校的教学活动、社会的进步以及文化的发展都将受到影响。

华人社区、华文学校和华文报纸是维护和传承华族语言、文化和传统的堡垒。华文书业提供了最初的书籍资源，构建了最基础的物质条件，尤其是在早期华文学校的教科书供应方面。华文书业的前辈们在异国他乡的土地上，通过华文书籍影响着华族后代，使他们具备继承和发扬华文华语的能力，从而继续承担和实现华人社区、华文学校和华文报纸的社会职能与历史使命。

1819年新加坡开埠，迫于生活压力、农村经济崩溃和社会动荡等原因，早期华人移民南迁，他们到达新加坡之后的首要需求是生存。到了19世纪末至20世纪初期，中国迎来了新式教育的兴起阶段，受到维新派和孙中山早期支持者的影响，新加坡本地涌现了大量新式教育机构，如道南学校和养正学校，它们成为当时新式教育的典范。这些新式学校摒弃以往《三字经》《千字文》等传统的蒙学课本，转而采用包含语文、数学和科学等科目的新式教科书，这些教材多源自上海和广州等地区。1912年，商务印书馆在新加坡设立分支机构，1917年，中华书局也在此地设立了分局，这一时期标志着新加坡出版业的初步发展阶段。

1924年，正兴书局（世界书局前身）的成立，以及1925年上海书局的创立，打破了此前中华书局和商务印书馆仅销售自家出版书籍的界限。上海书局通过设立分支机构，优化了新书的选购流程，并确保了新书能够迅速分发到新加坡，使书籍的种类更加多元化且更新速度加快，上海的最新出版物几乎能够与南洋地区同步发行。

20世纪20年代末30年代初，直至战前，新加坡本地的书店数量从8家增长至22家，且主要集中于大坡大马路（即今日的桥南路）。其中，较为著名的书店包括商务印书馆的分局、中华书局分局、世界书局、上海书局和南洋书局等。这些书店在业界被统称为"五大书局"，它们在新加坡图书行业中扮演了开拓者和先驱者的重要角色。

第二次世界大战爆发后，新加坡遭受日本军队的占领，进入日据时期。在这一时期，华文图书行业遭受了严重的破坏，对于刚刚起步的华文图书业来说，这是一次巨大的打击。战争结束后，随着华文学校的复兴，华文图书业也开始复苏并逐步恢复运营。

到了20世纪50年代，新加坡逐渐建立了完整的华文教育体系。南洋大学在整个东南亚地区享有极高的声誉，深受华人社会的重视和推崇，吸引了大量学生，促进了本地人口的增长和学校教育的繁荣。随着工商业的发展和就业人口的增加，无论是学生还是社会人士，整个社会对知识的尊重、对文化和教育的重视都达到了前所未有的高度。由于殖民地政府对中国出版物的限制，小型传统书店应运而生并迅速增加，如学生书店、青年书店、南大书店等。

随着时间的推移，新加坡的出版业持续发展，时至今日,同样步入数字化发展阶段。这既是一个全新的挑战,也是一个全新的机遇[1]。

八、印度尼西亚出版业发展史

印度尼西亚的出版业起源可追溯至荷兰殖民统治时期,那时新闻传播成为出版活动的核心焦点。1744年8月17日,《巴达维亚新闻》(Bataviaasche Nouvelles)成为荷属东印度群岛(印度尼西亚的旧称)的第一份报纸。随后,为了控制印度尼西亚民众的出版活动,荷兰殖民政府于1908年在该地区成立了名为"民众读物管理委员会"的机构。该机构由荷兰人控制,用以抑制印度尼西亚民族意识的觉醒及其文化发展,这也是图书编译局(Balai Pustak)的前身。

1955年,印度尼西亚共和国获得独立之后,新成立的印度尼西亚共和国政府对所有荷兰公司进行了国有化,其中包括图书编译局。随后,印度尼西亚政府成立了阅读基金会(Yayasan Lektur)出版公司,该公司的主要职责是管理政府对出版行业的财政支持,并控制图书的价格。随着印度尼西亚出版业逐步走向规范化,印度尼西亚出版商协会(IKAPI)、军队作家(Sastrawan Angkatan)等1945作家团体等出版机构陆续成立,它们为印度尼西亚出版业的进一步发展注入了新的活力。

1965年底,印度尼西亚政府决定取消对出版业的经济补

---

[1] 邹璐:《新加坡华文书业历史简述》,BiblioAsia,2012年第1期,第34—39页。

贴，导致仅有四分之一的出版商得以存续。1966—1970年，随着《地平线》（Horison）杂志的发行，印度尼西亚出版业迎来了新的发展阶段，新一代作家开始涌现。1980年5月17日，印度尼西亚共和国国家图书馆在雅加达正式落成，自该日起，每年的5月17日被定为印度尼西亚全国图书日，以此庆祝和推广图书文化。

1999年，印度尼西亚政府发布了关于人权的第39/1999号法律和关于新闻的第40/1999号法律，这些法律保障了印度尼西亚的新闻自由。同一时期，印度尼西亚的出版业开始进行数字化转型，众多出版商开始向读者提供电子书籍，同时自助出版模式的兴起为作者们提供了一种更为简便的出版途径[①]。

九、文莱出版业发展史

在文莱独立之前，共创立了6份报纸。"第一个文字形式的读物"起源于1948年，是由英国殖民政府为其下属职员所创办的新闻报。另外两份报刊，《文莱新闻》和《每日星报》，仅短暂存在数年。

独立后，其余3份报纸得以存续。首先，是马来语的《文莱灯塔》周刊，其发行量从20世纪80年代的4000份增长至20世纪90年代的4.5万份，这些报纸都是免费分发的。其次，是英文的《文莱新闻报》，发行量为1万份。此外，还有一份1954

---

① 国际出版周报：《7年衰退后实现逆转增长 印度尼西亚出版业未来可期》，http://www.cctss.org/article/headlines/4198。

年由私人公司创立的英文报纸《婆罗洲公报》，该报接受政府资助，主要反映政府的观点和立场。到了1990年，《婆罗洲公报》转变为日报，总发行量达到3万份，其中1.8万份在文莱市区发行，其余部分在沙巴州和沙捞越，以及新加坡、马来西亚、印度尼西亚等东南亚国家发行。除了这些本地报纸，文莱还流通着5000~6000份外国报纸和杂志。这些出版物共同构成了文莱新闻出版业的格局，反映了文莱社会的信息传播和文化多样性。

此外，文莱在1961年成立了一个语言和文学研究所，专门负责研究马来民族语言、文学和艺术。该研究所的主要职责包括出版本地作家以马来语撰写的作品。研究所内还设有图书馆，由所长穆罕默德·贾米利领导，他以致力于收藏和出版文莱历史文献而著称。通过这些活动，该研究所在保护和传承文莱的文化遗产方面发挥了重要作用[1]。

十、菲律宾出版业发展史

菲律宾的图书出版业拥有悠久的历史。该领域的起源可追溯至西班牙殖民统治时期，并持续了数百年。这一时期，出版的书籍主要包括词典、语法书籍、传播天主教信仰的宗教文本以及传奇小说。这些早期出版物的作者并非菲律宾人。菲律宾历史上的第一本书是一部结合西班牙语和他加禄语的宗教手

---

[1] 王以俊：《文莱新闻出版印刷业概况》，《印刷世界》2005年第11期，第53—55页。

册，于1593年在马尼拉采用古老的木版印刷技术制作而成。

20世纪时，菲律宾由美国统治，开始出现了由菲律宾作家创作的作品。在美国统治的20年间，菲律宾作家首先需要克服语言障碍，他们开始使用英语进行文学创作。1926年，菲律宾成立了第一家本土教育出版社，是菲律宾出版业发展中的一个重要里程碑。从1593—1800年的200多年里，菲律宾共出版了约541种书籍。

20世纪80年代左右，菲律宾的出版行业由大约30家出版社组成，其中大多数专注于教科书的出版。这些出版社每年出版约700种书籍，每种书籍的平均印数为3000册。在这700种出版物中，学校教科书和一般参考书占据了约70%，专著、小册子以及其他类型的出版物（包括索引、地图集、年鉴等）占据了约23%，文学作品占据了约4%，而剩余的3%则是由大学或研究机构出版的学术著作[①]。

十一、东帝汶出版业发展史

东帝汶出版业发展也是伴随东帝汶民族独立的进程而发展的，先后历经葡萄牙殖民、印度尼西亚合并时期，直至2002年正式独立建国。具有代表性的是《东帝汶之声》报纸。该报纸首次发行于1993年2月1日，这一天也是东帝汶政治家、独立运动领袖东帝汶民族解放组织武装部队指挥官沙纳纳·古斯芒

---

① 《菲律宾的图书出版》，《编创之友》1984年第3期，第242—243页。

（Xanana Gusmão）开始在帝力受审。《东帝汶之声》是自20世纪70年代以来在帝力出版的首份报纸，其前身是葡萄牙政府在70年代出版的同名周报，由何塞·拉莫斯·奥尔塔编辑。

在印度尼西亚占领东帝汶期间，曾有几次尝试在帝力创办周报，但这些尝试均未能持久。例如，1979年在巴厘岛登巴萨短暂出版过一份名为《帝力邮报》的周刊。1986年，一位名叫萨尔瓦多·希门尼斯·苏亚雷斯的东帝汶青年，在新闻部工作，他与地方政府官员联合会合作，成立了"Tatoli Naroman"基金会，并计划出版一份名为 Suara Timor Timur 的周报。尽管该计划得到了总督马利奥·维埃加斯·卡拉斯卡拉·马利奥的批准，但这份报纸仅零星发行，不到一年便停刊。与之前的《帝力邮报》相似，这份周报也是在登巴萨出版，因为直到1988年，帝力才拥有了自己的印刷厂。

《东帝汶之声》在1993年2月1日发行了首期，当时这份报纸几乎没有在印度尼西亚以外的地方引起关注。首期报纸共有8页，内容全部用印度尼西亚语撰写。不久后，报纸的页数增加到了12页，价格也提高到了750印度尼西亚盾，这个价格在当时大约相当于市场上一两捆蔬菜、一块肥皂或者两盘米饭的价格。《东帝汶之声》的首次印刷量为1000份，但到了1999年，其平均每日发行量已经增长到了大约6000份。该报纸的报道主要集中在地方新闻，尽管也包括一些全国性的新闻内容[①]。

---

① Janet Steele（2007）The Voice of East Timor: Journalism, Ideology, and the Struggle for Independence, Asian Studies Review, 31:3, 261–282, DOI: 10.1080/10357820701559071.

● 思考题

1. 东南亚地区的各个国家的出版业发展有什么不同？
2. 新加坡的华文图书出版是如何发展起来的？

第二节　东南亚地区出版业的发展特点

一、越南出版业发展特点

1. 政府注重全民阅读情况

2014年2月24日，越南总理签署了第284号决定，正式将每年的4月21日定为越南读书日。该节日的设立标志着在社会层面上引发了对阅读价值和意义认知的根本性转变。

根据2018年越南出版业的年度统计报告，在阅读日设立5年后，越南出版业共出版了16万种图书，总印刷量达到了19亿册。出版物质量日益提升，为社会各领域提供了丰富的信息和知识资源，有效促进了国民知识水平的提升，并更好地满足了读者的娱乐需求。此外，截至2019年，越南每年举办近60场读书会活动。全国范围内积极推动阅读活动的开展，有效激发了公众的阅读热情，许多城市还建立了专门的阅读街区，这些项目得到了社会的广泛支持和认可。在持续5年的阅读文化推广影响下，全国共为学校图书馆和贫困学生募集了超过1100万册各类图书,并举办了超过24万场阅读文化活动、研讨会和写作比赛等。这些活动不仅提升了阅读的普及率,也为促进文化发展和知识传播作出了重要贡献[①]。

2. 侵犯著作权的现象依旧存在

2004年,越南加入《伯尔尼公约》,开始重视版权问题并逐渐培养起对著作权及知识产权的尊重意识。随后,越南政府相继出台了一系列旨在保护著作权的法规和法律,越南出版业在著作权保护方面展现出了积极的变化。例如,许多出版商率先实施著作权与知识产权的保护、与国内外作家签订版权购买合同等。尽管如此,越南出版业中侵犯著作权的问题仍未得到根本性解决。侵犯著作权的现象依旧形式多、范围广,具体表现在:未经注册或超量印刷的作品出版;未经授权地抄袭或未注明来源地使用他人作品;未经作者或出版社许可,在线电子书和有声书的上传和分享。2009年在胡志明市举行的关于侵犯外国出版社著作权现状与对策的会议指出,越南各外语院校及培训机构使用的英语教材中,约90%涉嫌违法翻译、印刷、复制,侵犯了著作权。这些侵权现象不仅对越南出版业的健康发展造成了负面影响,也严重损害了作者和出版商的经济利益[②]。

[①] 匡文波、武俊:《越南图书出版业发展的现状与趋势研究》,《新闻论坛》2020年第6期,第25—28页。
[②] 同上。

二、老挝出版业发展特点

1. 大型出版机构占据出版市场的主导地位

老挝的出版市场主要由几家大型出版社和众多小型独立出版社构成。其中，万象出版社作为最大的出版机构之一，占据了较大的市场份额。根据最新的数据，万象出版社在2023年的图书销售额达到了全国总销售额的30%，这一数字较2022年增长了5个百分点。此外，随着数字化阅读的兴起，电子书市场也开始逐渐扩大，但目前仍占比较小①。

2. 印刷业发展较为缓慢

老挝的印刷业市场规模相对较小，主要集中在首都万象和其他几个主要城市，涵盖书籍、报纸、杂志、商业印刷品以及包装材料的印刷。目前，老挝的印刷企业普遍规模较小，技术装备相对落后，且高端印刷设备主要依赖进口，这限制了行业的发展速度和质量提升。此外，原材料供应不足，尤其是高品质纸张和油墨等关键材料，大部分需要从国外进口，这不仅增加了成本，也导致印刷产品价格较高。同时，专业人才的缺乏也是行业发展的一个制约因素，老挝在技术和管理人才的培养以及教育资源方面存在着诸多不足②。

---

① 丝路印象：《老挝出版行业深度研究与投资规划分析》，https://www.zcqtz.com/news/3049021.html。
② 丝路印象：《老挝印刷行业市场现状及发展前景预测分析》，https://www.zcqtz.com/news/1972464.html。

三、柬埔寨出版业发展特点

1. 出版业中的语言多样性

柬埔寨作为一个多语言国家,其出版业面临着独特的挑战。高棉语和法语作为官方语言,加之英语的广泛使用,使出版项目必须兼顾不同语言版本,以满足不同读者的需求。这种多元化的语言环境不仅增加了翻译和校对的成本,还带来了跨文化沟通的难题。出版方需要投入更多资源来确保内容在不同语言间的准确传达和文化适应性,同时还要考虑到不同语言的阅读习惯和审美偏好[1]。

2. 版权保护意识较弱,盗版现象严重

版权保护对于出版行业的健康发展至关重要。柬埔寨的版权意识尚未普及,盗版行为普遍存在,这对合法出版商的权益构成了严峻挑战。为了维护自身权益,出版商需要实施严格的版权管理策略,包括但不限于版权登记、监控市场以识别侵权行为,以及采取法律行动打击盗版。此外,出版商还应与政府机构合作,推动版权法律法规的完善和执行,提高公众对版权保护重要性的认识,减少盗版行为的发生[2]。

---

[1] 丝路印象:《柬埔寨出版行业发展挑战、趋势和机遇》,https://www.zcqtz.com/news/2619673.html。

[2] 丝路印象:《柬埔寨出版行业发展挑战、趋势和机遇》,https://www.zcqtz.com/news/2619673.html。

四、泰国出版业发展特点

1. 出版市场主要由市场领导者和大型出版商主导

根据泰国出版商和书商协会（PUBAT）2015年12月4日在其网站上发表的文章中的出版商分类，泰国出版商可以分为四类：①市场领导者：他们是9家出版商，每年收入约为3.15亿美元。他们的市场份额超过35.49%。②大型出版商：29家出版商的年收入为1.15亿美元，低于市场领导者的每年3.15亿美元。他们的市场份额超过34.54%。③中型出版商：年收入3500万以上但未达到1.15亿美元的41家出版商。他们的市场份额超过16.09%。④小型出版商：年收入在3500万以下的出版商有319家。他们的市场份额约为13.88%[①]。

2. 电子书产业发展起步

尽管市场主导者正日益致力于电子书的出版，以推动市场向数字化转型，但其销售业绩并未达到预期目标。这一现象促使中小规模出版商开始效仿，他们通过提供版权转让来实现这一目标，并且已经开始对电子书版权进行定价。电子书的发展潜力主要集中在那些使用智能手机和平板电脑的年轻一代。根据朱拉隆功大学经济学院的一项关于阅读习惯的研究，2014年，泰国有41.4%的居民每周平均阅读3天，每天平均阅读时间为46分钟，这一数据相较于2013年有所提升。研究还发现，

---

① Yutisri, P.The Publishing Industry in Thailand.Pub Res Q 32, 261–265（2016）.
https://doi.org/10.1007/s12109-016-9471-6.

泰国的阅读习惯正在发生变化,特别是在漫画书领域,许多漫画书出版商已经停止了纸质书的印刷①。

五、缅甸出版业发展特点

1. 本土出版社占据主导地位

缅甸出版业的发展受益于政府对本土文化产业的扶持政策以及公众对本国文化产品的需求。不过,随着国际投资者和出版企业的参与,市场竞争日趋激烈。国际知名出版商通过与当地企业合作或直接投资的方式,逐渐增加了他们在缅甸市场中的份额②。

2. 教育类和文学类图书是缅甸出版市场中的重要组成部分

缅甸政府在教育领域的大量投资以及民众对知识获取的重视,使教科书和参考书的需求一直保持在较高水平。同时,随着中产阶级人数的增加,关于个人成长、健康生活等非虚构类图书也越来越受欢迎。文学作品在缅甸出版市场中占有重要地位,尤其诗歌和小说。缅甸有着丰富的文学传统,许多经典作品被翻译成多种语言,在国内外广为流传。同时,现代作家的作品也在国内外市场上获得了一定的关注,吸引了相当数量的读者③。

---

① Yutisri, P.The Publishing Industry in Thailand.Pub Res Q 32, 261-265 (2016). https://doi.org/10.1007/s12109-016-9471-6.
② 丝路印象:《缅甸出版市场规模和份额分析》, https://www.zcqtz.com/news/2177182.html.
③ 丝路印象:《缅甸出版市场规模和份额分析》, https://www.zcqtz.com/news/2177182.html.

六、马来西亚出版业发展特点

1. 出版市场按语种划分明显

出版市场中的细分市场包括马来语、英语、汉语三大市场，泰米尔语市场在整个市场中所占比例很小。就本地出版而言，马来语市场最大，其次是中文和英文。马来语的当地商业书籍平均可售出2万册，其次是中文书籍1万册，英文书籍3000册。这在一定程度上是因为当地出版的英文书籍面临着来自进口的激烈竞争，许多中文书籍也是进口的[1]。

2. 出版内容趋向多元化

根据国家图书馆的数据，出版领域的书籍主要集中在语言、文学和宗教等类别。英语语言教学及英语书籍一直备受青睐，随着该领域需求的持续增长，新兴的独立出版商正致力于出版更多针对年轻成人和青少年的小说作品。尽管出版界对儿童图画书的兴趣日益增加，但制作全彩图画书的高昂成本与本地儿童图书的低零售价格之间的差距，对出版商构成了一定的经济压力。尽管存在这一挑战，仍有部分出版商选择涉足图画书领域，尤其在城市地区进行销售。在马来西亚，教育是免费的，这意味着家长无须购买所需的教科书。然而，许多家长会购买参考书，因为教育成就和考试成绩在马来西亚家庭中占据着重要地位。因此，马来西亚的主要出版商都在教育出版领域

---

[1] Lingard, L.T. The Publishing Industry in Malaysia. Pub Res Q 32，58–63（2016）. https://doi.org/10.1007/s12109-016-9445-8.

占据着重要位置①。

七、新加坡出版业发展特点

1. 数字化转型推动出版市场发展

新加坡新闻出版市场是一个充满生机与创新活力的领域，随着科技进步和消费者行为的演变，该行业正经历着新的转型。

根据新加坡媒体发展局（MDA）的研究报告，数字内容的消费在过去几年中显著增长，且预计这一趋势还将持续。电子书、在线杂志和新闻网站等数字出版物的广泛传播，正在逐步重塑公众的阅读行为。同时，社交媒体平台的兴起为新闻出版业带来了新的机遇与挑战，使信息传播更加具有即时性和广泛性②。

2. 个性化内容需求增长

在信息过载的时代，消费者更倾向于获取与自己兴趣和需求相匹配的内容。因此，新闻出版商正通过运用大数据分析和人工智能技术，提供更加个性化的阅读体验。例如，新闻出版平台通过分析用户的阅读历史和偏好，能够精准推荐符合用户个人口味的文章和书籍③。

---

① Lingard, L.T. The Publishing Industry in Malaysia.Pub Res Q 32, 58–63（2016）.https://doi.org/10.1007/s12109-016-9445-8.
② 丝路印象：《新加坡新闻出版市场报告洞察产业发展趋势》，https://www.zcqtz.com/news/2059204.html.
③ 丝路印象：《新加坡新闻出版市场报告洞察产业发展趋势》，https://www.zcqtz.com/news/2059204.html.

3. 跨媒体整合受到重视

跨媒体整合是新加坡新闻出版市场发展的又一显著趋势。随着技术进步，传统印刷媒体与新兴数字媒体之间的界限日益模糊。许多新闻出版机构不仅在网站上发布内容，还通过移动应用、社交媒体以及其他数字平台实现内容的多渠道分发。这种整合策略不仅扩大了受众范围，也增加了与读者互动的机会。在内容创作领域，视频和直播内容的兴起同样值得关注。由于移动互联网速度的提升和视频制作成本的降低，越来越多的新闻出版机构加大对视频内容制作的投资，视频已成为吸引观众注意力的关键工具。同时，直播技术的普及使实时报道成为现实，为观众提供了更加直观和互动的体验。

此外，新加坡新闻出版市场对可持续性与社会责任的重视程度也变得更高。随着全球对气候变化和环境保护的关注加深，新闻出版机构正积极寻求减少纸张消耗和降低碳排放的途径。同时，负责任的内容创作与传播已成为行业共识，新闻出版商被鼓励产出对社会有益、促进公共利益的内容[①]。

八、印度尼西亚出版业发展特点

1. 大型出版企业主导

印度尼西亚图书出版商协会（IKAPI）目前拥有1314名注册成员，据估计，全国约有1500家出版商。然而，印度尼西亚的

---

① 丝路印象：《新加坡新闻出版市场报告洞察产业发展趋势》，https://www.zcqtz.com/news/2059204.html。

出版市场实际上由几家大型出版企业所主导，包括格拉美迪亚（Gramedia）、米扎姆（Mizam）、农业传媒（Agromedia）、埃尔朗加（Erlangga）和传播者（Penebar）等。其中，格拉美迪亚集团不仅在出版领域占据重要地位，还拥有全国最大的连锁书店网络，旗下分店超过100家。在图书定价方面，儿童图书的零售价格在2～14欧元，而小说类图书的零售价格则在4～6欧元。印度尼西亚图书的常规印刷量范围在4000～5000册，有10%～20%的图书能够实现1万～10万册的销售量。特别值得一提的是，安德里亚·平田所著的《彩虹部队》（Laskar Pelangi）一书，其销量已突破500万册，并且已被翻译成30种语言，在全球100个国家和地区发行。

2. 翻译类图书数量居多

印度尼西亚作为《伯尔尼公约》和《世界知识产权组织版权条约》的签署成员国，其版权保护状况受到国际投资促进机构的密切关注。在印度尼西亚的出版物中，40%～50%为翻译作品，这些作品主要来源于英语、阿拉伯语、汉语、韩语和日语。翻译作品的类型涵盖了小说、儿童读物（包括漫画）、管理类以及社会科学等领域。印度尼西亚在东南亚地区是最大的翻译版权购买国。与此同时，马来西亚是印度尼西亚语翻译版权的积极买家，尽管两国使用的语言均源于马来语，但语言差异性使得翻译成为满足大众需求的必要条件。即便存在这些差异，马来西亚的出版商仍能够直接评估印度尼西亚语书籍，而无须依赖英文版本[①]。

九、文莱出版业发展特点

1. 数字出版发展呈现出增长态势

近年来，文莱的数字媒体市场增长势头显著，这一现象主要归因于互联网普及率的提高以及移动设备使用的广泛性。依据文莱官方统计机构所提供的数据，该国的网络覆盖率超过90%，且绝大多数用户倾向于通过移动设备上网。这一高网络覆盖率为数字媒体的发展提供了坚实的基础。在市场份额构成上，社交媒体、在线视频及电子商务构成了文莱数字媒体市场的三大核心领域。具体而言，社交媒体凭借其强大的用户黏性和广告收入的稳步增长，在市场上占据了主导地位；而在线视频和电子商务则因其内容的丰富性及购物体验的便捷性，同样赢得了用户的青睐[②]。

2. 政府的支持促进出版业良性发展

文莱政府对于书籍及出版行业的可持续发展给予了高度关注，并且实施了多项政策以促进该领域的发展。一方面，通过设立奖项和基金，激励原创性作品的创作，并为杰出的作家及其作品提供支持；另一方面，强化版权保护机制，严厉打击盗版活动，以维护出版市场的秩序。随着版权保护的加强和知识

---

① Lingard, L.T. The Publishing Industry in Indonesia.Pub Res Q 32, 54–57（2016）. https://doi.org/10.1007/s12109-016-9446-7.

② 丝路印象:《文莱数字出版行业发展现状与前景》, https://www.zcqtz.com/news/2932035.html.

产权意识的提升，出版社之间的竞争逐渐向规范化和良性化方向发展。这些政策的实施有助于构建一个健康、有序的出版环境，促进了文莱出版行业的整体进步[①]。

十、菲律宾出版业发展特点

菲律宾出版业虽然起步较早，拥有300多年的历史，但发展速度相对缓慢。近年来，尽管面临诸多挑战，如工业基础薄弱导致优质纸张和印刷设备依赖进口，以及国内经济不景气和读书风气不盛等问题，菲律宾出版业仍在努力扩大图书市场和社会影响力。菲律宾出版社非常注重图书质量，并且在儿童读物和学术著作出版方面取得了一定的成就，这些出版物不仅满足了国内读者的需求，也在国际合作和文化交流中发挥了作用。

另外，菲律宾出版业在经营上展现出了创新性和适应性。面对进口书籍的市场垄断，菲律宾出版业正通过提高自身出版物的质量和多样性，以及积极寻求国际合作，来改变这一局面。此外，出版社在经营管理上采取了多种措施，如改善工作制度、使用勤工俭学学生劳动力、节约成本等，以提高效率和竞争力。此外，菲律宾出版业也在积极推动本国优秀文艺作品的翻译和国际出版，以此来提升菲律宾文化在国际上的知名

[①] 丝路印象：《文莱图书行业发展历史及市场现状》，https://www.zcqtz.com/news/3436020.html。

度和影响力[1]。

> ● 思考题

1. 东南亚的各个国家是如何进行版权保护的？它们之间有何不同之处？
2. 马来西亚的文学类图书发展情况如何？

第三节　东南亚地区出版行业现状及主要出版机构

在一项关于全球娱乐与媒体行业的调查中，普华永道（PWC）公司指出，中国、印度和泰国构成了快速增长且规模庞大的市场，越南、印度尼西亚、菲律宾和新加坡也展现出快速增长的趋势。此外，印度尼西亚在媒体行业的增长速度尤为显著，无论是电视还是报纸领域均呈现出迅猛的发展态势。在新加坡，出版社的总收入约为3.37亿欧元，比这个地区其他国家市场的价值（约为2.3亿欧元）要高，这一现象表明新加坡的出版业在东南亚和国际市场上具有重要的一席之地[2]。

---

[1] 毛鹏：《菲律宾出版业访问散记》，《出版工作》1986年第7期，第60—62页。
[2] 百道网：《关于新加坡出版，我们到底了解多少》，[2016–06]. http://bisenet.com/article/201606/159753.htm.

一、越南出版行业发展现状

越南大约有63家政府出版社，隶属于越南信息通信部下属的出版、印刷和发行办公室。此外，越南还有超过100家私营出版和图书发行公司。根据越南法律规定，这些私营出版公司均有权与政府出版社合作出版图书。因此，越南目前大约有200家出版机构，它们在公开市场上可能存在竞争关系。在这些出版机构中，排名前十的出版社包括泰哈图书（Thai Ha Books）、金东出版（Kim Dong）、青年出版社（Tre）、妇女出版社（Phu Nu）、阿尔法图书（Alphabooks）、第一出版新闻（First News）、雅楠出版（Nha Nam）、东亚出版（Dong A）、香庄出版（Huong Trang）、丁氏出版（Đinh Ti）。根据现行出版法规，所有私营出版公司均可参与图书的出版和发行活动。此外，所有图书的出版必须获得出版许可文件，这意味着私人出版社在出版任何书籍前都需要获得政府出版商的批准。

2014年，越南新书出版量超过2.6万种，发行量达到3.61亿册。通常新书的首次印刷量平均每册在1000~3000份。电子书和数字图书行业在越南规模较小，占总收入的比例不足1%。预计到2017年，电子书将占据一定的市场份额。目前，互联网对图书阅读的影响相对有限，人们倾向于在互联网上免费阅读，这使出版商难以控制其出版书籍的数字发行。许多读者为了免费阅读，会尝试破解数字文件以下载书籍。此外，越南的电子书安全存在一些局限性，导致一些人能够免费破解和下载书籍，这给出版商在控制和管理电子书和平装书方面带来了困难。

根据相关媒体报道，越南有上万家书店，包含一些代买书报的杂货店，遍布全国63个省市，但农村地区的书店数量较少。最大的连锁书店是法萨书店（FAHASA）（位于胡志明市的图书经销商），在越南拥有87家书店。第二大书店是南方书店（Phuong Nam），在全国拥有34家书店。目前，电子商务图书销售额占零售总额的35%，并且这一比例还在不断增加。两个最大的在线图书发行商是Tiki和Vinabook[①]。

二、老挝出版行业发展现状

老挝行政机构分为中央、省（市）、县、村四级。全国的新闻出版和文化工作由国家文化部负责管理。各省（市）、县设新闻文化厅（局）、处（科），中央到地方垂直领导。

新闻文化部下设部门：计划财务、组织人事、大众媒介、美术、博物馆和考古学、出版物、群众文化、审查等行政管理部门。下设机构：大众媒介培训中心、复制中心、国家图书馆、国家图书印刷发行部、万象时报—英文版、革新报—法文版、方向新闻（Pasason news）、巴特寮老挝书店（Kaosan Pathet Lao）、文化研究所、国家电视台、国家广播电台、国

---

① Hung, N.M. Vietnam: Challenges and Opportunities for Publishers. Pub Res Q 32, 266–271（2016）. https://doi.org/10.1007/s12109-016-9466-3

家文化大厦。

总体来说，老挝的新闻出版印刷业相较于前期取得了明显的进步。但由于资金拮据，群众文化水平普遍不高，报刊图书的市场需求量有限，因此行业发展仍然比较落后。如学生用英文词典等工具书，大多由泰国进口，价格比较昂贵[①]。

三、柬埔寨出版行业发展现状

柬埔寨新闻出版印刷业由国家新闻部管理。国家新闻部的职能中包含：监督报纸、公报、杂志和其他印刷出版物，以及电子媒体的内容；监察印刷厂和音像制品机构；审批印刷出版物和音像制品的进出口；审批商业性印刷厂、音像制品商及相关厂商的建立、中止和暂停营业；等等。

据柬埔寨新闻部网站公布，目前柬埔寨在运营的报纸有：125种国内报、41种国际报、19种公报和36种杂志。其中，由政府新闻部办的只有报纸、公报和杂志各一种。其余大多数是商业性（营利性）的和政治性的，少数的处于中性。

柬埔寨的书店主要有：国际书局、蚁绍庆书局、城市书店、巴戎书店、金边书店、吴哥书店。国际书局是金边最大的华文书店，从中国大陆、中国台湾、中国香港和新加坡购进各种华文图书杂志，以适应华文读者的需要[②]。

---

① 王以俊：《老挝新闻出版印刷业概况》，《印刷世界》2005年第7期，第50—53页。
② 王以俊：《柬埔寨新闻出版印刷业概况》，《印刷世界》2005年第10期，第62—64页。

四、泰国出版行业发展现状

泰国没有专门的出版业管理机构,出版业主要由大型出版商控制。出版印刷行业主要有两个规模较大的行业协会,分别为泰国印刷行业联合会与泰国出版商和书商协会。

泰国印刷行业联合会成立于1993年1月7日,是多个出版印刷业协会基于共同需求而联合组建的组织,其成立的初衷是为了更有效地解决政府与私营印刷企业之间长期存在的复杂问题。在联合会成立之前,政府在处理印刷行业问题时,往往只听取工会的意见。因此,出版印刷业协会达成共识,认为有必要通过合作,统一行动,建立一个联合会来增强其影响力。借鉴其他行业的成功经验,调整组织结构,最终促成了泰国印刷行业联合会的成立。该联合会的使命和主要职能包括:一是保护成员在印刷业中的共同利益,维护行业公正;二是在税收、人才和技术传播等印刷及相关行业问题出现时,促进协会间的沟通与协作,迅速解决问题;三是推动印刷及相关行业的发展和学术研究的进步。

泰国出版商和书商协会成立于1959年,是泰国教育圈中的几位重要人物商讨后决定成立的。该协会的成立宗旨在于激发泰国民众的阅读热情,并推动泰国图书的印刷、出版和销售行业的繁荣。在协会成立之初,为了获得广泛的支持,特意邀请了当时知名的出版商和书商参与协会的构建。1965年11月,该协会在公安局完成了正式注册,并采用了"泰国出版商和书商协会"这一名称。在接下来的20年里，该协会不断优化内部管理机制，以提高效率，从而更有效地推动泰国图书业的增长和进步。泰国出版商和书商协会的核心职责包括促进泰国图书印刷出版和销售业的发展，以及组织各类图书展览和相关活动，如泰国规模最大的图书展览——泰国国家图书展就是由该协会主办的。此外，该协会还积极与国内外的出版社和图书销售业建立联系，推动泰国图书印刷出版业的国际化进程[①]。

五、缅甸出版行业发展现状

缅甸的印刷出版业（图书报纸期刊出版）由国家宣传部统一管理。重要的图书如官方政策、统计数据、中小学教材等，由宣传部下属的缅甸印刷和出版公司负责出版发行。其他方面的图书经政府审查后由各出版社出版。官办的报刊由信息部下设的缅甸新闻期刊公司负责出版发行。包装印刷业及相关工业则按照国营、合作、私营分由工业部等政府部门及工业区负责管理。缅甸印刷和出版商协会参与行业协调管理。

缅甸的官方出版机构有：印刷和出版公司，新闻期刊公司、宗教部出版社。出版图书种数达7787种，按类别种数分，依次为文艺类、小说故事类、宗教类、政治和社会类、生活与习俗类、科学类、工业畜牧业类、历史传记类以及综合类图书等。出版的杂志约有140种，分为七大类：体育类、流行杂

---

① 甄云霞、王香云：《经济上升与文化缺失中的泰国出版业》，《科技与出版》2020年第1期，第22—28页。

志类、刑事侦探类、卡通类、国际时事类、经济信息类、综合类。其中较为著名的有《妙瓦底》《秀玛瓦》《威达意》《视野》和《财富》等[①]。

六、马来西亚出版行业发展现状

马来西亚图书市场大多是进口出版物，尤其是来自英国和美国的出版物。但作为一个由马来人、华人和印度人组成的多种族国家，书籍供应也来自中国香港、中国台湾、印度、印度尼西亚和中东。随着对马来语的重视、识字率的提高、图书生产技术流程的升级、翻译的进步以及营销的新趋势，当地图书出版的增长模式正在取得较大的发展。除大量涌入的进口出版物外，现在还有更多由土著作家用白话撰写的本地出版和印刷的书籍，确保了内容适合多民族、多文化、多宗教和多语言市场。

1985年，马来西亚提出《国家图书政策》，图书业应被视为一个重要的产业，因此必须为其发展提供支持。该政策的主要目的之一是确保人们能够轻松获得书籍。该政策还希望马来西亚不仅实现全面扫盲，而且成为一个阅读社会。图书政策将与国家教育政策、国家语言政策、国家文化政策和国家传播政策等其他相关政策同时实施。

1997年的一项调查显示，马来西亚人平均每年读两本书。

[①] 王以俊：《缅甸印刷出版业的历史发展及其基本状况》，《印刷世界》2005年第6期，第22—24、35页。

马来西亚成年人的识字水平实际上一直在稳步上升。马来语的识字率从1967年的43%上升到1984年的85%,但这里的阅读主要是为了学习。女性对书籍的兴趣高于男性,正如预期的那样,对书籍的兴趣度取决于教育水平,在一定程度上取决于家庭的收入。

马来西亚开展了许多阅读活动,向人们灌输阅读习惯。1991年初,国家图书馆成立了一个促进阅读的部门,在执行和协调国家的活动方面发挥重要作用。国家图书馆还被指定为国家阅读促进委员会秘书处。该委员会由几个政府和私人机构的负责人组成,是一个在全国范围内提高阅读水平的决策组织。教育部也更加重视阅读的重要性,因此阅读活动成为学校课程的一部分。

1995年,政府接受了一项提议,将每年8月定为"阅读月",以吉隆坡国际书展为主要活动。虽然集中在每年8月份,但通过图书行业、教育机构、政府部门和公共部门的主要参与者之间的合作,全年都在进行阅读推广。

随后,图书馆继续发展,21世纪初,马来西亚约有1万个图书馆,估计总藏书2000万册。其中有370多个公共图书馆,包括由各公共图书馆公司和地方当局运营的分馆、地区、城镇、农村和移动图书馆,中小学还有300多个专门图书馆和约8000个资源中心[①]。

[①] Ishak M S A, "Current State of Malaysian Book Publishing", *Malaysian Journal of Media Studies*, 2000-01, 03 (1):13-20.

七、新加坡出版行业发展现状

新加坡图书产业的特征与布宜诺斯艾利斯、中国台北或北京等地区存在差异。新加坡的图书市场以自我修养和自我教育为主要目的，休闲阅读在新加坡并未被视为首要任务，而心灵和宗教类图书的重要性则较为突出，这与新加坡多元宗教的社会结构密切相关。这种市场特性为图书销售提供了有利条件，使商业书籍、自助类书籍和宗教类书籍在书店中占据显著位置。在新加坡，阅读被视为实现个人目标的手段。

新加坡媒体市场的趋势显示，杂志行业呈现下降趋势，而现场音乐和演出行业虽有所增长，但规模相对较小。新加坡拥有全球最活跃的观影人群，影院市场活跃，然而本土电影的收益有限，本土电影制作人面临的挑战与出版业者相似。图书市场规模是影院市场的2倍，与电视市场相当。最大的媒体行业则是报纸行业。

新加坡图书市场总体上保持稳定，这一趋势受到多种因素的影响，包括家庭投入的增长、人口增长和教育支出的增加。然而，家庭在其他领域的支出增长，如家庭教师费用和移动设备通信费用的快速增长，对图书市场构成了一定的阻碍。这些因素共同塑造了新加坡图书产业的独特面貌，并对其未来发展产生影响。

新加坡不仅是东南亚的交通枢纽，也是中西文化产业的一个枢纽。新加坡出版市场的多语言特征也是东南亚地区多语言特征的一个缩影。新加坡的出版产业被视为该国知识经济的基石，其出版社主要分为三大类别：

（1）科学、技术与医学（STM）及学术出版社：这些出版社在支持新加坡的研发活动方面发挥着关键作用。研发是国家战略层面的重要活动，新加坡每年投入GDP的3.5%于此类活动。出版行业通过促进研究者间的联系，加强了新加坡与国际科研界的联系。

（2）教育出版社：作为家长、教师和学生的重要伙伴，教育出版社在出版教育书籍方面承担着核心任务。这些书籍不仅在国内发挥了教育作用，也向国际社会展示了新加坡的教育内容。如在北京国际书展上，新加坡的教育类图书吸引了众多读者的关注。

（3）文学类图书出版社：文学出版社被视为新加坡创意经济的支柱。写作作为叙述故事的主要艺术形式，出版行业培养的作家和创意人才，创作了内容与品牌，为电影、游戏、电视等其他媒体行业培养了观众。中国在这一领域已经取得了显著成就，新加坡也在积极追随这一发展路径[①]。

八、印度尼西亚出版行业发展现状

印度尼西亚是世界上最大的群岛国家，由约17508个岛屿组成，因此有"千岛之国"的别称。在这些岛屿中，爪哇群岛

---

① 百道网：《关于新加坡出版，我们到底了解多少》，[2016-06]. http://bisenet.com/article/201606/159753.htm.

的人口占到了全国总人口的57.5%。得益于这一人口优势，爪哇群岛上聚集了印度尼西亚90%的出版商，其中38%集中在首都雅加达。

印度尼西亚小型出版商平均每年出版15种新书，中型出版商平均每年出版100种新书，大型出版商平均每年出版200种新书。

印度尼西亚的出版领域由两大行业协会主导，分别是印度尼西亚出版商协会（IKAPI）和印度尼西亚大学出版社协会（APPTI）。IKAPI是一个广泛的行业组织，拥有1368家会员单位，这些会员中大约60%专门从事教科书的出版，而剩余的40%则出版包括通用和专业内容在内的各类图书。这些出版商成员中有711家较为活跃，但它们中仅有148家通过开设区域分销办事处或代表处而拥有自己的销售渠道。与IKAPI相比，APPTI的规模较小，由200家大学出版社构成，这些大学成员在学术出版领域发挥着重要作用。这两大协会不仅代表了印度尼西亚出版业的主要力量，而且也体现了该国出版行业的组织架构和市场分布的具体情况。

根据印度尼西亚创意经济局发布的2016年出版业数据报告，印度尼西亚出版业收入占全国GDP的6.29%，出版业成为印度尼西亚第五大创意产业子行业。

尽管印度尼西亚作为全球第四大人口国，但其基础设施建设相对薄弱，这导致偏远地区居民难以获取图书资源。印度尼西亚每百万居民可获取的新书种类相对较少，仅为119种/百万居民。这一数字相较于泰国（215种/100万居民）、马来西亚（639种/100万居民）以及越南（273种/100万居民）显得尤为不足。

在实体书店经营方面，印度尼西亚正经历着转型与升级。许多书店开始扩展非图书类产品的销售，以吸引更多的年轻读者和女性读者。然而，自2016年起，印度尼西亚实体书店的客流量出现了显著下降。

印度尼西亚出版商以往大多直接与海外出版商或文学代理商进行交流合作，但近期他们开始更多地依赖代理机构，用以接触更广泛的海外出版商并建立合作关系。例如，Maxima创意代理公司自2004年成立以来，便为北美、英国及欧洲的出版商提供代理服务；Tuttle-Mori Agency的印度尼西亚分部自2010年起为20余家外国出版商提供代理服务；Borobudur代理公司自2013年起为印度尼西亚出版商和作家提供代理服务，推广他们的图书版权至国际市场。

此外，印度尼西亚作家在国际文学领域的影响力日益增强，他们的作品获得国际认可和荣誉。例如，已故作家普拉姆迪亚·阿南达·杜尔因曾获诺贝尔文学奖提名、美国国际笔会的自由撰稿奖、拉蒙·麦格塞塞奖、联合国教科文组织——马丹吉特·辛格奖以及日本的福冈文化大奖。同样，作家埃卡·古尼阿弯的作品《人虎》曾入围2016年国际布克奖长名单等①。

九、文莱出版行业发展现状

在文莱整体的新闻出版行业中，文莱新闻社是唯一官方新闻机构，创建于1959年。文莱的主要报纸有《婆罗洲公报》和《文莱灯塔报》。文莱广播电视台创建于1957年5月，以马来语、英语、华语和尼泊尔语播音。在马来语区还设有一个专门为英国廓尔喀部队广播的英国军队广播服务台。电视台从1975年起开设彩色电视频道，播放马来文和英文节目②。

文莱政府对新闻出版媒介实施严格的监管政策，以维护国家核心价值观。强调伊斯兰教信仰、忠君思想和文明礼貌，严禁任何破坏该生活方式的行为。为此，文莱制定了一系列法律法规，包括本地报纸法、出版法以及社团法、暴乱法、国内安全法、公共秩序法等相关条款，以确保这些价值观得到法律的保护和维护。

根据文莱首相府网站公布的信息，全国合法注册的新闻出版印刷机构包括：出版社（公司）15家，如AVESTA出版有限公司、烛光出版公司、CERIA CIPTA出版和广告、DE'传统出版、IDA使节出版有限公司等；印刷公司102家，包括ACTON纸业和印刷公司、AKBAR印刷和商贸公司、

---

① 国际出版周报：《7年衰退后实现逆转增长 印度尼西亚出版业未来可期》，[2019–03]. http://www.cctss.org/article/headlines/4198.
② 新华网：《文莱概况》，[2013.10]. https://www.gov.cn/jrzg/2013–10/08/content_2502020. htm.

A.KAMILIA印刷等，这些公司采用的印刷技术包括胶印、丝印、UV印刷、TCS印刷等多种工艺；书店（书商）16家，例如A SIUUNI书籍供应商、B.M.D书店、CAHAYA REMAJA书屋等。这些机构共同构成了文莱新闻出版印刷行业的主体[①]。

十、菲律宾出版行业发展现状

依据菲律宾统计局（PSA）所提供的统计数据，近期菲律宾图书出版行业显示出持续增长的趋势。2019年该行业的市场规模已经增长至近1.5亿美元，相较于2018年增长了6%。这一增长势头主要归因于教育类图书的持续需求以及成人非虚构类图书的日益流行[②]。

菲律宾的印刷和出版业根据其产品和服务的不同，大致可以分为三个主要领域：报纸和期刊出版、图书和小册子出版，以及商业印刷和相关辅助行业。

在推动行业发展和增强竞争力方面，多个行业协会扮演着关键角色，例如菲律宾印刷工业协会、菲律宾教育出版商协会、菲律宾出版商协会、菲律宾书商协会、菲律宾图书供应商协会、菲律宾图书发展协会、菲律宾图书出口商协会、菲律宾包装协会、菲律宾印刷技术基金会、印刷工业委员会基金会、菲律宾图形艺术经销商协会以及菲律宾丝网印刷和成像

---

① 王以俊：《文莱新闻出版印刷业概况》，《印刷世界》2005年第11期，第53—55页。
② 丝路印象：《菲律宾书店行业发展前景分析》，https://www.zcqtz.com/news/2612070.html。

图形协会等。这些协会通过提供行业支持、促进合作交流、制定行业标准和维护行业利益,共同助力菲律宾印刷与出版业的发展。

菲律宾的印刷与出版行业虽然目前以国内市场为主导,但正逐渐探索国际市场的潜力。部分具备出口能力的企业已经开始认识到海外市场的巨大潜力,并意识到开发这一市场将有助于提升其盈利能力。在菲律宾印刷品的出口构成中,圣诞贺卡及其他贺卡占据了出口总额的39.13%;书籍、小册子及其他类似印刷品占11.91%;纸或纸板制标签占10.25%;杂志、评论、期刊及类似出版物占8.50%;祈祷书、圣经及其他宗教书籍占5.30%。

根据Hoover's Online的数据,全球出版业构成了一个价值高达7500亿美元的产业,该产业主要由诸如兰登书屋、西蒙与舒斯特、班塔姆双日戴尔以及时代华纳等主要出版集团所主导。根据《1998年世界图书报告》的统计,1996年在全球前20大市场中,图书销售总额已接近750亿美元[1]。

十一、东帝汶出版行业发展现状

东帝汶是全球最"年轻"的国家之一,它在2002年5月宣布独立,并成为联合国的第191个成员国。关于东帝汶的国家域名目前还存在一些争议,一方面是".tp"(代表东帝汶葡

---

[1] Tullao Jr T, Habaradas R. "An in-depth study on the printing and publishing industry in the Philippines". *Center for Business and Economics Research and Development*, 2001.

萄牙），另一方面是".tl"（代表东帝汶）。东帝汶的历史经历了葡萄牙近五个世纪的统治，随后是印度尼西亚从1975年开始的长达20多年的有争议占领。

1999年8月，在联合国的主持下，东帝汶举行了全民公决，其中大多数人投票反对印度尼西亚提出的自治方案，从而为东帝汶的独立铺平了道路。公决后给东帝汶带来了严重的人员流离失所问题，超过半数的人口被迫离开家园。同时，国家的经济和社会基础设施遭受了重大损害，大约80%的学校和医疗设施遭受了毁坏，电信和媒体设施也遭受了损失，包括国家广播电台、电视台、地方报社以及大多数电话线路被烧毁或损坏。因此，东帝汶在许多方面需要从基础开始重建。根据第一份国家人类发展报告，东帝汶被列为世界上最不发达和最贫穷的国家之一，人均国内生产总值估计为478美元。教育水平普遍较低，文盲率超过一半，婴儿体重不足的情况普遍存在，这与营养不良有关。东帝汶仍在努力从1999年9月独立公投后的破坏中恢复。民选政府已经制定了一系列重建国家的计划和倡议，其中重建和社区发展是优先考虑的事项。

信息和通信技术在东帝汶是相对较新的发展领域，该国的第一台计算机直到20世纪90年代初才被引入。1999年的暴乱严重破坏了通信基础设施，为此，联合国东帝汶特派团在2000年建立了一个紧急通信系统，该系统由澳大利亚电信公司Telstra运营，旨在改善整个国家的通信状况，并服务于维和部队、联合国人员以及在东帝汶工作的外籍人员。由于基础设施的不足，信息和通信技术的普及受到了限制。东帝汶政府意识到，获取可靠的信息和通信服务对于提升农业生产力、减少贫困以及支持私营部门的发展至关重要。因此，在2003年3月，东帝汶政府与葡萄牙电信公司以及私营部门合作，成立了帝汶电信公司。帝汶电信公司负责向公众提供全面的电信服务，包括建设必要的基础设施（语音和数据服务）以及提供互联网连接。

东帝汶正在重建的信息和通信技术基础设施包括无线电通信、邮政服务、电信设施以及各种支持服务等基础要素。目前，无线电广播已经能够覆盖大约90%的东帝汶家庭，它不仅提供关键的农业和发展信息，还提供娱乐内容。报纸在传播信息和知识方面同样扮演着重要角色，但只有在城市才有报纸[1]。

● 思考题

1. 这些国家的印刷业情况对出版活动产生了哪些影响？
2. 报纸作为重要的出版物之一，如何在东南亚的各个国家中发挥作用？

---

[1] Yoon C S, Akhtar S, Charron C Y, et al. *Digital review of Asia Pacific*, 2005/2006. 2005, PP: 215–217.

第十四章

非洲出版业发展历史、现状与主要出版机构

书籍是人类的遗产,出版的使命则是守护这份遗产。

第一节　非洲出版业发展史

　　非洲的出版活动最早可以追溯到一万多年前的岩画出版。非洲的出版历史，大致经历了三个阶段：首先，是史前无文字记录时期的岩画出版；其次，是象形文字出现后的铭文出版；最后，是莎草纸作为载体的纸草纸出版。象形文字的发明标志着非洲进入了文字记载的时代，铭文出版，包括墓志铭、庙宇铭文、碑文等，成为非洲的主要出版形式，其出版符号主要为象形文字系统，包含由其演变而来的僧侣体、圣书体。在出版实践的过程中，非洲的文字符号系统也不断丰富和发展，比如古埃及的多种民族语言和文字系统，如斯瓦希里文、阿扎米文等。可以说古代非洲的出版相关实践活动对人类出版的起源和早期发展起到了引领作用[1]。

　　独立之初，随着非洲国家的识字人口不断上升，在反对西方列强的殖民统治和民族独立的过程中，出版业有了相应的发展，一些实力较大的西方出版商也纷至沓来。例如，肯尼亚独立初期，朗文和牛津大学出版社都在内罗毕设有办事处，但这两家出版社都是将收集好的稿件，转发到伦敦进行审查和出版。东非文学局开发的书籍选择与外国出版商合作，这都在一

---

[1] 万安伦、李仪、周杨：《论非洲对人类出版的历史性贡献》，《出版参考》201年第2期，第50—55页。

定程度上限制了非洲本土出版业的发展①。

20世纪70—80年代初，半国营和独立的本土出版社成立。然而，非洲各国政府主要专注于经济发展，对现代文化产业很少或根本没有能力支持，主要将文化解释为民间传说和舞蹈，用来招待政府和政党领导人或来访的贵宾。关于作者和出版商权利保护的立法不充分，版权法执法薄弱。政府政策是累退性的，例如，既对图书制造材料（主要是纸张）征收关税和税收，也对印刷机械的其他消耗品征收关税和税收，如备件、油墨、染料、化学品、薄膜和印版等。此外，没有足够的专业人才训练中心来满足出版和印刷行业所需的员工需求。相反，各国政府更青睐半国营公司的本地出版业，他们认为这是非洲出版业对抗外资公司主导地位的出路。

20世纪80—90年代，半国营机构、独立机构和大学出版社因缺乏资金和国际资助政策的变化而无法发展壮大。20世纪80年代，国际货币基金组织/世界银行的结构调整政策对半国营企业和独立企业都造成了沉重打击，加剧了部门薄弱的固有问题。资金不足；融资困难，银行贷款和透支利息高达40%；比以前更多的贫困人口缺乏购买力；识字率低，尤其是出版业集中使用的欧洲殖民宗主国语言；分配系统薄弱、公共图书馆的倒闭，都导致了半国营出版机构和独立机构的消亡，大学出版社也因缺乏资金而受到打击。对于半国营企业和私营部门中刚

---

① 王海荣：《非洲出版业发展面临的挑战和机遇》，《文学教育》2019年第11期，第4页。

刚起步的独立企业来说，生存都变得困难。坦桑尼亚出版社仅有一家国有出版社，由于政府没有或无法支付印刷费用，它已经从一个充满活力、拥有杰出书刊的出版商沦落为几乎停滞出版状态[1]。

20世纪90年代，非洲法语区遭遇严重萧条，许多国家倾向于限制对文化领域的参与。与此同时，世界银行制定的结构调整计划有助于接管学校课程，但费用由当地出版商承担。同时，独立出版商不断涌现，新的出版社也随之成立，其中包括贾马纳出版社（Jamana，1988年，马里）、埃迪利斯出版社（Edilis，1992年，科特迪瓦）、桑科发与格利出版社（Sankofa & Gurli，1995年，布基纳法索）等。这些出版社目前仍然活跃，努力开发他们的书目并建立稳定的读者群。尽管他们从未加入过任何类型的超国家联盟，但几乎所有人都成为国际独立编辑联盟法语网络的成员，并从来自世界各地的同行之间的会议以及由独立组织领导的倡导活动中受益匪浅。尽管他们做出了努力，但困难仍然存在，包括非洲大陆潜在图书购买者比例相对较小以及与图书分销相关的问题。事实上，图书发行系统的不足是非洲大陆出版商面临的一大问题，为了发展读者群，必须对书籍进行充分宣传，以便让潜在读者知道他们的存在[2]。

---

[1] Bgoya W, Jay M.Publishing in Africa from independence to the present day. *Research in African Literatures*, 2013, 44（2）: 17–34.

[2] Carré N.From Local to Global: New Paths for Publishing in Africa. *Wasafiri*, 2016, 31（4）: 56–62.

● 思考题

1. 你了解哪些非洲作家?
2. 有关非洲主题的出版物,你印象最深刻的是哪个?

第二节 非洲出版业的发展特点

非洲出版业在全球范围内面临着一系列宏观挑战,这些挑战包括本土出版资源的匮乏、市场类型单一以及经济增长有限等。当前,非洲的出版市场主要被教育和工具类图书所主导,这限制了其他类型书籍的发展和多样性。此外,非洲学者和作家在国际学术和文学界的影响力相对较弱,部分原因是他们倾向于选择国外出版商,导致本土出版资源的流失。语言政策的影响也不容忽视,外来语言在出版领域占据主导地位,而本土语言的出版资源相对缺乏。这些问题共同导致了非洲本土出版业在更高层次领域的参与和发展受限,使整个行业的发展潜力未能得到充分挖掘。总体上,非洲出版业是文化上依附性发展的典型。

一、本土出版资源匮乏,市场类型单一

与全球其他地区相比,非洲的出版数量长期处于较低水平,对非洲经济增长的贡献有限。根据非洲出版网络(APNET)

2000年的调查,非洲大陆消耗了全球书籍总量的12%,但其贡献率不足3%。非洲大学主要依赖发达国家的知识资源,自身的研究产出相对不足,导致非洲学者的学术影响力较弱。尽管非洲民族文学涌现出许多优秀作家,但他们往往倾向于选择国外出版商,如此导致大量本土出版资源的流失。非洲经济与文化的双重滞后限制了民众的购书能力,从而进一步造成出版市场类型单一、受众范围狭窄的困境。非洲的大部分出版物主要集中在教育类和工具类,民众读书的目的多限于升学或通过专业考试,因此学生成为主要目标群体。其他类型书籍的市场狭小,严重制约了非洲出版业的发展,因此,出版书籍的多样化将可能成为未来非洲出版业的重要方向[1]。

二、出版领域内的语言冲突明显

语言是民族识别的关键要素之一,本土语言在非洲出版领域的缺失是一个不容忽视的现象。与此同时,外来语言在该领域占据主导地位。自欧洲殖民主义入侵以来,多数非洲国家采用国际上通行的语言作为官方语言。这一语言政策的实施对非洲出版业产生了影响。从宏观上来看,这导致非洲出版业主要分为阿拉伯语、法语和英语三大语种。阿拉伯语出版主要集中在北非地区,其中最发达的是埃及。法语出版则以刚果民主共和国、阿尔及利亚、马达加斯加和摩洛哥等国较为发达。在英

---

[1] 张艳秋、雷蕾:《非洲出版业的历史、现状与挑战》,《现代出版》2016年第6期,第76—80页。

语出版方面，尼日利亚和南非是领头地区，而津巴布韦、加纳和肯尼亚等国亦拥有相当数量的出版社[①]。

从微观上来看，当地教育体系在培养学生时忽视了本土语言的重要性，这种状况同样影响到了出版业。许多毕业生在运用母语撰写学术论文方面存在障碍，这一情况对出版行业的招聘活动产生了影响，尤其在编辑部门。在坦桑尼亚等地区，若个体未能熟练掌握母语或工作语言，将难以在编辑和整理文本内容的工作中发挥其生产力作用。优秀的编辑对于作者的作品具有不可替代的作用，作者对编辑的忠诚往往超越了对出版社的忠诚，作者随编辑一同跳槽至新出版社的情况并不少见。缺乏优秀编辑的出版社难以出版高质量的书籍，同样的问题也存在于出版业所依赖的读者群体中。在坦桑尼亚，大多数中学生甚至大学生都难以阅读以基础英语编写的书籍。由于斯瓦希里语教育仅限于小学阶段，导致更高级别的严肃文学市场缺乏，且难以发展。这一现象带来的影响是多方面的，它实际上削弱了与文学和研究相关的一系列职业机会，如国际组织（如联合国、非盟、联合国教科文组织等）的笔译和口译工作，对坦桑尼亚人而言变得遥不可及。

当前的语言政策对非洲出版业的影响表现为本土出版商主要在初级出版领域活跃，而在高等教育出版以及科学、技术和医学（STM）出版领域则几乎不见其身影。以坦桑尼亚为例，

[①] 张艳秋、雷蕾：《非洲出版业的历史、现状与挑战》，《现代出版》2016年第6期，第76—80页。

23%的人口为文盲,加之中学教育中使用的英语教学限制了学生的理解力,导致教育水平普遍较低。这种情况不可避免地对图书市场造成了限制。语言和识字率的问题进一步加剧了由贫困和购买力不足所引发的问题,使整个出版市场的发展更为复杂。这些因素共同作用,限制了非洲本土出版业在更高层次出版领域的参与和发展[1]。

三、数字出版发展缓慢

虽然非洲具有巨大的数字阅读需求,但其电子出版在经营方面困难重重。联合国教科文组织的一项调查显示,影响非洲移动阅读的最主要障碍是阅读内容匮乏,其次是网络接入问题。非洲本土出版物通常规模较小,市场也十分有限,多依托大型的跨国公司拓展市场。尽管有些国家对出版商采取自由进入但有所保留的策略,但非洲本土学者的支付能力很有限,能够使用这些出版物的机会不均衡。因此,如何促进非洲本土用户使用各种国际化的在线资源成为亟待解决的问题。

近年来,有越来越多的南非作者开始选择亚马逊出版电子图书。通过亚马逊进行电子出版有几点优势:首先,亚马逊开始接纳南非语言,支持其成为出版电子书的语言,这给数百万潜在进行自我出版的南非作家提供了接触到读者的机会。其次,作者可以直接通过亚马逊获得收入。通过全球在线支付

---

[1] Bgoya W, Jay M.Publishing in Africa from independence to the present day. *Research in African Literatures*, 2013, 44(2), PP: 17–34.

（Payoneer）和PayPal等服务，非洲作家现在可以直接从亚马逊获得版权费。这也意味着当前非洲作家的作品有了更多的出版机会。

然而，随着越来越多的用户访问和使用在线出版物，网络拥堵现象又成为南非在线出版面临的一个问题。鉴于光盘出版具有存储量大、质量高、成本低等显著特点，一些公司开始通过光盘进行数字出版。目前，南非的光盘出版主要以计算机培训材料、营销信息以及公司信息演示为主要形式[1]。

● 思考题

1. 当前非洲出版业发展有哪些亟须解决的问题？
2. 非洲出版业依附性发展的原因是什么？

第三节　非洲出版行业现状及主要出版机构

在非洲大陆出版的书籍中，教育类图书占据了95%的比重，这一数据来源于"非洲出版网/非洲教育发展协会"（APNET/ADEA）2000年的研究统计。这表明，除教材之外，其他类型的图书在非洲本地的出版量极为有限。由于在出版非教材类图书时，出版商难以灵活地控制收益，并且缺乏政策层

---

[1]　张艳秋、郭昕璇、严威：《非洲数字出版业的机遇、困境与发展》，《现代出版》2018年第2期，第75—79页。

面的支持，导致他们对出版非教材类图书的冒险行为缺乏兴趣。此外，由于发行量小、收益有限，普通图书的成本相对较高，因此大多数非教材类图书的出版活动都发生在非洲大陆之外的地区[1]。

当前，非洲图书出版业正处于难得的转型时刻。从历史角度看，非洲图书出版业曾长期受到跨国出版集团的支配，而那些受制于外来资本或援助的做法是不可持续的。目前，新一代非洲读者和作家正在重塑传统出版方式。他们运用新技术和社交媒体，举行公共活动，推广土著语言，并通过合适的自助出版方式促进消费者行为的改变。

此外，尽管用英语写作常被视为非洲图书进入国际文学界的途径，但对土著语言的关注也成为一种趋势。当前有研究发现，对非洲土著语言儿童书籍的需求正在上升，这凸显了语言多样性对非洲文学发展的重要性。非洲拥有大量年轻人口，随着年轻人开始以自己的方式参与知识生产，出版基础设施建设有望取得更多进展[2]。

非洲图书联盟是非洲地区较为重要的出版机构之一。1985年，17家活跃于撒哈拉以南非洲地区的出版商在伦敦聚集，共同探讨他们所面临的挑战以及如何通过合作来解决这些问题。这次初步的研究和会议得到了瑞典国际开发合作署

---

[1] 布莱恩·瓦法瓦洛瓦、夏铁华、任颂：《儿童书籍在非洲的出版与发行：机遇与挑战并存》，《中国儿童文化》2006年刊，第49—54页。
[2] 方龄：《非洲图书出版业机遇与挑战并存》，[2024–12]. https://www.cssn.cn/skgz/bwyc/202412/t20241203_5809572.shtml.

（Sida）的资助，并建立于1984年由达格·哈马舍尔德（Dag Hammarskjöld）基金会组织的一次重要会议的基础之上，该会议的主题是"非洲的自主出版发展"。在坦桑尼亚阿鲁沙举行的这次会议中，参与者承诺共同解决国际营销和分销问题。到了20世纪80年代中期，非洲出版商面临两个主要问题。首先，他们仍然受到外汇限制的影响，这使得海外销售即使不是不可能，也变得极为困难。其次，昂贵且效率低下的邮政服务进一步加剧了这一问题。另外，他们缺乏单独投资于必要的营销系统以进入北方市场的能力。

因此，他们决定在英国成立非洲图书联盟，为他们的主力英语出版物提供服务，负责在北方市场（主要是欧洲和美国）营销和分销这些作品，同时也覆盖所有非非洲国家。在当时的前数字营销时代，欧洲和美国是最容易进入的市场，他们模仿国际领先出版商的做法，在他们希望渗透的市场中心建立了自己的组织。随后，又花了5年时间才筹集到足够的资金来启动运营。启动资金来自两个渠道：一是三家资金捐助方——瑞典国际开发合作署（Sida）、福特基金会（Ford Foundation）和挪威发展合作署（Norad）；二是每位出版商出资1000英镑的投资，这在当时是一项艰巨的任务。由此产生的公司没有进行资本化，最初的创始团队继续拥有和管理着这个组织。

然而，只有少数原始出版商仍在积极从事出版工作。任何独立的出版商都有机会加入非洲图书联盟，只要他们拥有适合联合推广的图书,主要是学术和文学领域的作品,并且这些作品从非洲的视角出发,那么他们的图书就会在全球范围内进行营销和发行。出版商与非洲图书联盟之间的法律合同规定了这种合作关系:对于非洲图书联盟同意营销和发行的图书,只要这些图书符合非洲图书联盟的宗旨,出版商就会授予该协会在非洲以外地区的独家发行权。一旦获得授权,这些图书就会以全方位的数字和传统手段进行营销。

传统的营销手段包括通过尼尔森书目数据库和国际书目数据库上的列表、印刷目录、展览和个人邮件进行推广。互联网的出现极大地扩展了营销的可能性,并增强了传播系统。现在,新书会直接发布在非洲图书联盟的网站、尼尔森以及所有主要的在线数据库上,并通过电子邮件发送给国际批发商。目录可以在线获取,新作品也可以直接通过非洲图书联盟的网站订购。相关信息还会发布到特定主题的讨论组,每月新书会通过电子邮件发送给超过2000名订阅者。通过为来自136家本土出版商的约2000种图书提供国际发行渠道,非洲图书联盟帮助解决了吸引非洲作家在非洲出版商处出版作品的问题[1]。

非洲图书联盟虽然本质上是一家营销和分销机构,但它一直被誉为非洲出版业的"转折点",打破了传统的交易模式。该联盟的工作得到了广泛的支持和认可,所有鼓励购买非

---

[1] Bgoya W, Jay M.Publishing in Africa from independence to the present day. Research in African Literatures,2013,44(2),PP: 17–34.

洲书籍的个人和团体，包括图书馆员、学者、学术机构、书商、学校以及社区组织，都积极参与其中。尽管如此，未来仍有许多工作需要完成。联盟成员的规模有扩大的空间；可以为出版商提供更多服务，包括在版权谈判中提供进一步的促进和代表[1]。

目前，非洲具有较为活跃的本土出版社均为中小独立出版社，有的员工人数仅为2~3人。其中影响较大的有新非洲社（New Africa Books），1971年由大卫·菲利普（David Philip）夫妇共同创办于南非，1999年与另外两家小型出版社合并，更为现名。木薯共和国出版社（Cassava Republic Press），创始人为比比·巴卡雷·优素福（Bibi Bakare-Yusuf），主要出版非洲作家作品，还有一些犯罪小说、儿童和青少年书籍。由众多中小出版社发起成立的学术出版组织机构有非洲社会科学研究与文献理事会（CODESRIA, The Council for the Development of Social Science Research in Africa），众多中小机构参加的"阅读非洲"网站（https://africaread.org/）展示了由本土出版社出版的关非洲主题的学术、文学、儿童图书等多个主题的图书；列入《非洲小出版商联盟目录》（*African small Publisher's Catalogue*），从2016年开始，已经出版了四期，其中本土出版社名单每年均在100家左右，覆盖中南非、加纳、尼日利亚、莫桑比克、乌干达、卢旺达、津巴布韦、肯尼

---

[1] Jay M.African Books Collective Its Contribution to African Publishing. Africa Bibliography, 1994, 1992: vi–xviii.

亚、坦桑尼亚、塞内加尔、多哥、突尼斯、摩洛哥、马拉维、埃及等多个非洲国家，其中以南非的中小出版机构为最多。

● 思考题

非洲图书联盟在当前非洲出版业中发挥何种作用？

后　记

本书的编辑撰写，源于2019年秋季为北京外国语大学国际新闻与传播学院的本科生、硕士生开设的一门方向课《国际出版概论》，此后连续讲授，一直至今。记得这门课在线下讲授没多久，就赶上了疫情，因此大部分的课程是在线上讲授的。因为不用往返学校的劳顿，所以备课准备得相对较为充分，相关内容与一些观点，都是在不断讲课的过程中，逐步完善的。

本人从出版业界转到高校专门从事出版研究以来，至今已有十多年。十多年间，得益于北京外国语大学的语种众多的优势，一直聚焦国际出版研究，从最初的中外出版交流史研究，逐渐聚焦到区域国别的出版研究，这种努力既体现在自己撰写的相关研究文章，也体现在指导硕士、博士论文的研究撰写，还带领并组织硕士、博士们在攻读学位期间进行相关国家的出版史、出版机构发展历史的译介。从目前研究的国别来看，既有英国、德国、美国、俄罗斯、西班牙等出版大国，也有印度、中东欧国家的芬兰、捷克和拉美国家的阿根廷等，当然还有我国香港、台湾、澳门的出版研究。本人指导的专门研究印度出版的博士论文，还获得了2023年度北京外国语大学优秀博士论文奖。可以说，北京外国语大学的国际出版研究，在全国高校中已经走在了前列。

2022年9月，教育部学科目录调整，出版学进入一级学科专业目录。2023年12月20日，中宣部、教育部联合印发《关于推进出版学科专业共建工作的实施意见》，要求强化出版学科专业共建，加快构建中国特色出版学科专业自主知识体系，更好助力文化强国、出版强国建设。这些文件的出台和政府主管部门的积极动员，使得加强国际出版研究，不再是某一个高校的学术特色，某一个学者的研究兴趣，而已经成为中国学术界的一个迫在眉睫的历史任务。

纵观学术界已有研究成果，对于世界上各个国家的出版研究，都是散见的一些学术文章和相关论文，而且大部分研究成果均集中在欧美发达国家，对于东南亚、非洲、拉美等全球南方国家、地区出版研究，尚处于空白状态。本人认为十分有必要出版一部总结、概括相关主要出版国家的历史、发展特征、主要出版机构介绍的图书，供业界、学界按图索骥。恰在此时，2022年北京外国语大学教材处对《国际出版概论》给予了及时的立项支持，进一步推动了该书的资料收集、整理和撰写进度。

本书的相关资料、文献均来自学术界已有的相关成果。相较于出版学一级专业学科所依托的中国出版史、编辑出版、数字出版等领域的研究成果而言，国际出版研究还十分不足。因此本书的一些总结、梳理，肯定有遗漏甚至错误之处，只能说是抛砖引玉，以此求教于业界、学术界的专家。

对于本书的资料收集、整理，北京外国语大学的博士、博士后都作出了很大贡献。这些同学分别是：

李　佳，北京外国语大学博士后，苏州大学外国语学院讲师

曹轩梓，北京外国语大学博士后，中央财经大学外国语学院讲师、助理教授

后宗瑶，北京外国语大学2021级博士，安庆师范大学讲师

杜佳慧，北京外国语大学2022级博士

张　萌，北京外国语大学2022级博士

孙　玮，北京外国语大学2022级博士

李皖京，北京外国语大学2024级博士

周美芝，北京外国语大学2024级博士

本书的顺利出版，还得益于研究出版社的张琨编辑慧眼识珠。在她的敦促下，该书加快了出版面世的步伐。在此一并致谢。

何明星

2025年元月27日

参考文献

[1] Акопов А.И. Общий курс издательского дела. Учебное пособие для студентов-журналистов. Под ред. Проф. В.В. Тутупова. Факультет журналистики ВГУ [M]. Воронеж, 2004: 218 стр.

[2] Андреева О.В., Волкова Л.Л., Говоров А.А. История книги [M]. Москва: Светотон, 2001: 400 стр.

[3] Есипова В.А. История книги. Учебник по курсу «История книжного дела» [M]. Томск: Издательство Томского университета, 2011: 624 стр.

[4] Мандель Б.Р. Книжное дело и истории книги [M]. Москва: Издательство Директ-Медиа, 2014: 607 стр.

[5] JOHN B H. Books as Weapons: Propaganda, Publishing, and the Battle for Global Markets in the Era of World War II[M]. Ithaca and London: Cornell University Press, 2010.

[6] 昂温（Unwin, G.）、昂温（Unwin, P.S.）.外国出版史[M].陈生铮, 译. 北京: 中国古籍出版社, 1988:150.

[7] 许力以. 中国出版百科全书[M].太原: 书海出版社, 1997.

[8] 余敏. 前苏联俄罗斯出版管理研究[M].北京: 中国书籍出版社,

2002：203.

[9] 保罗·理查森.英国出版业[M].袁方,译.北京:世界图书出版公司,2006.

[10] 杨贵山.国外出版概况[M].苏州:苏州大学出版社,2007.

[11] 肖东发、于文.中外出版史[M].北京:中国人民大学出版社,2008.

[12] 杨贵山.国际出版导论[M].北京:北京大学出版社,2010.

[13] 郭庆光.传播学教程[M].北京:中国人民大学出版社,2011.

[14] 靳琼.出版概论[M].重庆:重庆大学出版社,2014.

[15] 国家新闻出版广电总局出版专业资格考试办公室编.出版专业基础中级2015年版[M].北京:商务印书馆,2015.

[16] 张文红.出版概论[M].北京:高等教育出版社,2017.

[17] 范军.国际出版业发展报告[M].北京:中国书籍出版社,2019.

[18] 叶新.美国书业观潮[M].北京:中央编译出版社,2019.

[19] 林穗芳.明确"出版"概念,加强出版学研究[J].出版发行研究,1990（16）:13.

[20] 王蕾.美国出版业特点及发展趋向[J].编辑之友,2002(01):53-55.

[21] 张戈.近年来俄罗斯出版业概况[J].新世纪图书馆,2007(01):74-76.

[22] 叶宪.美国图书出版业一瞥:历史与现实[J].出版广角,2007(01):45-46.

[23] 陈明瑶. 美国图书出版业的发展轨迹[J].中国出版, 2011(06): 74-76.

[24] 乔卫兵、崔清北、黄静. 数字时代美国出版业的观察与思考[J].出版参考，2012(19):45-47.

[25] 刘淼. 中国主题图书在俄罗斯出版情况调查分析[J].中国编辑, 2015(05):34-40.

[26] 美国书展[J].现代出版, 2015(03):85.

[27] 江鸣. 美国大众图书发行渠道、发行模式和趋势研究[J].出版发行研究, 2017(01):88-90.

[28] 张文红. 论出版的性质及其关系[J].出版发行研究，2017(03): 5-10.

[29] 郭白晋."婴儿潮"一代对美国社会的影响[J].安庆师范大学学报（社会科学版），2017(03):63-65.

[30] 赵蕾. 电子书衰落与纸质书回归：近年来美国图书市场销售趋势与读者媒介选择分析[J].编辑之友, 2019(01):96-101.

[31] 王卉莲. 俄罗斯出版业：在变革与重塑中谋求新发展[J].出版参考, 2019(08):10-14.

[32] 夏海涵、王卉莲. 俄罗斯图书出版状况与趋势（2008—2018年）[J].出版发行研究, 2020(09):70-79.

[33] 陆云、王卉莲. 2020年度国际出版趋势报告·加拿大/俄罗斯分报告[N].中国出版传媒商报, 2021-09-14(011).

[34] Nielsen Book Research:2015 In Review[R/OL].

[35] Year in Books Review 2015[R/OL].

[36] U.S. Publishing Industry's Annual Survey Reveals Nearly $28 Billion in Revenue in 2015[R/OL].

[37] Nielsen Book Scan, Week 28 of 2016[R]. New York: The Nielsen Company, 2016.

[38] John Feather. A history of British publishing[N]. Routledge: 2005国际出版周报. 北京.